25 APP

देशज आधुनिकता

देशज आधुनिकता

अनुपम आनन्द

लोकभारती प्रकाशन

लोकभारती प्रकाशन
पहली मंजिल, दरबारी बिल्डिंग, महात्मा गांधी मार्ग
प्रयागराज-211 001
वेबसाइट : www.lokbhartiprakashan.com
ईमेल : info@lokbhartiprakashan.com

शाखाएँ : 1-बी, नेताजी सुभाष मार्ग, दरियागंज
नई दिल्ली-110 002
अशोक राजपथ, साइंस कॉलेज के सामने
पटना-800 006
अनमोल सोराबजी संतुक लेन, मरीन लाइंस
मुम्बई-400 002

पहला संस्करण : 2023

बी.के. ऑफसेट
नवीन शाहदरा, दिल्ली-110 032 द्वारा मुद्रित

DESHAJ ADHUNIKTA
by Anupam Anand

ISBN : 978-93-93603-83-8

मूल्य : ₹595

‘आधुनिकता’ को व्यापक आयाम देकर उसको औपनिवेशिक
एकाधिकार से मुक्त कराते हुए, साहित्य जगत में
‘पुरातन हो रही आधुनिकता’ का पुन: ‘आधुनिक’
मार्ग प्रशस्त करके समीक्षा के नए द्वार
खोलनेवाले मनीषियों
को
सादर !

अनुक्रम

आमुख

समाज के निर्माण में साहित्य की बड़ी भूमिका होती है। मानव की भावाभिव्यक्ति समाज में परिष्कृत होकर साहित्य का आधार बनती है। साहित्य और समाज दोनों ही एक-दूसरे से प्रभावित होते हैं। साहित्य में आधुनिकता इसको समाजोपयोगी बनाने का प्रत्यय है। यह विचारधारा साहित्य को परम्परागत आदर्शवाद से समसामयिक यथार्थवाद की ओर अभिप्रेरित करती हैं। हिन्दी साहित्य में आधुनिकता का प्रवेश संवेदनात्मक मूल्यों के आधार पर हुआ है। इन मूल्यों में स्वातन्त्र्यबोध, अन्याय के प्रति विद्रोह, मानसिक दासता से मुक्ति के साथ व्यक्ति का व्यक्ति के साथ आदर व सम्मान का भाव प्रमुख है। सजगता और स्वात्मानुभूति ही इस विचारधारा के केन्द्रीय तत्त्व हैं। इस पुस्तक का विषय यह है कि यह आधुनिकता क्या है? यह कहाँ से आई है? हिन्दी साहित्य में इसका उदय कब कहाँ और कैसे होता है? हिन्दी साहित्य में आधुनिकता एक कौतूहल का विषय है जिसमें यहाँ बहस केवल इस बात की छिड़ती है कि यह पश्चिम से आयातित है या फिर यहाँ के प्राचीन साहित्य की उपज है। कतिपय साहित्यकार इसे पश्चिम की कार्बन कॉपी सिद्ध करते हैं। ऐसे लोग हिन्दी साहित्य को औपनिवेशिक दृष्टिकोण से आज भी देखते हैं। हिन्दी साहित्य की आधुनिकता को केवल इन्ही दृष्टिकोणों से देखना उचित नहीं होगा।

आधुनिकता के प्रति देशज बनाम विदेशज की एक वैचारिक लड़ाई चलती है, जिससे अनेक तर्कों एवं उदाहरणों से यह सिद्ध किया जा सकता है कि हमारी देशज बोलियों से रचे गए साहित्य में भी आधुनिकता के अवयव किसी-न-किसी रूप में विद्यमान हैं। क्या तुलसी के राम साम्राज्यवाद के विस्तार के लिए संघर्षरत रहते हैं? नहीं तुलसी के राम बुराई पर अच्छाई को

स्थापित करने के लिए संघर्षशील रहते हैं। इस रूप में यह संघर्ष आधुनिकता का सन्दर्भ है।

हिन्दी साहित्य के आदिकाल में ही सिद्ध नाथ साहित्य के कवियों ने ही ऊँच-नीच, भेद-भाव, पाखंड, आडम्बर और कुरीतियों का सशक्त विरोध किया है।

क्या ये विचार आधुनिक नहीं हैं? जैन साहित्य में सूक्ष्म-से-सूक्ष्म जीव के प्रति भी संवेदना का भाव विद्यमान है। अमीर खुसरो तो मानव संवेदना के चरम स्तर पर पहुँचकर स्त्री-चेतना अथवा नारी-सशक्तीकरण की बात करते हैं।

अनेक ऐसे उदाहरण हैं जिससे सिद्ध होता है कि यह आधुनिकता हमारे देशज साहित्य की जड़ों में ही व्याप्त है। कबीर तो आधुनिक होने के साथ अपने समय से भी आगे चलते हैं। यदि विद्वान आधुनिक साहित्य का मूल स्वर प्रश्नाकुलता को मानते हैं तो कबीर हिन्दी के सबसे पहले कवि हैं जिनमें गहरी प्रश्नाकुलता दिखाई देती है। कबीर के साहित्य में समता और स्वतन्त्रता जैसे आधुनिक मूल्यों का जैसा वर्णन मिलता है वैसा किसी लेखक व कवि में नहीं।

भारतीय साहित्यिक आधुनिकता को पश्चिम की दृष्टि से देखने से अधिक आवश्यक है कि उसे भारतीय दृष्टि देखा जाए, क्योंकि इसने पश्चिमी आधुनिकता का अनुकरण नहीं किया है अपितु उसकी खामियों से सीख अवश्य ली है। पश्चिमी आधुनिकता की आलोचना आज के परिदृश्य में स्पष्ट देखी जा सकती है। इसकी सीमाएँ अन्तर्विरोध अब प्रत्येक स्थान पर देखे जाते हैं। यह आधुनिकता पश्चिम से भिन्न तो है किन्तु यहाँ पश्चिम की आधुनिकता के सभी प्रमुख आयाम दिखाई देते हैं। मेरा प्रयास यह स्पष्ट करना है कि हिन्दी साहित्य में आदिकाल से आधुनिक काल तक किन-किन स्थानों पर आधुनिकता की विचारधारा पाई जाती है। देशज आधुनिकता शब्दावली से मेरा आशय यह है कि यह आधुनिकता केवल पश्चिम आयातित अथवा विदेशज नहीं है। यह आधुनिकता देशज बोलियों में रचे गए साहित्य में भी पाई जाती है।

यद्यपि आधुनिक मूल्यों के प्रति हिन्दी साहित्य में पाई जानेवाली तीव्र चेतना पाश्चात्य प्रभावों से अधिक जुड़ी प्रतीत होती है, परन्तु क्या इन मूल्यों

की जड़ें अपने पारम्परिक साहित्य में नहीं थी ? क्या आदिकाल से लेकर प्रगतिवाद के पूर्व तक का सम्पूर्ण साहित्य आधुनिकता की चेतना से मुक्त था? क्या भक्तिकाल में निर्गुण-सगुण आत्मा-परमात्मा, जड़-चेतन से परे की सामाजिक चेतना का अभाव था ? क्या बीसवीं शताब्दी में रचित हिन्दी साहित्य में आधुनिकता की चेतना पूर्णतया वैदेशिक थी ? इन सभी प्रश्नों का उत्तर प्राप्त करने के लिए हमें अत्यन्त गहराई से अपनी देशज बोलियों में रचे गए (हिन्दी) साहित्य का सूक्ष्मता के साथ अवलोकन करना होगा। संवेदनात्मक स्तर पर इस साहित्य के अवलोकन के उपरान्त यहाँ प्रत्येक कवि में कहीं-न-कहीं किसी-न-किसी रूप में आधुनिकता अवश्य पाई जाएगी।

साहित्य में या सामाजिक क्रियाकलापों में आधुनिकता किसी घोषित आन्दोलन की तरह नहीं समाविष्ट होती है, बल्कि कोई समाज अपने अतीत की तुलना में लोकतान्त्रिक एवं मानवतावादी मूल्यों के प्रति अधिक सजग हो जाता है तो वह समाज अतीत की अपेक्षा आधुनिक हो जाता है। लोकतन्त्र एवं मानवतावाद कोई निश्चित संकल्पना नहीं है। देश-काल एवं वातावरण के अनुसार इनके बाह्य ढाँचे में परिवर्तन भी देखा जा सकता है। दूसरी ओर इनका मौलिक ढाँचा एक ही बिन्दु पर आधारित है, वह है मानव के प्रति गहन संवेदनशील होना। स्वतन्त्रता, समानता, न्याय, बन्धुत्व, लोकतन्त्र व मानवता ये सभी मूल्य मानवीय गहन संवेदना के द्वारा ही प्राप्त हैं। मौलिक रूप से ये मूल्य मानव व्यवहार में सभ्यता के आरम्भ से ही विद्यमान रहे हैं। समय के साथ-साथ मानव संवेदना तीव्र होती गई और ये मूल्य प्रभावी होते गए।

आचार्य रामचन्द्र शुक्ल के अनुसार, साहित्य किसी देश की जनता की चित्तवृत्तियों का संचित प्रतिबिम्ब होता है। अत: मानव की संवेदनाओं व उसके मूल्यों का प्रभाव उसके साहित्यिक सृजन पर भी पड़ा। यद्यपि विभिन्न साहित्यकारों का सृजनात्मक परिवेश अलग-अलग रहा तथापि संवेदनाओं की उत्कट अभिव्यक्ति सबके सृजन में हुई। लोकतान्त्रिक एवं मानवतावादी मूल्य परिवेश के अनुसार उथले व गहरे रूप में हर जगह उपस्थित रहे हैं। इन मूल्यों में आधुनिकता कितनी अधिक है वह इस बात पर निर्भर करता है कि किस रचनाकार व साहित्यकार ने शोषितों एवं वंचितों के प्रति अपनी गहरी संवेदना व्यक्त की और सामाजिक कुरीतियों पर कितना कुठाराघात

किया। इसकी कोई समय-सीमा नहीं दिखती और न ही किसी बाह्य सभ्यता के संक्रमण के फलस्वरूप आधुनिकता के एकाएक आगमन के संकेत मिलते हैं। अतः कहा जा सकता है कि सभ्यता के आरम्भ से ही लेकर अब तक आधुनिकीकरण एक सतत प्रक्रिया है। यद्यपि देश-काल एवं वातावरण के अनुसार उसमें विविधता पाई जाती है।

आधुनिकता मूल्य के स्तर पर साहित्य में प्रविष्ट होती है। ये मूल्य अलग-अलग स्थानों पर अलग-अलग परिवेश के प्रभावों से अलग-अलग तरीके से विकसित होते हैं। भारतीय सन्दर्भ में विद्वानों का एक बड़ा वर्ग मानता है कि आधुनिकता का आगमन विदेशी शिक्षा या विदेशी रहन-सहन के प्रभाव से हुआ परन्तु समाज और साहित्य में आदिकाल से लेकर अब तक पर्याप्त प्रमाण दृष्टिगत हैं जो यह सिद्ध करते हैं कि इन मूल्यों का प्रभाव विद्यमान रहा है, भले ही ये असंगठित रूप रहे हों। आदिकालीन हिन्दी साहित्य के दौरान भारतीय समाज का परिवेश इस प्रकार का था कि तत्कालीन साहित्य में मानवतावादी एवं लोककल्याण की विचारधारा का समावेश नहीं हो पाया। यद्यपि संवेदना के स्तर पर असंगठित रूप से कहीं-कहीं कुछ विचार ऐसे प्राप्त होते हैं जो आधुनिकता के आगमन का संकेत देते हैं।

इस पुस्तक में हिन्दी साहित्य के मनीषियों के आधुनिकता के सन्दर्भ में विचारों को सम्मिलित किया गया है। यहाँ आधुनिकता के अर्थ एवं स्वरूप का विश्लेषण किया गया है। यह समाज के लिए किस प्रकार उपयोगी है अथवा समाज इसका किन-किन रूपों में उपभोग कर सकता है? यहाँ आधुनिकता के सम्बन्ध में देशज तथा विदेशज का द्वन्द्व भी वर्णित है। अनेक साहित्य समालोचक इस आधुनिकता को आयातित एवं पश्चिम से कार्बन कॉपी एवं कच्चा माल सिद्ध करते हैं तो कुछ इसे कालबोधी बताते हैं। ये विद्वान भारतीय सभ्यता एवं संस्कृति को भी पश्चिम की दृष्टि से देखते हैं। ऐसा उन लोगों द्वारा किया जाता है जो सामाजिक, आर्थिक और सांस्कृतिक न्याय को मूल्यों और तथाकथित सत्यों से परे रखना चाहते हैं। यहाँ आधुनिकता केवल अपने वर्तमान को महत्त्व देती है। वर्तमान के प्रति तीव्रतम सजगता ही इन विद्वानों की आधुनिकता है। वहीं हिन्दी के विद्वान बच्चन सिंह आधुनिकता को एक जटिल पश्चिमी प्रत्यय बताते हैं। प्रसिद्ध आलोचक रामस्वरूप चतुर्वेदी के अनुसार आधुनिकता की अवधारणा

मूल्यबोधी होने पर भी मूलतः कालबोधी है। पुरुषोत्तम अग्रवाल लिखते हैं कि सामाजिक सत्तातन्त्र और समाज की गतिशीलता के दैनन्दिन जीवन-व्यवहार के उन संकेतों को 'पढ़ना' चाहिए जो कबीर, तुलसी और मीरा जैसे रचनाकार अपनी रचना में छोड़ गए हैं।

यह कृति आधुनिकता की विचारधारा की आधुनिक व्याख्या है, जिसके अन्तर्गत साहित्य का प्रथम उद्देश्य मानवीय संवेदना के साथ भारतीय संविधान की प्रस्तावना में उल्लिखित समता, स्वतन्त्रता, न्याय, बन्धुत्व, समाजवादी, पन्थनिरपेक्ष एवं लोकतन्त्रात्मक राज्य की स्थापना है। आदिकाल से लेकर आज तक के साहित्य में उक्त मूल्य किसी-न-किसी रूप में अवश्य विद्यमान हैं। वस्तुतः वही देशज आधुनिकता की अवधारणा है।

हम कबीर के पूर्ववर्ती साहित्य में आधुनिकता के अवयवों की खोज करते हैं। आचार्य हजारीप्रसाद द्विवेदी हिन्दी के साहित्य को विशुद्ध धार्मिक रचनाएँ मानने से इनकार करते हुए इन्हें प्रेरक साहित्य बताया है। हिन्दी साहित्य के आदिकाल में मूलतः सिद्ध नाथ साहित्य काल से ही कर्मकांड, आडम्बर, कुरीतियों और अन्धविश्वासों के प्रति विरोध के स्वर दिखाई देते हैं। सिद्ध काल के कवियों ने साहित्य को समाजोपयोगी बनाया। उक्त साहित्य में संवेदना का गहरा स्तर विद्यमान है जो इसे आधुनिकता की विचारधारा से जोड़ता है।

डॉ. नगेन्द्र सरहपा को श्रेष्ठ सिद्ध कवि बताते हुए लिखते हैं—'दोहाकोश' हिन्दी की रचनाओं में प्रसिद्ध है; जिसमें पाखंड और आडम्बर का कड़ा विरोध व्यक्त किया गया है। हजारीप्रसाद द्विवेदी स्पष्ट कहते हैं कि गोरखनाथ ने निर्मम हथौड़े की चोट से साधु और गृहस्थ दोनों की ही कुरीतियों को चूर्ण-विचूर्ण कर दिया। सिद्ध नाथ साहित्य में संवेदनात्मक रूप में एक विशिष्ट सामाजिक चेतना विद्यमान है जो सर्वथा देशज आधुनिकता को और पुष्ट करता है। साहित्य में सामाजिक विसंगति के रूप में व्याप्त वर्णव्यवस्था और जातिव्यवस्था के प्रति विद्रोह भी दिखाई देता है। सिद्ध कवियों की सामाजिक भूमिका को बच्चन सिंह भी सिद्ध करते हैं। नारी के प्रति समानता का सकारात्मक दृष्टिकोण यथार्थवादी दृष्टिकोण, जाति-पाँति, ऊँच-नीच, गरीब-अमीर की भावना का विरोध जैसी आधुनिक प्रवृत्तियाँ साहित्य में विद्यमान हैं।

घोषित रूप से अमीर खुसरों को ऐसा कवि कहा जा सकता है जिसने अपनी कविता में स्त्री-पुरुष समानता का विचार सर्वप्रथम व्यक्त किया। उल्लेखनीय है कि स्त्री-पुरुष की समानता का यह विचार किसी आधुनिक शिक्षा या आधुनिकीकरण के आन्दोलन से नहीं पनपा बल्कि गहन संवेदनाओं से उद्‌भूत हुआ। आरम्भिक आदिकालीन साहित्य में कहीं-कहीं सिद्धों एवं नाथों कवियों ने स्त्री को भोग की वस्तु माना है तथा नाथों एवं जैनों ने उसे पतन का द्वार बताया है। इन सभी काव्यों में स्त्रियों की वेदना एवं स्त्री-पुरुष समानता की बात नहीं की गई है। इन दृष्टिकोणों से ऊपर उठते हुए आदिकाल के ही कवि अमीर खुसरो ने एक बेटी के दर्द को भी बुलन्द आवाज दी है। बेटी के साथ घर के भतीर होनेंवाले भेदभाव की शिकायत अत्यन्त मार्मिक दृष्टिकोण से करते हैं। खुसरो समाज के प्रति गहरी संवेदना रखते हैं। धार्मिक आडम्बरों पर चोट सिद्ध-नाथ कर चुके थे उनकी परम्परा को आगे बढ़ाते हुए खुसरो ने भी अपने साहित्य में पाखंड एवं आडम्बर का विरोध किया। खुसरो अपने गीत में पाखंडी साधुओं के चरित्र को उजागर करते हैं। हिन्दी साहित्य का आरम्भिक युग, मूलतः सिद्ध-नाथ साहित्य ने कबीर की देशज आधुनिकता के लिए अनुकूल पृष्ठभूमि का निर्माण किया है।

आधुनिकता के मानदंड पर कबीर आधुनिक विचारकों को केवल 'अपने वक्त से आगे' लगते हैं। कबीर आधुनिक युग के अस्तित्वगत संकटों एवं वेदनाओं का पूर्वाभास देते प्रतीत होते हैं। अपने देश-काल वातावरण से ऊपर उठकर कबीर जितने प्रासंगिक अपने समय में थे उससे अधिक आज भी हैं।

कबीर साहित्य में मानवतावाद के अग्रदूत कहे जा सकते हैं। वे अपने युग के लोकहितकारी एवं क्रान्तदर्शी रहे हैं। गोस्वामी तुलसीदास का रामराज्य, गाँधी के सपनों का भारत और स्वतन्त्र भारत के संविधान में उल्लिखित धर्मनिरपेक्षता, लोक-कल्याणकारी भावना, सामाजिक समता एवं समरसता और सामाजिक न्याय आदि की प्रेरणा कबीर के देशज आधुनिक साहित्य में पूर्व से ही विद्यमान थी। कबीर समाज-सुधार के लिए संघर्षरत रहते हैं। उनका संघर्ष ऐसी शक्तियों के साथ है जो समाज को विखंडित करने का कार्य करती हैं। कवि ने अपने साहित्य एवं व्यक्तित्व के द्वारा हिन्दू-मुस्लिम के मध्य भेदभाव को जड़ से मिटाने का आन्दोलन चलाया। कबीर ने इस सामाजिक विसंगति को समाप्त करने का संकल्प लिया और इसके विरुद्ध

एक जनान्दोलन खड़ा किया।

कबीर किसी धर्म, सम्प्रदाय अथवा वाद में बँधे न रहकर स्वयं में स्वतन्त्र विचारक थे। कवि ने यह भली-भाँति समझ लिया था कि राम और रहीम का भेद दोनो ही सम्प्रदायों को आपस में लड़ा रहा है। वे धार्मिक कट्टरता एवं भेदभाव के लिए दोनों को ही फटकार लगाते हैं।

कबीर के अनुसार मानव का अस्तित्व उसके व्यापक मूल्यों पर आश्रित है। यही कारण है कि उन्होंने समस्त धार्मिक विधि-विधानों को अस्वीकार कर दिया है और सहज मानव-मूल्यों की प्रतिष्ठा की है। जाति, धर्म, कुल, संस्कार, सम्प्रदाय और अन्धविश्वास आदि सभी भ्रमजालों को तोड़कर एक नवीन विचारधारा का संचार किया है।

कबीर का साहित्यकार रूप, उनका साधक स्वरूप, उनकी गहन सामाजिक दृष्टि मानवमात्र के कल्याण की ललक का ही परिणाम है। वे साम्प्रदायिक एवं धार्मिक संकीर्णता के सदैव विरुद्ध रहे हैं। कबीर का मानववाद यूरोपीय नवजागरण के मध्यवर्गीय मूल्यचेतनायुक्त मानवतावाद से पूर्णतः भिन्न है। कबीर की अवधारणा में समाज के सभी व्यक्ति एक समान हैं।

विभिन्न प्रकार के सामाजिक, आर्थिक, राजनीतिक, सांस्कृतिक मानदंडों पर कबीर मध्यकालीन नहीं अपितु आरम्भिक आधुनिकतावादी प्रतीत होते हैं। इस आधुनिकता का निर्माण कवि ने अपने सन्त व्यक्तित्व के द्वारा किया है। कबीर ने अपनी अभिव्यक्ति देशज भाषा में प्रदान की है। यही कारण है कि हम कबीर की आधुनिकता का नामकरण देशंज आधुनिकता के रूप में करते हैं।

तुलसी लोकवादी कवि हैं और लोकमंगल उनकी कविता का प्रमुख प्रयोजन है। वे रामराज्य के माध्यम से एक उत्कृष्ट राज्यव्यवस्था का आदर्श प्रस्तुत करते हैं। तुलसी के रामराज्य में शासन व शासक के स्थान पर लोक की प्रधानता है। इस शासनव्यवस्था का लक्ष्य भी सामान्य जनमानस को शोषण एवं भय से मुक्ति प्रदान करना है। तुलसी के रामराज्य का मुख्य लक्ष्य आर्थिक एवं सामाजिक विषमता को समाप्त कर 'सर्वजन हिताय और सर्वजन सुखाय' की अवधारणा को स्थापित करना है। यहाँ शासनव्यवस्था में राजतन्त्र स्थापित करते हैं। यही तुलसी की रामराज्यवादी व्यवस्था है जिसका स्वरूप आधुनिक है।

सामाजिक दृष्टि से कवि ने कविता के जो प्रतिमान स्थापित किए हैं उसमें समता, स्वतन्त्रता, न्याय और बन्धुत्व के साथ सामाजिक चेतना, निष्ठा ही सर्वोपरि है। तुलसी के सामाजिक समरसता एवं स्वातन्त्र्य चेतना में आधुनिकता के तत्त्व विद्यमान हैं। तुलसी जिस परिवेश के कवि हैं वह समाज सामन्ती मूल्यों से जकड़ा हुआ समाज है। इस सामन्ती जड़ता के परिवेश को तोड़कर तुलसी ने आधुनिक व नवीन मूल्यों को स्थापित करने का साहसिक कार्य किया। तुलसी की कविता आदर्श एवं यथार्थवाद का समन्वय है। विभिन्न सामाजिक एवं सांस्कृतिक मूल्यों के माध्यम से राज्य में व्याप्त बुराइयों को जड़ से समाप्त करने का संकल्प तुलसी की रचनाओं में विद्यमान है।

विश्वनाथ त्रिपाठी लिखते हैं—तुलसी ने राम को सामाजिक और समकालीन नैतिक मूल्यों के आदर्शों का जीवन्त प्रतीक बना दिया है। तुलसी के राम उन समस्त गुणों के योग एवं प्रतीक हैं जो समाज में आधुनिक और मान्य थे।

तुलसी के अन्तर्मन में नारी के प्रति गहरे सम्मान का भाव है। वे नारी की पराधीनता पर व्यथित होते हैं। व्यापक दृष्टि से देखने पर तुलसी नारी-चेतना के प्रति आधुनिक हैं। साथ ही वे नारी को श्रद्धा और आदर का पात्र मानते हैं। काव्य में नारी के सद्‌चरित्रों का चित्रण किया है।

यहाँ भक्तिकाल के कृष्णभक्ति साहित्य शिरोमणि कवि सूरदास के साहित्य में आधुनिकता के तत्त्वों का अवलोकन किया गया हैं। यहाँ देशज आधुनिकता हमें ब्रज की लोक-संस्कृति के सजीव चित्रण में देखने को मिलती है। इस लोक-संस्कृति के वर्णन में अनेक मानवीय मूल्यों की उपस्थिति पाई जाती है। सूर का साहित्य निर्गुण-सगुण के अतिरिक्त लोकरंजक है। गोवर्धन प्रसंग में यह साहित्य लोकरंजक के साथ लोकरक्षक भी है। सूर स्त्री-पुरुष की समानता को महत्त्व देते हुए प्रेम की भावना का विकास करते हैं।

सूर देशज भाषा को व्यापक धरातल प्रदान करते हैं। सूर के साहित्य में तीव्र संवेदनशीलता विद्यमान है जो आधुनिकता की ओर प्रेरित करती है।

रीतिकालीन साहित्य की पृष्ठभूमि कवियों को दरबारी एवं सामन्ती परिवेश से बाहर जाने का बहुत सूक्ष्म अवसर प्रदान करती है किन्तु कहीं-कहीं पर कवियों ने अपनी सीमाओं का अतिक्रमण करते हुए अपनी स्वाभाविक देशज आधुनिकता का प्रदर्शन किया है।

आधुनिक हिन्दी काव्य और गद्य साहित्य की विभिन्न धाराओं का उदय औपनिवेशिक युग के आरम्भ के उपरान्त हुआ। अत: स्वाभाविक हो जाता है कि आधुनिकता के विदेशज मूल्य इस अवधि में ज्यादा प्रभावी रहे, परन्तु यह कहना तार्किक न होगा कि यह आधुनिकता केवल विदेशी प्रभाव के कारण ही दिखाई देती है। यद्यपि आरम्भिक दौर में भारतेन्दु हरिश्चन्द्र अंग्रेजी शिक्षा से प्रभावित दिखते हैं। परन्तु उन्होंने निज भाषा और देशज भाषा की उन्नति बिना देश की उन्नति की कल्पना को बेईमानी माना है।

प्रेमचन्द के उपन्यासों के चरित्र देशी और देहाती प्रकृति के रहे हैं। वह अपनी ग्रामीण चेतना में ही प्रगतिशीलता के स्वर को मुखर करते हैं। यहाँ पर अन्य किसी पाश्चात्य विचारधारा का प्रभाव स्थूल रूप में नहीं दिखाई देता है। गोदान का प्रमुख चरित्र गोबर एक प्रगतिशील चरित्र है। उसकी इस प्रगतिशीलता के लिए उसे किसी विचारधारा में दीक्षित नहीं किया गया, बल्कि उसके परिवेश के अनुसार स्वयंभू रूप में उसके अन्दर विद्रोह की भावना पनपती है। प्रगतिशील लेखक संघ की स्थापना के पूर्व प्रेमचन्द गाँधीवाद से प्रभावित दिखाई देते हैं। गाँधीवाद स्वयं में एक देशज विचारधारा है।

आधुनिक साहित्य में अवधी एवं ब्रज जैसी वर्नाक्यूलर बोलियों में भी काव्य का सृजन हुआ है। इन धाराओं के कवि अपने ग्रामीण परिवेश की समस्याओं के प्रति अति संवेदनशील दिखाई देते हैं। ये कवि विचारधाराओं के किसी सम्प्रदाय में दीक्षित न होकर भी अपने परिवेश की विसंगतियों से टकराते हैं। इनकी यह संवेदनशीलता सिद्ध करती है कि आधुनिकता संवेदना के स्तर पर होती है न कि विचारधाराओं के दीक्षा के द्वारा। अत: समग्र रूप से आधुनिकता का श्रेय पाश्चात्य या वैदेशिक स्रोतों को देना उचित प्रतीत नहीं होता बल्कि यह संवेदना की गहराइयों पर निर्भर करती है। यह आधुनिकता देशज भी है।

20 जून, 2023 **—अनुपम आनन्द**

लखनऊ

आधुनिकता-देशज बनाम विदेशज

देशज और पाश्चात्य का अन्तर्द्वन्द्व

आधुनिकता एक व्यापक अर्थवाला शब्द है। सामान्य रूप में आधुनिकता का अभिप्राय नवाचारों से होता है। इन नवाचारों का क्षेत्र असीमित है। अर्थात् ये नवाचार किसी भी क्षेत्र में हो सकते हैं। नवीनता समय आधारित होती है जिसके अन्तर्गत अद्यतन समय के नवाचारी प्रचलनों को समेकित किया जाता है। ये नवाचारी प्रचलन सभ्यता और संस्कृति के सभी क्षेत्रों में व्याप्त हो जाते हैं। सामाजिक, सांस्कृतिक, आर्थिक, राजनीतिक, ऐतिहासिक, भौगोलिक, वैचारिक, साहित्यिक एवं प्रौद्योगिकीय क्षेत्रों में हो रही अद्यतन नवाचारी प्रगति को सामान्य तौर पर आधुनिकता के रूप में अभिहित किया जाता हैं। समग्र रूप में आधुनिकता परवर्ती अवधि की तुलना में वर्तमान में हुए परिवर्तनों को अभिव्यक्त करती है जो समाज को किसी-न-किसी रूप में प्रभावित भी करती है। विज्ञान एवं प्रोद्योगिकीय क्षेत्र में यह आधुनिकता तत्काल दृष्टिगत होती है, किन्तु समाजशास्त्रीय एवं साहित्यिक दृष्टिकोण से इसका समावेशन मन्दगति से होता है।

आधुनिकता केवल समयसूचक शब्दावली न होकर एक मूल्यबोधक शब्द है। आधुनिकता के विचार को प्राप्त करने के बाद समाज प्रबोधन (जागरण) की ओर अग्रसर होता है। आधुनिकता एवं प्रबोधन में अन्तर किया जाता है। ऐतिहासिक क्रम में प्रबोधन आधुनिकता से पीछे आता है। आधुनिक होने से पहले कोई समाज प्रबुद्ध नहीं हो सकता है। व्यक्ति-विशेष प्रबुद्ध हो सकता है, ऐसे ही लोग अपने समाज से अग्रेतर कहलाते हैं। वास्तविक रूप में प्रबोधन के मूल्यों का समाज में प्रचार-प्रसार आधुनिकता के बाद ही हो सकता है।[1]

आधुनिकता अतीत से स्वप्रेरित पृथक्ता और नवीनता के भावों के

अन्वेषण की प्रक्रिया है। प्राचीन समाज अन्धविश्वासी, आडम्बरवादी, रूढ़िवादी एवं परम्पराबद्ध व्यक्तियों और दूसरी ओर प्रगतिवादी व्यक्तियों से निर्मित था। अलग-अलग समयों में रूढ़िवादी एवं आधुनिक दोनों ही प्रवृत्तियों के विकास का कारण यह है कि मनुष्य अलग-अलग सामाजिक दृष्टियों से सोचता और कार्य करता है। आज जिसे हम रूढ़ि कहते हैं, प्राचीनकाल में वह आधुनिकता की सूचक रही होगी। अतः यह तो स्पष्ट है कि आधुनिकता तिथियों पर नहीं दृष्टिकोण पर आधारित होती है।

काल की कसौटी के आधार पर आधुनिकता को परिभाषित करनेवाले विद्वानों ने वर्तमान को आधुनिक बताया है और आधुनिकता को एक निरन्तर विकसित होनेवाली प्रवाह धारा के रूप में स्वीकृत किया है। इतिहास की आधुनिकता वर्तमान से सम्बद्ध है, अतः आधुनिकता कहीं भी वर्तमान से भिन्न नहीं है। डॉ. विमल कुमार के अनुसार काल दर्शन की दृष्टि से आधुनिकता एक प्रकार की तात्कालिकता या समसामयिकता है। इसलिए आधुनिकता कुछ नहीं, तत्कालिक समाज पर युग-विशेष की छाया है। अतः प्रत्येक अतीत अंश बनने के लिए अपनी-अपनी दृष्टि से आधुनिक रहता है। प्रत्येक युग अपने वर्तमान रूप में पूर्वापर क्रम में आधुनिक रहता है और काल देवता का प्रत्येक नया युग आधुनिक होता है। निश्चित ही वर्तमान की पृष्ठभूमि से ही आधुनिक और आधुनिकता सामयिक और तात्कालिकता जैसे शब्द विकसित हुए हैं।[2]

वस्तुतः आधुनिकता को एक गत्यात्मक चेतना के रूप में विकसित किया गया है जिसकी न तो कोई अन्तिम सीमा सुनिश्चित की गई है और न ही इसके अभिलक्षणों को रेखांकित किया जा सकता है।

वैश्विक दृष्टिकोण से 'आधुनिकता' उत्तर पारम्परिक उत्तर मध्ययुगीन ऐतिहासिक अवधि को सन्दर्भित करती है, जो सामन्तवाद से पूँजीवाद, औद्योगिकीकरण, धर्मनिरपेक्षता, सद्भाव की ओर प्रेरित करता है। यहाँ आधुनिकता केवल पूँजीवाद के उदय के साथ सम्बन्धित सामाजिक जुड़ाव को सन्दर्भित करती है। आधुनिकता बौद्धिक संस्कृति की प्रवृत्तियों को भी सन्दर्भित कर सकती है। आधुनिकता विशेष रुप में उन आन्दोलनों को धर्मनिरपेक्षीकरण और उत्तर औद्योगिक जीवन से जोडे हुए है।

अधिकांश विद्वान आधुनिकता को पश्चिम से आयातित ही सिद्ध करते

हैं। बच्चन सिंह आधुनिकता को परिभाषित करते हुए लिखते हैं—"यह एक जटिल पश्चिमी प्रत्यय है जिसकी अनेक व्याख्याएँ एवं विवेचन होते रहे हैं और हो रहे हैं। कुछ वर्षों पूर्व यह प्रत्यय आँग्ल अमेरिकी और स्कैंडेविया की सीमाओं में सिमटा हुआ था। आज भी यह फ्रांसीसी और जर्मन आलोचना में कम प्रयुक्त होता है। इसके समारम्भ के विषय में मतभेद है। दो महायुद्धों के बीच का समय इसके लिए अत्यन्त उपजाऊ सिद्ध हुआ है। उसमें अनेक साहसिक कार्य हुए और निषेध टूटे, नई तकनीकें आईं, नई संवेदनाएँ उत्पन्न हुईं, नई दिशाएँ खुलीं। यूलीसिस और वेस्ट लैंड में इसी की अवगूँज है। आधुनिकतावाद को एक वैश्विक प्रवृत्ति (फेनामिना) के रूप में स्वीकार कर लिया गया है। यह भी इतिहास की एक परिस्थिति में जन्मा है... भारत में इसका प्रवेश 1960 के बाद होता है।[3]

आधुनिकता की इस विचारधारा को पूर्णतः वैदेशिक या आयातित नही कहा जा सकता है। आधुनिकता के प्रमुख प्रतिमानों में समता, स्वतन्त्रता, न्याय एवं बन्धुत्व के सन्दर्भ हमारे आदिकालीन साहित्य से आरम्भ हो चुके थे। इस आधुनिकता ने हिन्दी साहित्य में मूल्यों के रूप में प्रवेश किया है जिसका सीधा सम्बन्ध संवेदना से है।

समालोचक पुरुषोत्तम अग्रवाल ने अपनी पुस्तक 'अकथ कहानी प्रेम की' में आधुनिकता के मूल्यांकन में वैदेशिक स्रोत और भारतीय स्रोतों की तुलना करते हुए लिखते हैं—"लोकवृत्त ठेठ आधुनिक परिघटना है...आधुनिकता केवल यूरोप तक सीमित घटना नहीं है। परस्पर विरोधी दिखनेवाले ये मूल्यांकन असल में एक ही जमीन पर खड़े हैं। वह जमीन है—भारतीय समाज को औपनिवेशिक ज्ञानकांड के चश्मे से देखने की जमीन। इस जमीन पर खड़े होकर यह याद नहीं रहता कि औपनिवेशिक समाज में उसके परम्पराबोध और दैनन्दिन जीवन के मूलगामी और दूरगामी हस्तक्षेप में अन्तर्निहित थी यूरोपीय आधुनिकता की अहम्मन्यता और साम्राज्यवाद की क्रूरता।"[4]

भारतीय सामाजिक-राजनीतिक और आर्थिक मूल्यों पर यहाँ के आध्यात्मिक मूल्यों का स्पष्ट प्रभाव दिखता है। भारतीय आध्यात्मिक मूल्य ही यहाँ की राजव्यवस्था के संचालन के मार्गदर्शक सिद्धान्त रहे हैं। ये मार्गदर्शक सिद्धान्त प्रेम, करुणा, लोकोपकार, लोकमंगल शासन एवं न्याय

प्रणाली में शुचिता, सत्य एवं अहिंसा आदि के रूप में भारतीय समाज में प्रदर्शित हैं। आधुनिकता एक सांस्कृतिक शक्ति है परम्परा ही उसका नकारात्मक पहलू है। परम्परा ही पूर्वमध्यकाल और मध्यकाल में संस्कृति की चालक शक्ति के रूप में थी और कई स्थानों पर आध्यात्मिकता धार्मिक और श्रृंगारिक मानवमूल्यों को तत्कालीन विद्वानों ने परम्परा के रूप में ही समेकित किया है। इन्ही दबावों के परिणामस्वरूप भारतीय पुरातन संस्कृति की नीव कमजोर पड़ी है। यह प्रभावों और निर्णयों में शक्तिशाली होते हुए भी अपवादों के साथ दरबारों, घरानों, अखाड़ों, मन्दिरों एवं मठों तक ही सीमित रह गई। इसी सुस्त पड़ी सामाजिक, सांस्कृतिक चेतना को पुनर्जीवित करने के लिए आधुनिक किन्तु सृजनात्मक सांस्कृतिक द्वन्द्व की पृष्ठभूमि तैयार होने लगी।

पुरुषोत्तम अग्रवाल पुनः स्पष्ट करते हैं 'मुक्तिबोध और दिलीप चित्रे से वर्षो पहले प्राचीन हिन्दी कवियों व लेखकों की आधुनिकता ने रवीन्द्रनाथ ठाकुर को भी आश्चर्यचकित किया था। काशी बंग साहित्य सम्मेलन के अध्यक्षीय भाषण में गुरुदेव रवीन्द्रनाथ ठाकुर ने कहा था—मैं हिन्दी नहीं जानता किन्तु हमने अपने आश्रम के बन्धु द्वारा प्राचीन हिन्दी साहित्य के आश्चर्यजनक रत्न समूह का कुछ-कुछ परिचय प्राप्त किया है। प्राचीन हिन्दी साहित्य के तमाम ऐसे गीतों को हमने सुना है जिनको सुनकर ऐसा लगता है कि जैसे वे आधुनिक हैं। इसका मतलब यह है कि यहाँ का साहित्य चिरकाल से ही आधुनिक है।[5]

आधुनिकता को औपनिवेशिक देन माननेवालों के लिए यह जानना अनिवार्य है कि व्यापक सामाजिक गतिशीलता के प्रमाण आरम्भिक औपनिवेशिक दौर में ही प्राप्त होते हैं। अतः यह प्रतीत होता है कि वाणिज्य के विस्तार के कारण ही नित नई जातियाँ बन रही थीं। सामाजिक पदानुक्रम में ये ऊपर नीचे हो रही थीं। ये जातियाँ पैसों पर आधारित हैं, 'रक्त शुद्धि पर नहीं। औपनिवेशिक आधुनिकता और उसके ज्ञानकांड में वर्णाश्रम का सैद्धान्तिक ढाँचा सरल, बुनियादी, श्रम विभाजन के दौर में विकसित हुआ है, फिर उसे एक मॉडल या नार्म बना दिया गया। जातियों को वर्णाश्रम के मॉडल में फिट करना वर्णाश्रमपरक चिन्तन की मुख्य समस्या बन गई। यह बात आठवीं शताब्दी से देखी जा सकती है। साहित्य में या सामाजिक

क्रियाकलापों में आधुनिकता किसी घोषित आन्दोलन की तरह समाविष्ट नहीं होती है। यद्यपि आधुनिकता को लानेवाला समाज अपने अतीत की तुलना में लोकतान्त्रिक एवं मानववादी मूल्यों के प्रति अधिक सजग हो जाता है तो वह समाज अतीत की अपेक्षा अधिक आधुनिक हो जाता है। लोकतन्त्र के साथ मानवतावाद भी कोई निश्चित संकल्पना नहीं है। देश-काल एवं वातावरण के अनुसार इनके बाह्य ढाँचें में परिवर्तन भी देखा जाता है। दूसरे शब्दों में इनका मौलिक ढाँचा एक ही बिन्दु पर आधारित है वह है मानव का मानव के प्रति गहन संवेदनशील होना। स्वतन्त्रता, समानता, न्याय, बन्धुत्व, लोकतन्त्र व मानवतावाद ये समस्त मूल्य गहन मानवीय संवेदना के द्वारा ही प्राप्त होते हैं। मौलिक रूप से ये सभी मूल्य मानव व्यवहार में सभ्यता के आरम्भ से ही विद्यमान रहे हैं। समय के साथ-साथ मानवीय संवेदना तीव्र होती गई और ये मूल्य अधिक प्रभावी होते गए। आधुनिकता की नींव ने ही मानव को साहित्य के माध्यम से संवेदनशील बनाया है। इसकी चेतना सीमित दायरे से निकलकर असीमित होती चली गई। आगे चलकर यह एक ऐसी विचारधारा बनी जिसके माध्यम से सामाजिक न्याय की अवधारणा को मूर्त रूप प्रदान किया जा सका। चेतना भी आधुनिकता का मूल तत्त्व है। यह स्वातन्त्र्यबोध और मानवताबोध से विकसित हुई है। आधुनिकता एक ऐसा अवयव है जिसका संघर्ष कभी समाप्त नहीं होगा, क्योंकि यह एक निरन्तर गतिशील रहनेवाली प्रवाहमयी विचारधारा है।

भारतीय परिवेश में आधुनिकता की झलक शताब्दियों पूर्व की प्राचीन परम्परा में दिखाई देती है। यह परम्परा सामन्तवाद व उपनिवेशवाद के दमन, शोषण चक्रों से विकसित हुई है। हमारे देशज हिन्दी साहित्य में जिन ऐतिहासिक आदर्शों तथा अभिव्यक्तियों को स्वीकार किया गया है, वे नवजागरण में भी देखी जा सकती हैं। आशय यह है कि इस आधुनिकता के क्रमिक विकास में ही नवजागरण का विकास हुआ है। इस आधुनिकता में शोषण एवं अन्याय का सशक्त विरोध है। आधुनिकता का मानवतावादी पक्ष कबीर—रैदास—तुलसी—जायसी की परम्परा से विकसित हुआ है। इस नवजागरणवादी आधुनिकता ने हमारे आधुनिक भारत के लिए ऐसी कसौटियाँ प्रस्तुत की हैं जिसमें—बन्धुत्व को प्रोत्साहन, गरीबी से अन्त, अज्ञानता से संघर्ष और मानवतावादी दृष्टिकोण, प्रकृतिवाद और वैज्ञानिकता,

व्यक्तिवाद तथा मानववाद शिक्षा, समता, समानता, न्याय और राष्ट्रीयता के साथ सामाजिक सुधार एवं कुटीर आर्थिक आजीविका आदि के स्वरूपों को दृष्टिगत किया जा सकता है। इन्हें हम अपनी देशज आधुनिकता के मूल्यों के रूप में स्थापित कर सकते हैं।

वस्तुतः आधुनिकता का आशय दैवी के स्थान पर मानवीय विकास, धार्मिक रूढ़ियों व आडम्बरों के स्थान पर तार्किक व वैज्ञानिक विचारों की प्रचुरता, सामूहिक द्वन्द्व के स्थान पर वैयक्तिकता की पहचान के साथ गरिमामयी अनुभूति, सामन्ती व्यवस्था को समाप्त कर जन सामाजिकता की व्यवस्था को जनसामान्य तक पहुँचाना है। आधुनिक समाज के आधुनिकीकरणयुक्त आदर्शों का तात्पर्य यह है कि यहाँ चिन्तन की नवीन विधियाँ विकसित हों जिसमें भारतीय तथा पाश्चात्य दर्शन को इस प्रकार समेकित किया जाय कि परम्परा भी आधुनिकीकृत हो जाए। इसके परिणामस्वरूप जनमानस को नई विचारधारा, नई नीतियाँ एवं नई प्रणालियाँ प्राप्त हों। इस प्रकार मानव यथास्थितिवाद एवं परम्परावाद से विमुक्त होकर एक नए आधुनिक परिवेश का निर्माण करता है। भारतीय आधुनिकता में धर्म के वास्तविक स्वरूप की उदारता, सामाजिक सुधारों का भारतीय एवं पश्चिमी दर्शन, विज्ञान का समन्वय एवं राष्ट्र की गौरवशाली, राजनीति के साथ भारतीय आर्थिक नीतियों का समावेश हुआ है। इस समावेश के परिणामतः यहाँ नवीन आधुनिकतावादी विचारों में मानवतावाद, उदारतावाद एवं राष्ट्रीयतावाद आदि वादों का उदय हुआ है।

आचार्य रामचन्द्र शुक्ल के अनुसार प्रत्येक देश का साहित्य वहाँ की जनता की चित्तवृत्तियों का संचित प्रतिबिम्ब होता है तब यह निश्चित है कि जनता की चित्तवृत्ति के परिवर्तन के साथ-साथ साहित्य के स्वरूप में भी परिवर्तन होता चला जाता है।[6]

अतः मानव की संवेदना तथा उसके मूल्यों का प्रभाव उसके साहित्य सृजन पर भी अवश्य पड़ता है। यद्यपि विभिन्न साहित्यकारों का सृजनात्मक परिवेश अलग-अलग रहा फिर भी सभी के साहित्य में संवेदनाओं की उत्कृष्ट अभिव्यक्ति हुई है। लोकतान्त्रिक एवं मानवतावादी मूल्य परिवेश के अनुसार उथले या गहरे स्वरूप में हर जगह उपस्थित रहे हैं। इन मूल्यों में आधुनिकता कितनी अधिक है वह इस बात पर निर्भर करता है कि

किस रचनाकार व साहित्यकार ने शोषितों एवं वंचितों के प्रति गहरी संवेदना व्यक्त की और सामाजिक आडम्बरों एवं कुरीतियों पर कितना कुठाराघात किया है। इस आधुनिकता की कोई समय-सीमा नहीं दिखती और न ही किसी बाह्य सभ्यता के संक्रमण के फलस्वरूप आधुनिकता के एकाएक आगमन के संकेत मिलते हैं। अतः यह कहा जा सकता है कि सभ्यता के आरम्भ से लेकर अब तक आधुनिकीकरण एक सतत प्रक्रिया है। यद्यपि देश-काल एवं वातावरण के अनुसार यहाँ विभिन्नता एवं विविधता पाई जाती है।

आधुनिक युग में रची गई किसी भी रचना को आधुनिक नहीं माना जा सकता है। साहित्यिक दृष्टि से आधुनिकता का सम्बन्ध समयबद्धता से है ही नहीं। अतः क्या समय के आधुनिक ढंग से अलग आधुनिकता के तत्त्वों को चिह्नित करने का कोई साधन है ? कामायनी को आधुनिक न माननेवाले नन्ददुलारे बाजपेई और कामायनी को आधुनिक माननेवाले गजानन माधव मुक्तिबोध की पहचानों में कौन-सा मूलभूत अन्तर है ? क्या साहित्य की जटिलता और अनबूझता ही आधुनिकता है ? आंचलिक, अप्रचलित, अनुपम, अनगढ़ शब्दबिम्ब प्रतीकों द्वारा अर्थ का खंडन करना आधुनिकता नहीं है। अपने को अनोखा सिद्ध करना भी आधुनिकता नहीं है। लेखक और पाठक के मध्य संवेदनात्मक जुड़ाव ही आधुनिकता की विचारधारा है। स्वयं की पीढ़ी से सर्वथा उपेक्षित 'सूर्यकान्त त्रिपाठी निराला' को अगली पीढ़ी द्वारा अपना मसीहा स्वीकृत करने में क्या अन्तर है ? यहाँ यह प्रश्न खड़ा होता है कि हम किसी साहित्य में आधुनिकता किसे स्वीकार करें ? अजनबीपन, शून्यता आदि हमें रचना की आधुनिकता से कितना परिचित कराते हैं। इस कथ्यहीन, आडम्बरपूर्ण बौद्धिकतावाले नवचिन्तन में मौलिक आधुनिकता नहीं है। आधुनिकता एक संवेदनात्मक अवयव है। भारतीय आधुनिकता पुराणपन्थी धर्म की कर्मकांडी तथा अन्धविश्वासी प्रथाओं के उद्धार के लिए संघर्ष करती है। उपनिषदों तथा वेदान्त की नई व्याख्याओं के साथ पश्चिम के ज्ञान व विज्ञान को समन्वित करती है। सामाजिक उन्नति को सामाजिक सुधारों के द्वारा सिद्ध करने का कार्यक्रम प्रस्तुत करती है।[7]

आधुनिकता मूल्य के स्तर पर साहित्य में प्रविष्ट होती है। ये मूल्य अलग-अलग स्थानों पर अलग-अलग परिवेश के प्रभावों से अलग-अलग

रूप में विकसित होते हैं। भारतीय सन्दर्भ में विद्वानों के एक बड़े वर्ग का मानना है कि आधुनिकता का जन्म विदेशी शिक्षा या विदेशी विचारों व विदेशी रहन-सहन से हुआ है, परन्तु भारतीय समाज एवं यहाँ के हिन्दी साहित्य में आदिकाल से लेकर अब तक पर्याप्त प्रमाण दृष्टिगत होते हैं जो यह सिद्ध करते हैं कि इन मूल्यों का प्रभाव साहित्य में विद्यमान रहा है। भले ही इनका स्वरूप असंगठित हो। आदिकालीन हिन्दी साहित्य के दौरान भारतीय सामाजिक परिवेश इस प्रकार का था कि तत्कालीन साहित्य में मानवतावादी एवं लोककल्याण की विचारधारा का समावेश कम हो पाया। यद्यपि संवेदना के स्तर पर असंगठित रूप में ही सही कहीं-कहीं ऐसे विचार प्राप्त होते हैं जो आधुनिकता का संकेत देते हैं। हिन्दी साहित्य में आधुनिकता की आरम्भिक सीमा का निश्चय करना कठिन होता है। विचारों के क्षेत्र में बहुत-सी बातें पहले से ही संचित होती रहती हैं और उनका साहित्य में प्रकाशन देर से होता है।[8]

मानवीय सभ्यता के विकास के साथ मनुष्य के आचरण, व्यवहार एवं चिन्तन और उसकी सृजनात्मक पृष्ठभूमि में अन्तर देखे जाते हैं। परिवर्तन की इस परिपाटी को इतिहासकारों ने सभ्यता का विकास कहा है। यह परिवर्तन साहित्य सृजन के क्षेत्र में आधुनिकता कहलाता है। सम्पूर्ण इतिहास में अनेक ऐसे तथ्य हैं, देश और काल के सन्दर्भ में एक नया व्यावहारिक शब्द प्रचलित हुआ है—प्रासंगिकता। आधुनिकता और प्रासंगिकता दोनों ही एक-दूसरे की पूरक शब्दावली हैं। अर्थात् दोनों का एक-दूसरे से गहरा अन्तर्सम्बन्ध है। दूसरे शब्दों में यह कहा जाना तार्किक है कि जो आधुनिक है वह प्रासंगिक भी है और जो वर्तमान में प्रासंगिक है वह आधुनिक तो है ही। प्रासंगिकता का स्वरूप व अर्थ साहित्य की निरन्तर बढ़ रही उपयोगिता से स्पष्ट होता है। आचार्य शुक्ल ने लिखा है—ज्यों-ज्यों हमारी वृत्तियों पर सभ्यता के नए-नए आवरण चढ़ते जाएँगे, त्यों-त्यों एक ओर कविता की आवश्यकता बढ़ती जाएगी, दूसरी ओर कवि कर्म कठिन होता जाएगा। यही कारण है कि सभ्यता के विकास के साथ साहित्यिक विकास भी होता गया है।

साहित्यिक ख्यातियाँ काल के प्रक्रम को तोड़कर सार्वभौमिक और सार्वकालिक व्यक्तित्व का निर्माण कर देती हैं। अतः पारिभाषिक रूप

से प्रासंगिकता का उदय आधुनिकता, सार्थकता, समकालीनता और समसामयिकता जैसे शब्दों के बाद हुआ है।

भारतीय भूमि पर यहाँ के अनेक विद्वानों ने आधुनिकता पर बहस की है, और उसे पश्चिम की कार्बन कॉपी, उसका सन्दर्भ आयातित तथा उसे कच्चा माल बताते हुए उसकी आवश्यकता को भी नकारा है। ऐसा केवल उन लोगों ने किया जो सामाजिक, आर्थिक और सांस्कृतिक न्याय को मानव-मूल्यों से भिन्न समझते हैं। यहाँ यह स्पष्ट करना उचित है कि हिन्दी की साहित्यिक मेधा ने इस आधुनिकता का अन्धानुकरण कदापि नहीं किया है। इन साहित्यकारों ने इस पश्चिम आयातित आधुनिकता के कुछ अवयवों को स्वीकार भी किया है वहीं इनके कुछ विचारों को नकार भी दिया है। एम. एन. श्रीनिवास ने आधुनिक भारत में सामाजिक परिवर्तन पुस्तक में ठीक ही लिखा है: भारतीयों को केवल स्याहीसोख का दर्जा देना स्पष्ट ही वाहियात है। यह कहना ठीक नहीं कि जिस किसी बात के सम्पर्क में वे आए वह सब उन्होंने आत्मसात् किया, उसे दूसरों तक सम्प्रेषित कर दिया। यद्यपि कुछ व्यक्तियों के साथ निस्सन्देह ऐसा हुआ। वास्तव में पश्चिम से कुछ बातें ग्रहण की गईं और ग्रहण की गई बातों का रूपान्तरण भी हुआ।[9]

हिन्दी साहित्य में आधुनिकता का विकास भारतीय सभ्यता और संस्कृति को एक आधुनिक और औद्योगिक राष्ट्र के रूप में प्रदर्शित करने के उद्‌देश्य से हुआ। इस वृहद् अभियान में गाँधी जी की मुख्य भूमिका थी। आधुनिकता की विचारधारा के संकटग्रस्त हो जाने तथा उत्तरआधुनिक तथा उत्तरऔपनिवेशिक चिन्तकों द्वारा आधुनिकता की विडम्बनाओं को उजागर किए जाने के उपरान्त गाँधी और मार्क्स का पश्चिमी समाज के परिप्रेक्ष्य में पुनर्पाठ एक रणनीतिक और राजनीतिक आवश्यकता है। वर्तमान में भारतीय एवं पश्चिमी समाजवैज्ञानिकों के लेखन में ये विचारधाराएँ तीव्रता से उभरकर आई हैं। विडम्बना यह है कि हिन्दी साहित्य में अभी इस आधुनिकता का उपयोग उस सीमा में नहीं हो रहा जहाँ तक इसकी आवश्यकता है। इस दृष्टि पर विचार करने पर आधुनिकता के साथ पूँजीवाद, उपनिवेशवाद, राष्ट्रवाद, विज्ञान एवं तर्कशास्त्र और लोकतन्त्र का वैसा सम्बन्ध गैर पश्चिमी सभ्यताओं से नहीं बनता जैसा पश्चिमी सभ्यताओं के साथ दिखाई देता है। आधुनिकीकरण एक दृष्टिकोण है जो वैज्ञानिक विचारधारा से बनता है, और

वह मूलतः इस लोक से ही सम्बद्ध होता है।[10]

हिन्दी नवजागरण के यशस्वी लेखक प्रेमचन्द ने आधुनिकता से जुड़े हुए राष्ट्रवाद समेत सभी अवयवों की तीखी आलोचना की और उसके विकल्प के रूप में कृषक संस्कृति, देशज कौशल, शिक्षा और न्याय व्यवस्था को आधुनिकता की संकल्पना से जोड़ा है। देशज ज्ञान को महत्त्व प्रदान करने के लिए गाँधी और प्रेमचन्द दोनों ने ही अंग्रेजी के स्थान पर देशज भाषाओं के विकास पर जोर दिया है। इसके बावजूद भी भारतीय भाषाओं की अस्मिता और उनके साहित्य का विवेचन भी यूरोपीय देशों के साहित्य के आधार पर किया गया है।

डॉ. नगेन्द्र स्पष्ट कहते हैं कि पश्चिम की आधुनिकता का यहाँ रूपान्तरण हुआ है—और इस रूपान्तरण का आधार शास्त्रों के साथ-साथ मध्यकालीन सन्तों की बानियाँ हैं। मध्यकालीन साहित्यिक पृष्ठभूमि में जाति प्रथा, वर्णवाद, छुआछूत, स्त्री-पुरुष भेदभाव आदि सामाजिक कुरीतियों का विरोध दिखाई देता है। साथ ही समता, स्वतन्त्रता और न्याय आदि तत्वों के प्रति प्रोत्साहन इस तथ्य को इंगित करता है कि इन सन्तों की बानियों से ही वर्तमान की मानवतावादी विचारधारा की जड़े मजबूत होने लगी थीं। अतः स्पष्ट है कि इस मानवतावाद के उदय के साथ ही यहाँ के देशज साहित्य में आधुनिकतावाद भी विद्यमान था।

कबीर ने हिन्दू—मुसलमान के भेदभाव पर यह कहकर प्रहार किया कि वे सभी ईश्वर की सन्तान हैं। कर्मकांड की निन्दा भी इसलिए की है कि वह ईश्वर की प्राप्ति में बाधक है। भक्तों में तुलसी की स्पष्ट उक्ति है—'नाते नेह राम के मनियत'। प्रत्येक स्थान पर यहाँ मानवतावाद है किन्तु इसका स्वरूप हिन्दी के आधुनिक काल में और भी स्पष्ट हो जाता है। इस युग में मनुष्य की समता, स्वतन्त्रता आदि का सामाजिक न्याय के आधार पर समर्थन किया गया है।[11]

तुलसी के रामराज्य की कल्पना में अत्याचारी और सामन्ती राजसत्ता के स्थान पर न्यायप्रिय और जनप्रिय राजव्यवस्था की जन आकांक्षा व्यक्त हुई है। यह तुलसी की सामन्तविरोधी चेतना का प्रत्यक्ष प्रमाण है।[12] हिन्दी साहित्य के आरम्भिक युग से अनेक कवि मानवतावाद के संरक्षक बन दमनकारी सत्ता, सामाजिक विषमता के विरुद्ध विद्रोह की चेतना जागृत

करते रहे हैं। इन कवियों ने अपने साहित्य के माध्यम से संवेदना के मूल स्वर को स्थापित किया है। कविता के द्वारा ही वे सामाजिक परिवर्तन एवं वैचारिक क्रान्ति के जनक हैं। इन कवियों ने आधुनिकता के तत्वों समता, स्वतन्त्रता एवं न्याय से परिपूर्ण युग-चेतना का विकास किया है। ये कवि अपने युग के मार्गदर्शन होने के साथ-साथ आनेवाले समय के दृष्टा एवं स्रष्टा भी हैं। इन कवियों के देशज साहित्य में आधुनिकता के अवयव विद्यमान हैं। इस रूप में हिन्दी साहित्य की आधुनिकता को एकांगी स्तर से देखते हुए पश्चिम से आयतित कहना उचित नहीं है। सम्पूर्ण एवं विचारपूर्ण मूल्यांकन करने पर यह आधुनिकता देशज भी है।

संदर्भ

1. पुरुषोत्तम अग्रवाल अकथ कहानी प्रेम की कबीर की कविता और उनका समय, राजकमल प्रकाशन-नई दिल्ली, पृष्ठ 67
2. डॉ. कुमार विमल अत्याधुनिक हिन्दी साहित्य, बिहार हिन्दी ग्रन्थ अकादमी, पटना, पृष्ठ 207
3. बच्चन सिंह-हिन्दी साहित्य का दूसरा इतिहास, राधाकृष्ण प्रकाशन, नई दिल्ली पृष्ठ 448 व 449
4. वही पृष्ठ 138
5. रामेश्वर मिश्र-(संपादित) रवीन्द्र रचनावली श्री नारायण पाण्डेय विश्व भारती पत्रिका (हजारीप्रसाद द्विवेदी विशेषांक) पृष्ठ 80
6. रामचन्द्र शुक्ल लोकजागरण हिन्दी साहित्य वाणी प्रकाशन, नई दिल्ली, भूमिका से
7. रमेश कुन्तल मेघ-मिथक से आधुनिकता तक, वाणी प्रकाशन, नई दिल्ली, पृष्ठ 70
8. हजारीप्रसाद द्विवेदी हिन्दी साहित्य का उदभव और विकास, राजकमल प्रकाशन, नई दिल्ली, पृष्ठ 133
9. डॉ. नगेन्द्र हिन्दी साहित्य का इतिहास, मयूर बुक्स, नई दिल्ली, पृष्ठ 414
10. वही, पृष्ठ 414
11. वही पृष्ठ 414
12. मैनेजर पाण्डेय-भक्ति आन्दोलन और सूरदास का काव्य, वाणी प्रकाशन, नई दिल्ली प्रथम संस्करण की भूमिका से

हिन्दी साहित्य के कबीर पूर्व युग में देशज आधुनिकता

(क) सिद्ध नाथ व जैनसाहित्य में देशज आधुनिकता

हिन्दी साहित्य के आरम्भिक युग आदिकाल में सिद्ध नाथ साहित्य ने कबीर एवं कबीर की समकलीन सन्त काव्यधारा के लिए अनुकूल पृष्ठभूमि का निर्माण किया है। कबीर की साहित्यिक पृष्ठभूमि का सहज अध्ययन करने से पूर्व हमें सिद्ध नाथ साहित्य का अध्ययन करना आवश्यक हो जाता है। आदिकाल में जहाँ एक ओर रासो काव्य जैसे साहित्य का लेखन हुआ, जिसमें वीरगाथात्मक एवं शृंगारात्मक काव्य की ही अधिकता पाई गई है, तो वहीं दूसरी ओर सिद्ध नाथ एवं जैन साहित्य की भी रचना हुई जिसमें आध्यात्मिक चेतना के साथ समायोजित सांस्कृतिक मूल्य भी दृष्टिगत होते हैं। आचार्य रामचन्द्र शुक्ल ने नाथों और सिद्धों के साहित्य में आध्यात्मिकता की प्रवृत्ति को स्वीकार करते हुए भी इसे विशुद्ध धार्मिक रचनाएँ मानने से इनकार किया है। आचार्य हजारीप्रसाद द्विवेदी भी यह स्वीकार करते हैं कि नाथ सिद्ध साहित्य विशुद्ध धार्मिक साहित्य नहीं है अपितु धर्म यहाँ प्रेरक के रूप में उपस्थित पाया जाता है। यही मुख्य कारण है कि सिद्ध नाथ साहित्य की रचनाओं में हमें जीवन और जगत की झलक भी देखने को मिलती है। यह झलक इस साहित्य में विद्यमान आधुनिकता को अपने देशज स्वरूप में प्रकट करती है। यहाँ के साहित्य में एक विशिष्ट सामाजिकता विद्यमान है, जिसे साहित्य में व्याप्त संवेदना के रूप में प्रथम बार देखा जा सकता है।

"परवर्ती हिन्दी साहित्य में चरित्रगत दृढ़ता, आचरण शुद्धि और मानसिक पवित्रता का जो स्वर सुनाई पड़ता है उसका श्रेय इस साहित्य (सिद्ध नाथ साहित्य) को है। इसीलिए इस पन्थ के साहित्य से परवर्ती हिन्दी साहित्य का बहुत घनिष्ठ सम्बन्ध है।1

अर्थहीन कर्मकांडों और अन्धविश्वासों का विरोध भी नाथ सिद्ध साहित्य में स्पष्ट दिखाई देता है। इस परम्परा के अनुक्रम में सिद्ध नाथ सन्त कण्हप्पा लिखते हैं—

"कशर्थाता नक्तम दिवम् प्रतिष्ठानाम् मत्स्यों दीनात् का कथा:
धर्मों यदि भवते स्नानात् कैवन्र्तानाम्।"

आशय यह है कि यदि किसी को गंगा स्नानमात्र से ही मुक्ति मिलती होती तो यह मुक्ति सबसे पहले मछली को मिलनी चाहिए जिसका घर ही गंगाजल में है, और जो दिन-रात गंगाजल में ही स्नान करती है। कवि ने स्पष्ट किया है कि मुक्ति कहीं पवित्र नदी या जल में स्नान कर लेने मात्र से नहीं प्राप्त हो सकती है। यह उदाहरण उसका प्रत्यक्ष प्रमाण है और यही आधुनिक बोध है। इसी परम्परा को कबीर ने आगे बढ़ाया है और कर्मकांड, आडम्बर, कुरीतियों, अन्धविश्वासों का विरोध कर एक नई सामाजिक चेतना का प्रसार किया है। निश्चित ही सिद्ध कवियों ने ही अपने साहित्य को समाजोपयोगी बनाने का कार्य प्रारम्भ कर दिया था। आचार्य शुक्ल सिद्ध नाथ साहित्य के अपभ्रंशत्व की ओर संकेत करते हैं, और इस साहित्य को हिन्दी साहित्य से बाहर रखे जाने का अनुरोध करते हैं। आचार्य द्विवेदी, आचार्य रामचन्द्र शुक्ल के इस मत से सहमत नहीं हैं कि सिद्ध नाथ साहित्य शुष्क धर्मोपदेशमात्र है और इसमें साहित्यिक समरसता का अभाव है। आचार्य हजारीप्रसाद द्विवेदी को सिद्ध नाथ साहित्य में साहित्यिक समरसता को बनाए रखने का प्रयत्न भी दिखाई देता है। इस मत के सन्दर्भ में जलन्धरनाथ के इस पद्य को दृष्टिगत किया जा सकता है—

"थोड़ा खांई सो कलपै-झलपै, घनौ खांई सो रोगी होय ।
तहुँ पंसा की सन्धि विचारे, ऐ कोई बिरला जोगी"।

अर्थात् जो कम खाता है, वह अपनी गरीबी और दुर्दिन को याद करके पछताता रहता है और जो अधिक खाता है, वह रोगी हो जाता है। इन दोनों के मध्य जो मध्यमार्ग अपनाता है, वही सच्चा योगी है। यहाँ पर जलन्धरनाथ आर्थिक वैमनस्य पर कड़ा प्रहार करते हुए आर्थिक समता व समानता का मार्ग दिखाते हैं। इनका अन्तिम उद्देश्य गरीबी और अमीरी, छोटा व बड़ा होने के भाव को मिटाते हुए समतावादी समाज का निर्माण करना है। यह समतावादी भावना बन्धुत्व को सुदृढ़ करने का उचित एवं प्रभावशाली मार्ग

है। प्रश्नगत समस्त विचार आधुनिकता की विचारधारा से ओतप्रोत है। डॉ. नगेन्द्र ने सरहपा को सिद्ध-साहित्य का श्रेष्ठ कवि बताते हुए स्पष्ट लिखा है—'दोहाकोश' हिन्दी की रचनाओं में प्रसिद्ध है। इसमें पाखंड और आडम्बर का विरोध किया गया है, तथा गुरु सेवा को महत्त्व दिया गया है। ये सहज भोग मार्ग से जीवन को महासुख की ओर ले जाते हैं।[2]

सिद्ध नाथ साहित्य की एक बड़ी कमजोरी इसका रूखापन एवं गृहस्थ के प्रति अनादर का भाव है। इसी ने इस साहित्य को नीरस लोक-विद्विष्ट और क्षयिष्णु बना दिया था। फिर भी यह दृढ़ कंठ स्वर उत्तरी भारत के धार्मिक वातावरण को शुद्ध और उदात्त बनाने में बड़ा सहायक हुआ है।[3] समता और सहजता के भाव को अग्रसारित करते हुए सहज जीवन पर प्रकाश डालते हुए गुरु गोरखनाथ जी ने स्पष्ट लिखा है—

हबकि ना बोलिवा ढबकि न चलिबा, धीरे-धीरे धरिबा पांवम्,
गरब न करिबा, सहजे रहिबा, भणन्त गोरक्ष राव।।[4]

आशय यह है कि हड़बड़ाकर नहीं बोलना चाहिए। इसमें वाणी संयमित नहीं हो पाती है, और व्यक्ति गलत बात बोल जाता है। झटककर नहीं चलना चाहिए क्योंकि इससे ठेस लग सकती है और व्यक्ति गिर सकता है और घमंड नहीं करना चाहिए क्योंकि घमंड करनेवाले का पतन अवश्य होता है। गुरु गोरखनाथ इसके द्वारा धीरे-धीरे बोलने, धीरे-धीरे चलने और विनम्र स्थिति में मनुष्य सहज जीवन जी सकता है। आगे भी गुरु गोरखनाथ ने मध्यमार्ग के अनुशीलन का उपदेश देते हुए कहा है—

'धाये न पाइबा भूशे न मरिबा,
अहनिस लेबा ब्रह्म अगनि का भेवं।
हठ न करिबा पड्या न रइबा,
यू बोल्या गोरक्ष देवं।।[5]

गोरखबानी में स्पष्ट किया गया है कि खाने पर टूट नहीं पड़ना चाहिए और बिना खाए भी नहीं रहना चाहिए। दिन-रात आन्तरिक शक्ति (ब्रह्म अग्नि) के रहस्य का चिन्तन करना चाहिए। किसी बात पर आग्रह भी न रखना चाहिए और एकदम निकम्मा भी न हो जाना चाहिए। इसका अर्थ है कि किसी भी कार्य में अति नहीं करना चाहिए, बल्कि प्रत्येक स्थान पर सन्तुलन स्थापित किया जाना चाहिए।

आचरण की प्रधानता की व्याख्या करते हुए कहा गया है—

"सहज सील का धरै सरीर।
जो गिरती गंगा का नीर॥"

अर्थात् मनुष्य के शरीर के अन्दर आचरण ही प्रधान वस्तु है उसकी कथनी नहीं। बड़ी-बड़ी बातें करना उचित नहीं है। ऐसे अनेक पदों में मनुष्य के शील और उसके आचरण को विशेष महत्त्व प्रदान किया गया है। डॉ. हजारीप्रसाद द्विवेदी अपनी पुस्तक 'नाथ सम्प्रदाय' के उपसंहार में नाथों के विषय में स्पष्ट लिखते हैं 'गोरक्षनाथ' ने निर्मम हथौड़े की चोट से साधु और गृहस्थ दोनों की कुरीतियों को चूर्ण-विचूर्ण कर दिया है। लोकजीवन में जो चेतना सिद्धों से आकर उसके परमार्थिक उद्‌देश्य से विमुख हो रही थी उसे गोरक्षनाथ ने नई शक्ति प्रदान किया। किसी भी रूढ़ि पर चोट करते हुए उन्होंने दुर्बलता नहीं दिखाई है।[4] ऐसे विचार हिन्दी साहित्य के आरम्भिक कवियों को आधुनिक बनाते हैं। रूढ़ियों एवं आडम्बरों पर जो चोट, कबीर, तुलसी और आधुनिककालीन कवियों व लेखकों ने पहुँचाई उसकी नींव कही-न-कहीं हमारी देशज भाषाओं के साहित्य में प्राप्त होती है। हिन्दी साहित्य में आधुनिकता का शुभारम्भ इन्हीं कवियों में देखा जा सकता है।

गोरक्षनाथ की परम्परा के नाथ कवि चर्पटीनाथ ने भी इस परम्परा का निर्वहन किया है।

"इक पीत पटा इक लंब जटा
इक सूत जनेऊ तिलक ढटा।
इक जंगम कही औ भसम घटा,
जठलई नहीं चीनै उलटि घटा॥
तब चरपट सलगे स्वाँग नटा॥

यह प्रसंग कुछ निराश भाव का प्रतीत होता है। इस पद का भाव यह है कि वेश बनाने से क्या लाभ है? पीला वस्त्र पहनने, लम्बी जटाएँ रखने का क्या उद्‌देश्य है? इस जनेऊ का क्या लाभ है? ये सभी वेश स्वाँग मात्र है जब तक उनसे मृत्यु को जीतने में सहायता न मिले, यदि जीवन सफल न हुआ तो इन स्वांगों का क्या लाभ है? इन सभी प्रश्नों के उत्तर नाथ साहित्य परम्परा में विद्यमान हैं। गोरक्षनाथ एवं नाथ सम्प्रदाय की तत्कालीन सामाजिक परिस्थितियाँ अत्यन्त जटिल थीं। यह भारतीय लोक

धर्म साधना में बड़े उथल-पुथल का समय था। एक ओर बौद्ध साधना, तन्त्र-मन्त्र, टोना-टोटका की ओर अग्रसर हो रही थी। उसी समय नाथ साहित्य में गोरक्षनाथ एवं उनके शिष्यों ने बहुत सारी रचनाएँ की हैं। इनके द्वारा साहित्य को लोकोपयोगी बनाया गया। इसके माध्यम से नाथ सम्प्रदाय का प्रभाव जनता के हृदय में पहुँचा और योग की अत्यन्त कठिन साधनाएँ भी जीवन के लिए उपयोगी बन गईं। जहाँ गोरखनाथ व उनके शिष्य एक ओर योग द्वारा धर्म का प्रतिपादन कर रहे थे, वहीं दूसरी ओर वे तत्कालीन सामाजिक, राजनीतिक परिस्थितियों से प्रभावित होकर कुछ छन्द भी लिखा करते थे।'[5]

नाथ योगियों का अनुसरण करते हुए सिद्ध साहित्य में भी सीमित स्तर पर ही सही जीवन जगत की पीड़ा व उनका समाधान अवश्य दिखाई देता है। इसी क्रम में यह साहित्य 'सामाजिक चेतना' के स्तर को प्राप्त करता है, जो विचार सर्वथा आधुनिक माना जाता है। सिद्ध सन्त 'सरहपा' वर्णव्यवस्था और जातिव्यवस्था पर भरपूर चोट करते हैं, सरहपा का तर्क है कि ब्राह्मण ब्रह्मा के मुख से पैदा हुए थे जब हुए थे, तब हुए थे। आज तो वे उसी तरह पैदा होते हैं, जैसे कि आप लोग और हम लोग पैदा होते हैं। वे भी उसी तरह पैदा होते हैं। तो फिर उसका ब्राह्मणत्व रहा कहाँ ? यदि कहते हो कि वेद पढ़ने से कोई ब्राह्मण होता है, तो चांडालों को भी संस्कार प्रदान किया जाना चाहिए। ये सभी तर्क नाथों एवं सिद्धों के साहित्य को कर्मकांडों एवं अन्धविश्वासों का विरोधी मानते हुए सामाजिक समता के विचारों को पुष्ट करते हैं। सिद्ध कवियों द्वारा अपनी रचनाओं में धर्मोपदेश देकर इन्द्रिय निग्रह एवं सदाचार के पालन को प्रोत्साहन दिया है। इसके द्वारा सिद्ध सामाजिक सद्भाव स्थापित करने की प्रेरणा अपने साहित्य के माध्यम से प्रदान करते हैं। अत: सिद्ध कवियों ने अपनी रचनाओं में नियम और संयम पर बल दिया और इसके द्वारा ही व्यक्ति और समाज को नियमित करने का सराहनीय प्रयास किया। सिद्धों की रचनाओं की भाषा बहुआयामी है। अर्थात् इसके कई रूपों में अलग-अलग अर्थ निकाले जाते हैं। सिद्ध कवियों का साधना-तत्त्व सहज संयम से प्राप्त होता है। यह सहज संयम दो रूपों में प्रतिफलित होता है। पहला रूप है सदाचार और दूसरा रूप है—मध्यममार्ग। इन दोनों रूपों में स्वात्मानुभूति जाग्रत होती है, और हमारे शरीर में ही तीर्थ का अनुभव होता है।

सिद्धों की साहित्यिक प्रवृत्तियों में खंडन मंडन की प्रवृत्ति दिखाई देती हैं। इसका आशय स्पष्ट है कि ये साहित्कार कुरीतियों का सीधा विरोध (खंडन) करते हैं। आगे चलकर इस प्रवृत्ति ने भक्तिकालीन सन्त कवियों को अत्यन्त प्रभावित किया। भक्तिकालीन सन्त कवियों में रैदास एवं सर्वाधिक रूप में इसका प्रभाव कबीर के साहित्य में दिखाई देता है। डोम्भिपा नामक सिद्ध कवि कहते हैं कि—

गंगा जउना माझेरे बहर नादू।
ताहि बुडिली मातंगि पोइओ ली लेपार कराईं॥

आशय यह है कि गंगा और यमुना कहीं बाहर नहीं हैं बल्कि वे मन के भीतर ही हैं। उनमें डूबकर ही भवसागर पार किया जा सकता है। धर्म का दिखावटी स्वरूप इन कवियों के तीक्ष्ण व्यंग्यीय प्रहारों से बचा नहीं है। तत्कालीन समाज में भ्रमण संस्कृति के प्रस्तावक बुद्धों में अनेक सामाजिक एवं सांस्कृतिक रूढ़ियाँ प्रचलन में थीं, अनेक आडम्बर विद्यमान थे। उल्लेखनीय है कि दूसरी ओर तत्कालीन ब्राह्मण समाज द्वारा प्रतिपादित वैदिक धर्म भी रूढ़ियों और आडम्बरों से ग्रस्त था। सिद्ध कवियों ने इन दोनों का ही डटकर खंडन-मंडन (विरोध) किया। ये कवि यह जान चुके थे कि रूढ़ियाँ और आडम्बर ही समाज को विकृत बनाने में सबसे महत्त्वपूर्ण कारक हैं। इनसे मुक्त कराकर ही समाज को सही दिशा प्रदान की जा सकती है। इन कवियों ने सामाजिक जीवन के जो चित्र उतारे हैं, उन्होंने भक्तिकालीन निर्गुण सन्त कवियों के लिए पृष्ठभूमि का काम किया है। सामाजिक जीवन में सरलता एवं सुधार ही इन कवियों का मुख्य लक्ष्य है। सिद्ध साहित्य में ऊँच-नीच और वर्णव्यवस्था को गलत मानते हुए समता एवं बन्धुत्व की आधुनिक चेतना का प्रभाव हिन्दी के देशज साहित्य में देखने को प्राप्त होता है। हिन्दी साहित्य का दूसरा इतिहास में भी श्री बच्चन सिंह जी लिखते हैं—"सिद्ध कवियों की सामाजिक भूमिका भी थी इसे इनकार नहीं किया जा सकता है। ब्राह्मण धर्म अपने को जिस ऊँचाई पर स्थापित किए हुए था, सिद्धों ने अपने सिद्ध-बल से उसका मूर्ति भंजन किया।[6]

सिद्धों ने आडम्बरों का विरोध किया है और शून्य पर आधारित साधना-पद्धति का अनुसरण किया है। इनका यह मानना है कि कोई व्यक्ति सिद्ध तभी बन सकता है जब वह अपने मन को हर प्रकार के आकर्षण व मोह से

परे ले जाए, जहाँ कोई भी इच्छा या राग-द्वेष साधक को उद्वेलित कर सके। सिद्ध कवि सरहपा कहते हैं—

जहि मण पवन न संचरइ, रवि ससि णाह पवेस।
ताहि बढ़,चित्त विसाम करूं, सरहें कहिउ उएस॥

अर्थात् जहाँ मन और पवन की गति ही नहीं है, जहाँ सूर्य चन्द्रमा भी प्रवेश नहीं कर सकते, वहीं अपने मन को ले जाओ ताकि मन को विश्राम मिले। यही सरहपा का उद्देश्य है। हिन्दी साहित्य में नाथ काव्य धारा एक विस्तृत स्वरूप में विद्यमान है। वस्तुतः बौद्धों की महायान शाखा दो वर्गों में विभाजित होती है—वज्रयान तथा सहजयान। वज्रयानी ही बाद में सिद्ध कहलाए। नाथ साहित्य को सिद्धों का ही विकसित और शक्तिशाली रूप कहा जा सकता है। परवर्ती हिन्दी साहित्य के निर्गुण मार्ग के साधक सन्तों ने इन्हीं नाथ सिद्धों से इस शैली को प्राप्त किया है। पूजा-पद्धति से सम्बन्धित सभी रूढ़ियों और आडम्बरों का नाथ सम्प्रदाय में विरोध किया गया है। गोरखनाथ ने स्वयं ब्राह्मण होते हुए भी अपनी गोरखबानी में पोंगापन्थी ब्राह्मणों के प्रति उपेक्षा का भाव दिखाया है। इसके साथ तत्कालीन बाह्य आडम्बरों और आचारहीनता के प्रति भी विरोध व्यक्त किया है। सभी नाथ कवि आचरण की शुद्धता को धर्म से जोड़ने के समर्थक थे। नाथ कवियों ने वेद, कुरान, मन्दिर, मस्जिद आदि में धर्म के नाम पर होनेवाली पूजा-अर्चना को व्यर्थ माना है। वे निर्गुण निराकार ब्रह्म के उपासक होने के साथ मानव के सरल सहज जीवन एवं मानव धर्म के अनुयायी थे। नाथ साहित्य के विषय में आचार्य हजारीप्रसाद द्विवेदी स्पष्ट लिखते हैं—"इसमें सहज जीवन, आन्तरिक शुचिता सच्चाई के जीवन पर अधिक जोर दिया गया है, और बाह्यचार, छुआछूत आदि पर आघात किया गया है।[7]"

भक्तिकालीन हिन्दी साहित्य से लेकर आधुनिक हिन्दी साहित्य तक विद्यमान 'रहस्यवाद' की नींव हमें सिद्ध साहित्य में प्राप्त होती है। वास्तव में हिन्दी साहित्य में रहस्यवाद का विकास जिस रूप में हुआ उसे समझने के लिए सिद्ध साहित्य का रहस्यवाद एक बड़ी महत्त्वपूर्ण पृष्ठभूमि प्रदान करता है। सिद्ध साहित्य में जो मनोविज्ञान है उसे आधुनिक साहित्य के मनोविज्ञान से मिलाया जाए तो हमें शताब्दियों से विकसित होनेवाली मनोवैज्ञानिक क्रियाओं की एक बड़ी रोचक कड़ी प्राप्त होगी। यह कड़ी अनेक रूपों में

साहित्य के सभी कालखंडों पर अपना प्रभाव छोड़ती है। सिद्ध साहित्य के परिवेश के सन्दर्भ में डॉ. रामकुमार वर्मा लिखते हैं—साहित्य के इतिहास में सर्वप्रथम माना जानेवाला चारणकालीन साहित्य तो केवल मात्र तत्कालीन राजनीतिक जीवन की प्रतिछाया है। वहीं सिद्ध-साहित्य में शताब्दियों से आनेवाली धार्मिक और सांस्कृतिक विचारधारा का स्पष्ट उल्लेख है। अत: इस साहित्य ने हमारे धार्मिक विकास की शृंखला को और मजबूत बना दिया है। इस साहित्य के अध्ययन से हम सिद्ध सम्प्रदाय, नाथ सम्प्रदाय और सन्त सम्प्रदाय में ऐसी विकासोन्मुख विचार-परम्परा पाते हैं जिससे हमारे इतिहास की धार्मिक रचनाओं पर यथेष्ट प्रभाव पड़ता है।[8]

हिन्दी साहित्य के आरम्भिक समय में सिद्ध और जैन कवियों ने यद्यपि धार्मिक जीवन की ओर स्वयं तो ध्यान दिया ही, साथ ही, समस्त जनमानस का भी उधर ध्यान आकृष्ट कराया। इन्होंने अपने लक्ष्यों की पूर्ण प्राप्ति के लिए संसार की पूर्ण उपेक्षा नहीं की थी। इन कवियों ने मानव के आध्यात्मिक जीवन के विकास में लौकिक जीवन के बाधक तत्त्वों को वर्णित किया है। इन तत्त्वों का विवेचन इन कवियों ने दृढ़ता के साथ किया है। किसी भी रोग का निदान उस समय तक नहीं हो सकता है जब तक कि उसके लक्षणों की पूर्ण व्याख्या न कर दी जाए। इसी प्रकार समाज में व्याप्त कुरीतियों व आडम्बरों का अन्त तभी किया जा सकता है जब गहराई में जाकर इनके लक्षणों की पहचान की जाए। सिद्ध कवि उन गहराइयों तक स्वयं को ले गए उनकी पहचान की, फिर उन पर जोरदार प्रहार किया।

हिन्दी साहित्य के देशज साहित्य के अन्तर्गत जैन साहित्य में वर्तमान युग की प्रगतिशीलता के उदाहरण प्राप्त होते हैं। जैन कवियों ने दया, करुणा, अहिंसा और त्याग को अत्यधिक महत्त्व प्रदान किया है। परलोक आदि का विरोध, सामन्त, पूँजीपति आदि वर्गों का प्रतिरोध, शोषित, दलित व पीड़ित वर्ग की दीनता के चित्रण के साथ उनके प्रति सहानुभूति जैसे आधुनिकता के स्वर जैन साहित्य में स्पष्ट दिखाई देते हैं। नारी के प्रति समानता का भाव एवं यथार्थवादी दृष्टिकोण जाति-पाँति ऊँच-नीच की भावना का विरोध ये सभी आधुनिक प्रवृत्तियाँ जैन साहित्य में दिखाई पड़ती हैं।

जैन साहित्य यथार्थवादी चेतना पर आधारित साहित्य है। इस साहित्य के

अनुसरण द्वारा व्यक्ति को परमात्मा को खोजने की आवश्यकता नहीं होती है। प्रत्येक जीव अपने पौरुष और अपनी साधना से स्वयं परमात्मा हो सकता है। जैन धर्म अनुमान और कल्पना के स्थान पर जीवन जगत के सत्य पर आश्रित है। इस धर्म में जीवन के प्रति गहन श्रद्धा का विकास हुआ। आचरण में सुदृढ़ता और अनुशासन के आधार सूक्ष्म-से-सूक्ष्म जीव पर भी करुणा, और दया की भावना का प्रसार जैन धर्म के साहित्य में प्राप्त होता है। मनुष्यों के साथ अन्य जीवों, जन्तुओं और वनस्पतियों में जीवन है, ऐसा जैनियों का मानना है। इन परिस्थितियों में इस प्रकार से अपनी गतिविधियाँ संचालित की जाएँ कि किसी भी जीव को हानि या हिंसा न पहुँचे। संवेदना का इतना गहरा स्तर किसी भी साहित्य में प्राप्त नहीं होता है। इन दृष्टिकोणों को दृष्टिगत करते हुए अहिंसा को ही सबसे बड़ा धर्म घोषित किया गया है। इसी अहिंसा के माध्यम से जैन धर्म में त्याग की भावना का प्रादुर्भाव हुआ है। यह त्याग इन्द्रिय संयम तक सीमित नहीं है अपितु यह संयम अनुशासन एवं कष्ट सहन में भी है। स्वादिष्ट भोजन का परित्याग, सुविधाजनक वस्तुओं का परित्याग, यहाँ तक कि कुछ वस्त्रों का भी परित्याग जैन धर्म का आदर्श है। इन परित्यागों के द्वारा शरीर की कष्ट सहन करने की क्षमता में वृद्धि करना है। श्री महावीर इस जैन धर्म के 24 वें तीर्थंकर हुए। श्री महावीर जैन धर्म के सबसे बड़े प्रचारक भी हैं। इन्होंने जैन धर्म को बड़े व्यावहारिक स्वरूप में लोगों के समक्ष प्रस्तुत करते हुए कर्मकांड और वर्ण विभेद को समाप्त कर दिया है, साथ ही ब्राह्मणों एवं शूद्रों को एक साथ मुक्ति प्राप्त करने का अधिकारी सिद्ध किया है। इस विचार के द्वारा तत्कालीन समाज में समता स्थापित करने का प्रयास किया गया है। उन्होंने परिभ्रमण करके सामान्य जनमानस को उन्हीं की भाषा में प्रेरणा देने का कार्य किया है। वस्तुतः हिन्दी के साहित्यिक विकास में जैन धर्म का बहुत बड़ा योगदान रहा है। देशज भाषा अपभ्रंश में ही जैन साहित्य के मूल सिद्धान्तों की रचना की गई है। अपभ्रंश का क्रमिक विकास खड़ीबोली के रूप में होने के कारण जैन साहित्य का हिन्दी साहित्य में विशेष महत्त्व है।

हिन्दी जैन कवियों में सबसे प्रमुख नाम स्वयंभू का आता है। स्वयंभू संवेदना के कवि थे। उन्होंने मानव-जीवन की विविध परिस्थितियों के मार्मिक चित्र प्रस्तुत किए हैं। अपनी रचना 'पउम चरिउ' में दुःख (विलाप)

और युद्धों को वर्णित करने में कुशलता दिखाई है। कवि ने नारी विलाप के द्वारा स्त्री-चेतना व उसकी संवेदना को प्रस्तुत किया है। बन्धु विलाप और भरत विलाप में कवि बन्धुत्व की चरम स्थिति को प्राप्त करते हैं। सभी तत्त्व हमारे देशज साहित्य में व्याप्त आधुनिकता के स्वर को प्रकाशित करते हैं।

पुष्यदन्त ने नारियों का चित्रण किया है, उसमें नारी का तेज, नारी की दृष्टि और उसके प्रति सम्मान की भावना का प्राकट्य हुआ है। जैन कवि पाखंड का खंडन करने और जाति-पाँति का तिरस्कार करने में अग्रणी हैं। ये प्रवृत्तियाँ आगे चलकर मध्यकाल (भक्तिकाल) में अपना विशेष प्रभाव दिखाती हैं। सिद्ध नाथ, जैन साहित्य से मध्यकाल में विकसित होने के बाद ये प्रवृत्तियाँ आधुनिक साहित्य में आधुनिकता की विचारधारा को और अधिक शक्तिशाली रूप में प्रस्तुत करती हैं।

(ख) अमीर खुसरो के काव्य में संवेदनात्मक स्तर पर व्याप्त देशज आधुनिक मूल्य—

अमीर खुसरो का व्यक्तित्व बहुआयामी है। वे एक ओर तो सूफी परम्परा में आदर व सम्मान प्राप्त करते हैं, तो दूसरी ओर बहुत से दरबारों से उनका गहरा सम्बन्ध रहा है। वे खिलजी और तुगलक वंश के साथ कई अन्य दरबारों में राजकवि रहे हैं। खुसरो सिर्फ साहित्यकार नहीं, संगीतकार भी हैं, शब्दकोशकार और इतिहासकार भी हैं। वे एक ओर ठेठ फारसी लिखते हैं तो दूसरी ओर खड़ीबोली और ब्रजभाषा में भी अपनी बात पूरी प्रामाणिकता के साथ कहते हैं। इनकी रचनाओं में पर्याप्त विषय वैविध्य प्राप्त होता है। ज्ञानमूलक साहित्य से लेकर सामाजिक प्रतिबद्धताओं के प्रति खुसरो सजग हैं। सामाजिक समस्याओं पर चोट करने तक की सारी अन्तर्वस्तु खुसरो के साहित्य में निहित है। कवि को सर्वाधिक ख्याति ज्ञानमूलक साहित्य के रूप में प्राप्त हुई है।

हिन्दी साहित्य के आलोचनात्मक इतिहास में डॉ. रामकुमार वर्मा खुसरो क़े विषय में स्पष्ट लिखते हैं—

"चारणकालीन रक्तरंजित इतिहास में जब पश्चिम के चारणों की डिंगल कविता अपने उद्धत स्वरों में गूँज रही थी, पूर्व में गोरखनाथ की गम्भीर

धार्मिक प्रवृत्ति आत्म-शासन की शिक्षा दे रही थी उस काल में अमीर खुसरो की विनोदपूर्ण कविता हिन्दी साहित्य के इतिहास की महान निधि थी। मनोरंजन रसिकता का अवतार यह कवि अमीर खुसरो अपनी मौलिकता के लिए सदैव स्मरणीय रहेगा।[9]

आधुनिकता के परिप्रेक्ष्य में आदिकालीन कवि अमीर खुसरो के साहित्य में अनेक स्थानों पर ऐसे प्रसंग प्राप्त होते हैं, जिसमें वर्तमान की मानवीय चेतना के अनिवार्य तत्त्व विद्यमान हैं। खुसरो समाज के प्रति भी गहरी संवेदना रखते हैं जो विविध रूपों में उनके साहित्य में दिखाई देती है। जिस प्रकार पूर्ववर्ती साहित्य में सिद्ध नाथ एवं जैन साहित्य ने रूढ़ियों एवं धार्मिक आडम्बरों पर चोट किया है, ठीक उससे गहरी चोट खुसरो के साहित्य में भी विद्यमान है। खुसरो अपने एक पद्य में एक पाखंडी साधु के चरित्र को उजागर करते हुए लिखते हैं—

'उज्ज्वल बरन, अधीर तन,
एक चित्त दो ध्यान।
देखत में तो साधु है,
निपट पाप की खान॥

अर्थात् उनका (वर्ण) रंग गोरा (सफेद) है, गठा हुआ शरीर है। वे देखने में साधु दिखाई देते हैं, अथवा वेश-भूषा तो साधु की है। आशय यह है कि वे शरीर से तो साधु हैं और मन उनका पाप से भरा है। इस प्रकार खुसरो आडम्बरों का विरोध करते हुए सामाजिक मूल्यों को स्थापित करते हैं।

आदिकालीन साहित्य में स्त्री की स्थिति चिन्ताजनक विषय रहा है। जहाँ सिद्ध और रासो कवियों ने उसे भोग की वस्तु माना है, वहीं नाथों एवं जैनों ने उसे पतन का द्वार मानते हुए त्याज्य बताया है। उपर्युक्त किसी भी साहित्य में नारी के प्रति सकारात्मक एवं समानतावादी दृष्टिकोण नहीं दिखाई देता है। इससे ऊपर उठते हुए खुसरो को एक ऐसा कवि कहा जा सकता है जिसने अपनी कविता में स्त्री-पुरुष समानता के विचार को सर्वप्रथम व्यक्त किया है। साथ ही इस पृष्ठभूमि पर यह अत्यन्त आश्चर्य का विषय है कि अमीर खुसरो ने एक साधारण घर की बेटी के दर्द का स्वर प्रदान किया है। खुसरो बेटी के साथ घर के भीतर होनेवाले भेदभाव की शिकायत अत्यन्त मार्मिक दृष्टिकोण से करते हुए स्पष्ट लिखते हैं—

'काहे को बियाहे परदेस, सुन बाबुल मोरे,
भैया को दीहे बाबुल महला-दुमहला,
हमको दीहे परदेश, सुन बाबुल मोरे।
मैं तो हूँ बाबुल तेरे खूँटे की गैया,
हाँकी हूँकी जाऊँ परदेस, सुन बाबुल मोरे॥

जिस समय लौकिक साहित्य की दिशा निर्धारित नहीं थी, साहित्य केवल धर्म और राजनीतिक पृष्ठभूमि पर रचा जाता था, उस समय खुसरो ने अपने साहित्य में विविध संवेदनात्मक पक्षों को समाहित किया। तत्कालीन साहित्य में चेतना, संवेदना, हास्य विनोद और मनोरंजन को साहित्य में लाना असाधारण कार्य था। लेकिन इस असम्भव कार्य को खुसरो ने सम्भव कर दिखाया है। जब तत्कालीन साहित्यिक प्रवृत्तियाँ अपभ्रंश मिश्रित काव्य तक ही सीमित थीं उसी समय अमीर खुसरो ने साहित्य के लिए एक नवीन परम्परा का अनुसरण किया। यह परम्परा, एक निश्चित परिपाटी जो तत्कालीन साहित्य में प्रचलित थी, जिसमें शृंगार एवं वीर रस की पराकाष्ठा के साथ आश्रयदाताओं की प्रशंसा में रचे जो रहे साहित्य से कतिपय भिन्न है। यह सामाजिक चेतना स्त्री-चेतना के साथ, आनन्दवादी चेतना है। खुसरो ने अपने साहित्य में आनन्द एवं विनोद के स्वतन्त्र विचारों को महत्त्व दिया है। यही खुसरो की मौलिकता है। खुसरो ने तत्कालीन साहित्य की दिशा में स्वयं को न ले जाते हुए स्वयं ही एक साहित्यिक दिशा का निर्माण किया है। साथ ही खुसरो ने अपने समय के इतिहास को भी अपनी रचनाओं के माध्यम से जीवित रखा है।

हिन्दी साहित्य में खुसरो का एक विशेष योगदान है जिसका कारण उनकी कविताएँ हैं। जिस समय खुसरो साहित्य जगत में सक्रिय थे, तत्कालीन परिस्थितियों में हिन्दू और इस्लामी संस्कृतियों के आपसी सम्बन्ध अत्यन्त जटिल थे। अन्धविश्वास और अराजकता से भरे इस समाज में प्रेम और सौहार्द्र का वातावरण निर्मित करना आवश्यक था। साथ ही इस समाज में रूढ़ियों और अन्धविश्वासों की अधिकता थी कवि ने अपनी रचना कला के द्वारा इन रूढ़ियों पर गहरी चोट की है। साथ ही खुसरो तत्कालीन समाज में स्त्री की दशा पर भी चिन्तित दिखाई देते हैं। स्त्री के रूप में बेटी के दर्द को वह बड़े मार्मिक ढंग से प्रस्तुत करते हुए उसके समाधान पर भी

पहुँचते हैं। रूढ़ि व आडम्बर का विरोध, स्त्री के प्रति दया का भाव व स्त्री-चेतना, सामाजिक सौहार्द्र की भावना खुसरो के साहित्य को आधुनिकता से जोड़ती है। भक्तिकालीन साहित्य के सूफी काव्य परम्परा में खासकर मलिक मुहम्मद जायसी के साहित्य में खुसरो के साहित्य की झलक दिखाई देती है।

कबीर के साहित्य की पृष्ठभूमि जिस प्रकार सिद्ध नाथ साहित्य से प्रेरित प्रतीत होती है उसी प्रकार जायसी के साहित्य एवं शैली पर अमीर खुसरो का प्रभाव दिखाई देता है। जो कार्य खुसरो ने अपने मुक्तकों के द्वारा किया है, वैसा ही कार्य जायसी ने अपने प्रबन्ध काव्यों के द्वारा किया है। खुसरो की अनेक कविताएँ हैं जो प्रेम को ही जीवन का सारतत्व सिद्ध करती हैं। कवि प्रेम के लिए जोखिम लेने तक की प्रेरणा देते हुए लिखते हैं—

खुसरो दरिया प्रेमका, वुलटी वाकी धार।
जो उतरे सो डूब गया, जो डूबा सो पार॥

अमीर खुसरो को बर्लिन के शिप्रंगर संग्रहालय से खोज निकालनेवाले गुणी विद्वान डॉ. गोपीचन्द नारंग अपनी पुस्तक अमीर खुसरो के हिन्दवी काव्य में लिखते हैं—"अमीर खुसरो का हिन्दवी काव्य अपनी लोकप्रियता के कारण पीढ़ी-दर-पीढ़ी हस्तान्तरित होता रहा है और इन सात शताब्दियों में वह हमारी लोकपरम्परा या लोकसाहित्य का अंग बन गया है।[10]

खुसरो की लोकप्रियता का उदाहरण इस बात से प्राप्त होता है कि देश के कोने-कोने से लोग प्रतिवर्ष उनकी मजार पर अपनी श्रद्धा अर्पित करते हैं। खुसरो की लोकप्रियता को धर्म प्रभावित नहीं करता है। जितनी श्रद्धा के साथ मुसलमान उन्हें स्मरण करता है उतनी ही श्रद्धा से हिन्दू। यहाँ तक कि स्त्री व पुरुष दोनों ही उनका आदर व सम्मान करते हैं। वे मूलत: फारसी के कवि थे, जिनके काव्य की पताका भारत में ही नहीं, ईरान और मध्य एशिया के कई देशों में फहरती दिखाई देती है। खुसरो फारसी के ही महानतम कवि नहीं थे बल्कि उनका पूर्ण लगाव अपनी मातृभाषा हिन्दवी (हिन्दी) से भी था। खुसरो ही वह व्यक्ति थे जिन्होंने दिल्ली व उसके समीपवर्ती क्षेत्रों में प्रयोग में लाई जानेवाली बोली को सर्वप्रथम खड़ीबोली का नाम दिया था। यही खुसरो की खड़ी बोल आगे चलकर आधुनिक हिन्दी का स्वरूप धारण करती है जिसे भारत की राष्ट्रभाषा होने का भी गौरव प्राप्त हुआ। खुसरो की

जनप्रियता और उनकी धर्मनिरपेक्षता को उल्लेखित करते हुए डॉ. परमानन्द पांचाल लिखते हैं कि, "दो विभिन्न संस्कृतियों, दो विभिन्न परम्पराओं में परस्पर सौहार्द, प्रेम और सामंजस्य का वातावरण तैयार करने में खुसरो का ऐतिहासिक योगदान है। उन्होंने हिन्दू-मुस्लिम के मेल-जोल से भारत में एक समन्वित संस्कृति का बीजारोपण किया था, जिसे आज हम सामासिक संस्कृति का नाम देते हैं।[11]

खुसरो के साहित्य में फारसी की शैली का अनुकरण कहीं-कहीं दिखाई देता है, किन्तु इनके काव्य में एक विशेष प्रकार की आधुनिकता दिखाई देती थी, जिस पर भारतीय संस्कृति और भारतीय साहित्य की स्पष्ट छाप दिखाई देती है। हिन्दी के साहिंत्यिक विकास में अमीर खुसरो का विशेष योगदान है। इसीलिए खुसरो को खड़ीबोली हिन्दी का आदिकवि कहा जाता है। साथ ही कवि में राष्ट्रीयता की भावना कूट-कूटकर भरी थी। वह अपने देश से अगाध प्रेम करते थे। संवेदना के स्तर पर वे साधारण जनमानस से जुड़ते थे। देश के कण-कण से उनका भावनात्मक लगाव था। भारतवर्ष के लिए खुसरो के अन्दर श्रेष्ठता का भाव विद्यमान था। वे भारतवर्ष (अपने देश) को पृथ्वी पर स्वर्ग समझते थे। खुसरो के अनुसार भारतवर्ष के लोग, यहाँ का रहन-सहन, यहाँ का खान-पान, रीति-रिवाज, सामाजिक व धार्मिक परम्पराएँ सभी कुछ अन्य देशों से श्रेष्ठ है। खुसरो स्वयं लिखते हैं—

'किश्वरे हिन्द अस्त बहिश्ते बजमी।

अर्थात् भारत पृथ्वी पर स्वर्ग है और हमारे रग-रग में भारतीयता भरी है।

"तुर्क हिन्दुस्तानियम मन हिन्दवी गोयम जवाब,
शक्र मिस्री न दारम कज अरब गोयम खुखन॥"

मैं हिन्दुस्तानी तुर्क हूँ, और हिन्दवी में उत्तर देता हूँ। मेरे पास मिस्त्र की शक्र नहीं है कि मैं अरबी में बात करूँ। मातृभाषा और मातृभूमि के प्रति ऐसी प्रबल भावना खुसरो में विद्यमान थी। वह भारतीय जनमानस को एक नवीन दृष्टिकोण प्रदान करते हैं।

हिन्दी साहित्य का इतिहास नामक ग्रन्थ में प्रसिद्ध आलोचक डॉ. नगेन्द्र लिखते हैं कि "जनजीवन में घुल-मिलकर काव्य रचना करनेवाले कवियों में खुसरो का महत्त्वपूर्ण स्थान है।[12] साहित्य के अनेक विद्वानों, आचार्यों, इतिहासकारों, आलोचकों, कवियों, लेखकों के तर्कों एवं विचारों से यह

निष्कर्ष निकाला जा सकता है कि आधुनिकता के अनेक अवयव हमारे देशज साहित्य में विद्यमान हैं। हिन्दी साहित्य के आरम्भिककाल,-आदिकाल से ही संवेदना और चेतना का समावेश साहित्य में द्रष्टव्य होता है। समता, स्वतन्त्रता, न्याय, बन्धुत्व एवं स्वदेशप्रेम जैसे आधुनिक मूल्य तत्कालीन साहित्य में किसी-न-किसी रूप में दिखाई देते हैं। अतः यह आधुनिकता हमारे देशज साहित्य में पूर्व से ही समाहित पाई जाती है।

सन्दर्भ

1. हजारीप्रसाद द्विवेदी-हिन्दी साहित्य का उद्‌भव और विकास-राजकमल प्रकाशन, नई दिल्ली, पृष्ठ 34
2. कुमार सर्वेश-हिन्दी साहित्य का इतिहास-सार्थक प्रकाशन, नई दिल्ली, पृष्ठ-61.
3. हजारीप्रसाद द्विवेदी-हिन्दी साहित्य का उद्‌भव और विकास-राजकमल प्रकाशन, नई दिल्ली, पृष्ठ 33
4. हजारीप्रसाद द्विवेदी-नाथ सम्प्रदाय-हिन्दुस्तानी एकेडमी, प्रयागराज, पृष्ठ-185
5. हजारीप्रसाद द्विवेदी-नाथ सम्प्रदाय-हिन्दुस्तानी एकेडमी, प्रयागराज, पृष्ठ-140
6. बच्चन सिंह-हिन्दी साहित्य का दूसरा इतिहास-राधाकृष्ण प्रकाशन, नई दिल्ली, पृष्ठ-30
7. हजारी प्रसाद द्विवेदी-हिन्दी साहित्य का उद्‌भव और विकास-राजकमल प्रकाशन, नई दिल्ली, पृष्ठ-34
8. डॉ. रामकुमार वर्मा-हिन्दी साहित्य का आलोचनात्मक इतिहास, लोकभारती प्रकाशन प्रयागराज, पृष्ठ-64
9. वही, पृष्ठ-126
10. गोपीचन्द नारंग—अमीर खुसरो का हिन्दवी काव्य, वाणी प्रकाशन, नई दिल्ली,पृष्ठ-29
11. डॉ. परमानन्द पांचाल-अमीर खुसरो का कृतित्व एवं व्यक्तित्व-हिन्दी बुक सेन्टर, नई दिल्ली, पृष्ठ-01
12. डॉ. नगेन्द्र-हिन्दी साहित्य का इतिहास-मयूर बुक्स, नई दिल्ली, पृष्ठ-72

कबीर और देशज आधुनिकता

आधुनिक कबीर

हिन्दी साहित्य में भक्ति आन्दोलन का शुभारम्भ कबीर और उनकी रचनाओं से होता है। भक्ति आन्दोलन वर्तमान के सन्दर्भ में अतीत का पुनर्मूल्यांकन है। इस आन्दोलन का स्वरूप केवल धार्मिक नहीं है बल्कि यह धार्मिक, सामाजिक एवं सांस्कृतिक जागरण के रूप में विकसित हुआ है। इसके माध्यम से मानव का मानव के प्रति दायित्वबोध प्रकट हुआ है। यह दायित्वबोध सामन्त विरोधी विचारधारा के साथ ब्राह्मणवाद एवं पुरोहितवाद के विरुद्ध जन्मा है। जातिवाद एवं सम्प्रदायवाद की सीमाओं को तोड़ते हुए भक्ति आन्दोलन ने साहित्य के नए प्रतिमान स्थापित किए हैं। ये प्रतिमान एक लम्बे सामाजिक-सांस्कृतिक संवाद का प्रतिफल हैं। यह संवाद उत्तर भारत और दक्षिण भारत के साथ लोक और शास्त्र के मध्य था। सम्पूर्ण संवाद ज्ञान के आलोक में अज्ञान के अन्धकार के विरुद्ध था। कबीर कहते हैं—

सन्तो आई ज्ञान की आंधी रे।
भ्रम की टाटी सबै उड़ाही
माया रही न बाँधी रे॥

कबीर भक्ति आन्दोलन के अग्रदूत हैं, जिन्होंने अपने साहित्य के द्वारा तत्कालीन सामाजिक-सांस्कृतिक विसंगतियों पर गहरी चोट की है। कबीर का दृष्टिकोण विशुद्ध मानवतावादी है। कबीर समाज में समाज के लिए संघर्षरत रहते हैं। उनका यह संघर्ष अनेक ऐसी शक्तियों के साथ होता है जो समाज को विखंडित करने का कार्य करती हैं या जो सामाजिक शोषण एवं उत्पीड़न को धार्मिक एवं नैतिक स्वीकृति प्रदान करती हैं।

भक्तिकालीन काव्यधारा के निगुर्णपन्थी कवियों में कबीर का स्थान सबसे ऊँचा है। वे एक महान समाजसुधारक और प्रतिभाशाली कवि थे।

कवि का व्यक्तित्व बहुआयामी है। हिन्दी आलोचकों का एक बड़ा समूह इनको 'सन्त' स्वीकार करता है। उसका मत है कि कबीर स्वभाव से सन्त हैं, प्रकृति से उपदेशक और ठोक-पीटकर कवि हो गए हैं। दूसरी ओर अनेक विद्वान उन्हें भक्त मानते हैं।

इस सन्दर्भ में प्रश्न यह खड़ा होता है कि कबीर मूलतः कवि हैं, समाजसुधारक हैं या भक्त हैं? समाजसुधारक के रूप में कबीर ने अपनी युगीन सामाजिक विसंगतियों को पहचाना है। साथ ही उन पर अपने सुझावात्मक प्रहार भी किए हैं।

कबीर के कालखंड के साथ उनके व्यक्तित्व का विश्लेषण करने पर स्पष्ट होता है कि इनका समय सामन्तवादी एवं सामाजिक विद्रूपता-भरी सामाजिक परिस्थितियों का था। विलासिता की भावना का प्राधान्य था। नारी भोग्य वस्तु थी और समाज वर्णव्यवस्था और साम्प्रदायिकता के बन्धनों से जकड़ा था। धर्म का केवल आडम्बरी स्वरूप विद्यमान था। इन सभी परिस्थितियों को कबीर ने अपने काव्य का विषय बनाते हुए तत्कालीन व्याप्त विसंगतियों पर अपने समाधानात्मक विचार प्रस्तुत किए हैं। इन विसंगतियों, सामाजिक कुरीतियों, बाह्य आडम्बरों पर कड़ा प्रहार करने में कवि रंच मात्र भी विचलित नहीं हुए हैं।

कबीर की समाज के प्रति इतनी गहरी संवेदनशीलता है कि वह अपने साहित्य में कहते हैं कि सुखिया संसार सब खाता और सोता रहता है और संसार की विडम्बनाएँ देखकर दुखिया कबीर रोता और जागता रहता है। यह संवेदनशीलता आत्मीय दृढ़ता और आत्मविश्वास से परिपूर्ण है।

"हम घर जारा आपना, लिया मुराड़ा हाथ।
अब हर जारौं तासु का जो चलै हमारे साथ॥"

समाज के सुधार के प्रति इतनी गहन सहजता अन्यत्र नहीं देखने को प्राप्त होती है। कवि यहाँ एक परिष्कृत समाजव्यवस्था के लिए अपना सर्वस्व लुटाने अथवा अपना घर फूँकने को भी तत्पर बैठा है। समाज के प्रति ऐसा ही दृष्टिकोण वर्णव्यवस्था, साम्प्रदायिकता एवं धार्मिक आडम्बरों के कठोर खंडन में भी स्पष्ट दिखाई देता है जो कवि को एक समाजसुधारक बनाता है।

कबीर के व्यक्तित्व में एक महान सन्त भी स्पष्ट दिखाई देता है। एक सन्त की भाँति कवि में विशिष्ट आध्यात्मिक चेतना, सांसारिक सुखों के प्रति

विरक्ति का भाव, नि:स्वार्थता, सत्यनिष्ठा, अहिंसा का भाव, सामाजिक समरूपता के साथ निर्भयता का भाव, अवलोकित होता है। कबीर की कविता में अनेक ऐसे प्रसंग देखे जाते हैं जो यह स्पष्ट करते हैं कि कवि को संसार और सांसारिकता का बड़ा ही गहन ज्ञान प्राप्त है। वे सांसारिक सुखों की सार्थकता व निरर्थकता का अध्ययन भी भली-भाँति कर चुके हैं।

कबीर सामाजिक विसंगतियों के विरुद्ध कठोर और निर्भय हैं। समाज की रक्षा के लिए उनके अन्दर जो 'घर फूँक मस्ती' दिखाई देती है, वह तब से लेकर आज तक के किसी सन्त में नहीं दिखाई दी है। अत: यह सन्तत्व कवि के मूल व्यक्तित्व की एक विशिष्टता है।

कबीर के साहित्य एवं उनके मूल व्यक्तित्व से पूर्ण परिचय प्राप्त करने के लिए यह आवश्यक है कि उनके भक्त स्वरूप का भी गहनता से अध्ययन किया जाए।

कवि का भक्त स्वरूप बाह्याडम्बर से परिपूर्ण न होकर वह अगने अन्दर ही स्वानुभूति के रूप में उपस्थित होता है। अनुभव होता है कि भक्ति उनके जीवन की चरमावस्था है।

"मन मस्त हुआ तो क्यों बोले,
मेरा साहब है घर माहीं
बाहर नैना क्यों खोले?"

आशय यह है कि कबीर अपने ईश्वर अथवा परमात्मस्वरूप को अपने अन्दर ही अनुभव करते हैं। बाह्य जगत में वह ईश्वर की खोज नहीं करते अपितु वह अपने अन्तर्जगत में ही डूबकर भक्ति और जीवन को सार्थकता की ओर ले जाते हैं। कबीर जिस परम्परा में पले-बढ़े हैं वहाँ उन्हें भक्ति सहजता से नहीं प्राप्त होती है, इस भक्ति को उन्होंने सुन-सुनकर, अनुभव कर और समाज को देखकर प्राप्त की है। यह इनके अनुभव की विषयवस्तु है। भक्ति उनका अर्जित सत्य है जिसे उन्होंने योग और शुष्क ज्ञान की निस्सारता को समझने के बाद अपनाया है।

कबीर में सामाजिक समता का जो भाव विद्यमान है। वह ईश्वर के एकत्व के अखंड विश्वास से ही जन्मा है। भक्त होने के कारण कवि का आध्यात्मिक विचारों से जुड़ाव है, इसी कारण सांसारिक सुखों के प्रति वह आकर्षित नहीं होते हैं। ईश्वर की शक्ति इन्हें समाज के प्रत्येक भय से मुक्त

रखती है। कबीर के तत्कालीन समाज में केवल जाति-पाँति, ऊँच-नीच और हिन्दू-मुस्लिम का ही भेदभाव नहीं था अपितु उसमें गरीब और अमीर का भेदभाव विद्यमान था। किसी के पास अपार धन-सम्पदा थी तो किसी को दो वक्त का खाना भी नसीब नहीं होता था। अधिकांश समाज में गरीबी का प्रसार था। किसानों व मजदूरों को अपना जीवनयापन करने के लिए ही संघर्ष करते देखा जाता था।

धनी कृषकों की संख्या नाममात्र ही थी। समाज दो वर्गों में बँटा था। कृषि में संलग्न किसान व मजदूर दिन-रात कठिन परिश्रम के बावजूद किसी प्रकार परिवार पालते थे। कृषि योग्य भूमि पर उपज के अनुपात में सरकारी लगान बहुत अधिक था जिस कारण किसान वर्षपर्यन्त उसी की व्यवस्था में लगा रहता था। किसानों की अपेक्षा भूमिहीन मजदूरों की संख्या अधिक थी। किसानों व मजदूरों द्वारा कड़ी मेहनत के बाद भी उनका समाज में कोई अस्तित्व नहीं था।

यहाँ तक कि वह मनुष्य होते हुए भी मनुष्य के सम्मान से वंचित थे। इसके विपरीत सुल्तान व राजा, सरकारी अधिकारी, कर्मचारी तथा जो बड़े व्यापारी थे, वे ऊँचे महलों में रहते थे व सुविधाजनक जीवन व्यतीत करते थे।

वह भोग-विलास पूर्ण जीवन जीते थे। शासक वर्ग के पास अपार धन था, जो सामान्य जनमानस के शोषण से एकत्रित हुआ था। गरीब और अमीर के बीच की खाईं ही समाज की सबसे बड़ी समस्या थी। समाज में व्याप्त असमानता एवं शोषण की प्रवृत्ति के साथ भेदभाव की भावना व्याप्त थी। अतएव उनको भी रोटी के लिए संघर्ष करना पड़ता था। यही कारण है कि कवि ने देखने व सुनने के साथ तत्कालीन सामाजिक दशा को भोगा भी है। अत: कवि ने एक भोगे हुए यथार्थ को संवेदनात्मक स्वरूप में प्रस्तुत किया है।

कबीर के समय के समाज में जातिव्यवस्था, वर्णव्यवस्था, सम्प्रदायवाद, धर्म का अन्धानुकरण, आर्थिक विसंगतियाँ विद्यमान थीं। अपने चतुर्दिक फैले इस विसंगति के वातावरण को सामने रखकर कबीर ने उसे अन्यायपूर्ण माना है। साथ ही जो उनको मानवता विरोधी प्रतीत होता है, उसकी तीखी आलोचना की है। साथ ही उन्होंने यह भी बताया है समाज का उचित और

आदर्श रूप क्या होना चाहिए? जिसमें समाज का प्रत्येक नागरिक एक सम्मानपूर्ण जीवन प्राप्त कर सके।

कबीर का व्यक्तिगत विचार है, कि मनुष्य में अलग-अलग जातियाँ नहीं होती हैं अपितु समस्त मानवता ही एक जाति है। समस्त मानव रचना एक है क्योंकि सभी ईश्वर की सन्तान एवं रचना है। अतएव सभी समान हैं। समाज में जाति, धर्म व सम्प्रदाय के नाम पर भेदभाव यदि प्रचलित है तो वह अनुचित, अन्यायपूर्ण और दुर्भाग्यपूर्ण है। इस प्रकार के समाज का पुरजोर विरोध होना चाहिए। साथ ही ऐसे समाज की रचना होनी चाहिए जिसमें प्रत्येक व्यक्ति आत्मसम्मान और समानता का जीवन प्राप्त कर सके।

पुरुषोत्तम अग्रवाल भक्त नवलदास से प्राप्त अनुभव को साझा करते हुए कहते हैं—सहजात बोध है, मनुष्यमात्र की समता का। जन्म से न कोई ऊँचा होता है और न कोई नीचा। न्याय की कामना इस सहज समता-बोध की ही परिणति है। केवल अपने या अपने लोगों के लिए नहीं बल्कि सबके लिए न्याय। केवल अपने साथ न्याय की बात सोचना विशेषाधिकार को हथिया लेने की वासना भर है इस वासना से मुक्ति पाए बिना उस चैतन्य से रिश्ता कैसे बनेगा जो ब्रह्मांड के कण-कण में व्याप्त है—जो कबीर को जगजीवन में व्यापा प्रतीत होता है—ज्यों पुहपन में बास।

चैतन्य की ब्रह्मांड व्याप्ति के बोध को आध्यात्मिक और समताबोध और न्याय-कामना को सामाजिक-सुभीते के लिए भले ही कह ले, किन्तु इसके बीच किसी मूलभूत विरोध की कल्पना निराधार है।[1] कबीर के युग में समाज की दशा एवं दिशा चिन्तनीय थी। हिन्दुओं और मुसलमानों दोनों ही समाजों में धार्मिक आडम्बरों का बोलबाला था। हिन्दू समाज की दशा अधिक शोचनीय थी, क्योंकि इसे मुसलमानों से पराजित जाति समझा जाता था। विजेता मुसलमानों के पास सम्पन्नता, स्वतन्त्रता थी, वहीं हिन्दुओं के पास विपन्नता और निराशा थी। मुस्लिम शासक हिन्दुओं पर अत्याचार करते थे। हिन्दू मन्दिरों एवं मूर्तियों को तोड़ा जाता था, उनके धार्मिक कृत्यों पर प्रतिबन्ध लगाया जाता था। इन परिस्थितियों में हिन्दुओं का धार्मिक विश्वास भी डोलने लगा और वे हताश और निराश हो गए।

हिन्दुओं में वर्णाश्रम व्यवस्था तो रूढ़िगत थी ही, इन परिस्थितियों में वह और भी दृढ़ हो गई। तत्कालीन स्थिति में हिन्दू और मुसलमानों में भेद

की दीवार और ऊँची होती जा रही थी। कबीर ने अपने युग में इसी भेदभाव का कड़ा विरोध किया। साथ ही ब्राह्मण और शूद्र की भेदक रेखाओं को मिटाने का प्रयास किया। कबीर ने तो हिन्दुओं और मुसलमानों के मध्य भी सामंजस्य स्थापित करने का भरसक प्रयास किया। इन्हीं परिस्थितियों ने कबीर को विद्रोही बना दिया और कबीर ने सामाजिक अनैतिकता के विरुद्ध एक सामाजिक आन्दोलन खड़ा कर दिया।

कबीर का उदय जिन परिस्थितियों में हुआ, वे आडम्बर, मायाजाल, असत्य एवं मिथ्यावाद की पोषक थीं। कबीर का व्यक्तित्व स्वतन्त्र विचारधारा का था। यही कारण था कि इन परिस्थितियों के विरुद्ध वे विद्रोह का सूत्रपात कर उठे। कबीर ने धर्म, समाज, नीति, आचरण, व्यवहार एवं व्याप्त सामाजिक कुरीतियों के विरुद्ध क्रान्ति का आरम्भ किया। लोग कबीर को सुधारवादी अथवा समाजसुधारक के रूप में देखने लगे।

कबीर पढ़े-लिखे न थे, किन्तु उनमें बौद्धिकता भरी पड़ी थी। यह बौद्धिकता पुस्तकीय न होकर अनुभव से प्राप्त हुई थी। वे वेदों और शास्त्रों को प्रमाण न मानकर अपने अनुभव और साधना से प्राप्त सत्यों को स्वीकार करते थे। इन्हीं सत्यों को स्थापित कर वह विरोधियों को तर्क में परास्त करते थे। वे जीवन में सदैव सत्य के साथ एवं असत्य के विरोधी थे, वे गुण के प्रशंसक एवं दुर्गुण के आलोचक थे। जीवन के प्रति निष्पक्ष और समरस थे। कबीर की समरसता, कबीर की सहिष्णुता उनकी सुयोग्यता का परिणाम है। अनुभवों से कबीर ने सीखा कि सामंजस्य के बिना जीवन अस्तित्वहीन है।

समता, समानता, स्वतन्त्रता और समरसता को स्थापित करने के लिए कबीर ने अपने जीवन को एक प्रयोगशाला बनाया था। इस प्रयोगशाला में कबीर ने अनेक प्रयोग किए हैं तथा उनमें अपार सफलता भी पाई है। इन सभी परिस्थितियों में कबीर प्रत्येक स्थान पर आधुनिक हैं।

जातिव्यवस्था एवं कबीर की दृष्टि

कबीर का समय सामाजिक अस्थिरता का युग था। भारतीय इतिहास में लगभग तुगलक वंश का अन्त और लोदीवंश के उदय-काल को ही कबीर के उदय के समय के रूप में देखा जाता है। उससे पूर्व तैमूर भारत पर आक्रमण भी कर चुका था। तैमूर का यह आक्रमण बर्बरता एवं नृशंसता की चरम अवस्था का सजीव उदाहरण है। स्वयं तैमूर ने स्वयं ही कहा था

कि वह काफिरों को दंडित करने, मूर्ति-पूजा का अन्त करने तथा हिन्दू सभ्यता एवं संस्कृति को नष्ट करने के लिए भारत पर आक्रमण कर रहा है। तत्कालीन लोदीवंश का शासक सिकन्दर लोदी इस्लाम न स्वीकार करने पर हिन्दुओं की हत्या करवा देता था। वह इतना साम्प्रदायिक और अत्याचारी था कि हिन्दू मन्दिरों का तोड़वाकर मस्जिदें और सराय बनवाता था। ऐसी ही सामाजिक परिस्थितियों के मध्य कबीर का उदय कुछ आधुनिक धारणाओं एवं विचारधाराओं के साथ होता है। समय और परिस्थितियों में परिवर्तन के साथ नाथों, सिद्धों और सन्तों के द्वारा हिन्दू एवं मुस्लिम (इस्लाम) के मध्य एवं सामंजस्य को स्थापित करने की मन्शा देखी गई। कबीर इसी सामंजस्य के प्रेणता बने।

सामाजिक एवं सांस्कृतिक दृष्टिकोण से तत्कालीन समाज में मुख्यरूप से दो ही जातियाँ थीं,जो आपस में लड़ने का कार्य कर रही थीं। हिन्दू और इस्लाम मुख्यरूप से एक-दूसरे के समक्ष अपनी कट्टरता को प्रदर्शित करते रहते थे। हिन्दुओं में अलग-अलग जातियों का विभाजन वर्णव्यवस्था के अनुरूप था।

हिन्दुओं में यह वर्णव्यवस्था तो रूढ़िगत थी ही किन्तु इस्लाम के आक्रमण के उपरान्त यह व्यवस्था ओर भी जड़ हो गई थी। हिन्दुओं ने मुस्लमानों के प्रहारों से स्वयं को और अपने समाज को बचाने के लिए वर्णाश्रम के आवरण को और अधिक सशक्त बना लिया था। परिणामत: हिन्दुओं और मुसलमानों के मध्य भेदभाव की खाईं और अधिक गहरी होती गई।

कबीर ने अपने व्यक्तित्व एवं साहित्य के द्वारा इस भेदभाव की भावना को जड़ से मिटाने का आन्दोलन चलाया। कबीर ने जहाँ एक ओर ब्राह्मण एवं शूद्र के मध्य भेदभाव को समाप्त करने का सफल प्रयास किया वहीं दूसरी ओर हिन्दुओं और मुसलमानों के मध्य भी भाईचारे के पैगाम के साथ सामंजस्य की स्थापना का सफलतम प्रयास किया। अन्धविश्वासों और धार्मिक आडम्बरों, धर्म के ठेकेदारों और चमत्कारवाद से हिन्दू एवं मुस्लिम दोनों ही त्रस्त थे। कबीर ने ठान लिया कि समाज को इन विद्रूपताओं और विसंगतियों से बाहर निकालना है। इस सामाजिक अनैतिकता को जड़ से समाप्त करने के लिए कबीर विद्रोही बने, और इसके लिए एक जनान्दोलन

खड़ा किया। जातिव्यवस्था के सन्दर्भ में कबीर का मानना है कि पूरी मानव जाति एक है, क्योंकि वह ईश्वर की सन्तान व रचना है। यही कारण है कि सभी मनुष्य बराबर हैं।

जातिव्यवस्था के सन्दर्भ में कबीर स्वयं लिखते हैं—

गरभ बांस महि कुल नहिं जाती।
ब्रह्म बिन्दु ते सुझ उतपाती॥
कछुरे पंडित, बामन कवि के होए।
बामन कहि कहि जनम मत खोए॥
जो तू ब्राह्मण बभनी जाया।
तो आन बाट काहे नहिं आया॥
तुम कत ब्राह्मण हम कत सूद।
हमकत लोहू तुम कत दूध॥
कहु कबीर जौ ब्रमहु बीचारै।
सो ब्राह्मन कहिअतु है हमारे॥

आशय यह है कि यदि कोई गर्भ में होता है तो उसकी कुल व जाति नहीं होती है। एक ही ब्रह्म बिन्दु से सबकी उत्पत्ति होती है। हे पंडित! यह तो बताओ कि तुम ब्राह्मण कब से हुए? तुम अपने को ब्राह्मण कहकर अपना जन्म (जीवन) नष्ट न करो। यदि तुम ब्राह्मणी से पैदा होने के कारण ब्राह्मण हो, तो तुमने किसी दूसरे मार्ग से जन्म क्यों नहीं लिया? जब ऐसा नहीं है तो तुम कैसे ब्राह्मण और मैं कैसे शूद्र हूँ? कबीर कहते हैं, ब्राह्मण अब्राह्मण के भेद के विषय में तो हम एक ही बात मानते हैं, हम ब्राह्मण उसी को कहते व मानते हैं जो ब्रह्मज्ञानी है और जो ब्रह्म का विचार करता है। अभिप्राय यह है कि जन्म के आधार पर जाति-पाँति का भेद करना सर्वथा अनुचित है। कबीर का मानना है कि जन्म के समय सम्पूर्ण मानव की एक ही जाति होती है। जन्म के बाद उसे बनावटी ढंग से अलग-अलग जातियों में बाँट दिया जाता है। इस प्रकार हमारी जातिव्यवस्था ही बनावटी एवं अप्राकृतिक है।

अचार्य हजारीप्रसाद द्विवेदी कबीर के जातिव्यवस्थावादी विचारों के विषय में लिखते हैं—

वे मुसलमान होकर भी असल मुसलमान नहीं थे। वे हिन्दू भी थे और हिन्दू नहीं भी थे। वे साधु होकर भी साधु नहीं थे। वे वैष्णव होकर भी वैष्णव

नहीं थे। वे योगी होकर भी योगी नहीं थे। वे कुछ भगवान की ओर से ही सबसे न्यारे बनाकर भेजे गए थे।[2]

इससे स्पष्ट है कि कबीर का सम्बन्ध तत्कालीन समाज की सभी जातियों से था, किन्तु उनकी कोई जाति नहीं थी। दूसरे शब्दों में कबीर ने जाति की अवधारणा को अस्वीकृत कर दिया है। कबीर की दृष्टि में मानवता की एक जाति है। इसके पीछे उनका स्पष्ट तर्क है कि यदि सभी की जन्म लेने की प्रक्रिया एक ही है तो उसमें विभेद कैसे किया जा सकता है? जन्म के आधार पर समाज को कैसे बाँटा जा सकता है?

समाज की इन्हीं परिस्थितियों को देखकर कबीर लिखते हैं—

सुखिया सब संसार है,
खावै अरु सोवै।
दुखिया दास कबीर है,
जागै अरु रोवै॥

कबीर अपने लिए नहीं, संसार के लिए रोते और विलाप करते हैं। उन्होंने ईश्वर द्वारा बनाए गए समस्त जीवों के प्रति अपना जीवन समर्पित कर दिया था। संसार के कल्याण के लिए उन्होंने अपने आप को मिटा दिया था।

कबीर ने अपने व्यवसाय के माध्यम से जाति-धर्म और छोटे-बड़े का भेद समाप्त करने का प्रयत्न किया है। यह एक अपने में अनूठा उदाहरण था कि एक भक्त व महात्मा ने अपने साधारण व्यवसाय का परित्याग किए बिना उसके महत्त्व और गौरव को अंगीकृत किया। इसके द्वारा कबीर की भेद भाव के प्रति दृढ़ निष्ठा का बोध होता है। भेद भाव उत्पन्न करने में वर्ण, जाति धर्म तो सहयोगी है ही, साथ ही समाज में धन्धों के आधार पर भी ऊँच-नीच का भेद किया जाता है। कबीर अत्यन्त गर्व एवं अभिमान के साथ कहते हैं—

जाति जुलाहा मति को धीर,
हरषि हरषि गुण रामै कबीर।
मेरे राम की अभय पद नगरी
कहै कबीर जुलाहा।
तू बामन मैं कासी का जुलाहा॥

वर्णव्यवस्था अथवा वर्णाश्रम धर्म की मर्यादा के नाम पर उस समय हिन्दू समाज में छुआछूत के साथ जातियों में अस्पृश्यता का झूठा प्रसार हो गया था-जिसको कबीर ने न तो स्वीकार किया, अपितु उसके विरुद्ध एक आन्दोलन खड़ा किया। कबीर ने बड़े कठोर स्वरों में इस सामाजिक कलंक को मिटाने का संकल्प लिया। जाति की व्यवस्था को कबीर ने, जन्म से ही स्वीकार नहीं किया। जातिव्यवस्था निश्चय ही कोई लोकतान्त्रिक व्यवस्था नहीं थी, होती तो कबीर और अन्य लोगों को उसकी आलोचना की आवश्यकता न पड़ती, लेकिन यह नस्लवादी व्यवस्था भी नहीं थी। जड़ता सारे समाज में नहीं, वर्णाश्रमवादी सोच में थी।[3]

कबीर के मत के अनुसार मनुष्य और मनुष्य के मध्य की भेददृष्टि गलत है। यह चरम अज्ञानता का सूचक है। इन्हीं अपने ही विचारों से प्रेरित होकर कबीर ने जाति-पाँति, छुआछूत, ऊँच-नीच और ब्राह्मण-शूद्र के भेद का विरोध किया। कवि का मानना है कि इन भेदों को समाप्त कर देने पर समाज का एक परिष्कृत स्वरूप सामने आएगा।

ब्राह्मण-शूद्र के भेद से विरक्त छुआछूत से मुक्त जाति-पाँति रहित समाज का स्वप्न कबीर ने देखा था जिसको साकार करने का कार्य अन्तिम क्षणों तक उनके द्वारा किया गया।

एक बूँद तै, सृष्टि रची है,
कौन ब्राह्मण, कौन शूदा॥

जब एक ही बूँद से सम्पूर्ण सृष्टि की रचना हुई तो इसमें विभेद कैसा? यहाँ कौन ब्राह्मण है अथवा कौन शूद्र है? कबीर के अनुसार दोनों में कोई भेद नहीं है। जिस प्रकार ब्राह्मण पैदा होते हैं ठीक उसी प्रकार अन्य जाति के लोग भी पैदा होते हैं।

कबीर ने जाति-पाँति एवं छुआछूत का विरोध करते हुए कहा कि पंडित तुम कहते हो कि पवित्र स्थान पर भोजन करना चाहिए। बताओ कौन-सा स्थान पवित्र मानते हो? तुम इस गहनता से विचार करोगे तो माता-पिता भी जूठे हैं। वृक्षों पर लगनेवाले सारे फल भी जूठे हैं। अग्नि और जल भी जूठे हैं। गोबर और चौका भी ज़ूठा है और जूठी कलछी से ही अन्न परोसा जाता है। वस्तुतः पवित्र और शुद्ध तो वही हैं जिनका मन पवित्र है। जिन्होंने अपने आन्तरिक अवगुणों को दूर कर लिया है, जिनके अन्दर से भेद-भाव की

विचारधारा निकल गई है वही वास्तविक रूप में पवित्र हैं।

कहु पंडित सूचा कवन ठाउ।
जहाँ बैसि हउँ भोजन खाउ।
माता जूठी पिता भी जूठा जूठे ही फल लागे।
आवहिं जूठे जाहिं जाहि भी जूठै मरहिं अभागे॥
अगिनि भी जूठी पानी जूठा जूठै वैसि पकाया॥
जूठी करछी अन्न परोसा जूठै जूठा खाया।
गोबर जूठा चउका जूठा जूठै दीनी कारा॥
कहँ कबीर तेई जन सूजे हरि भजि तजहिं विकारा॥

कबीर ने अपने समाज में जहाँ भी ढोंग, दिखावा, असत्य, फरेब, कपट, आडम्बर, प्रपंच, छल आदि देखा वहाँ उस पर जमकर प्रहार किया। पंडित हो या फकीर हो, गुरु हो या पीर हो, योगी हो या भोगी हो, हिन्दू हो या मुसलमान हो, यदि वह जाति-पाँति व भेद-भाव की विचारधारा से युक्त पाया गया तो उसे कबीर ने फटकार लगाई है।

कबीर ने उसे चेतावनी दी है, उसका उपहास उड़ाया है। व्यंग्यात्मक रूप में भी उस पर टिप्पणी की है। कबीर ने भेद-भाव की समस्त सीमाओं को तोड़कर मानव को सबसे ऊपर रखा है।

"मानव-मानव में भेद करनेवाले बाह्याडम्बरों, मजहबों, रूढ़ियों और अन्धविश्वासों के प्रति जैसा कठोर रुख कबीर ने अपनाया वैसा और किसी साधु, सन्त, भक्त या कवि ने नहीं अपनाया।"[4]

छुआछूत के विषय पर कबीर जो तर्क देते हैं वे निरर्थक नहीं हैं, अपितु पूर्णतः प्रामाणिक हैं। यह कहीं किसी धर्मग्रन्थ से नहीं उपजा है बल्कि यह लोगों के मन की उपज है। छुआछूत का कोई भी सम्बन्ध धर्मग्रन्थों से नहीं है। कबीर के अनुसार सच तो यह है कि छुवाछूत जैसी कोई भी चीज नहीं होती है। कबीर पंडित से कहते हैं कि तुम विचारकर एवं सोचकर देखो और मुझे बताओ कि यह कहाँ से उत्पन्न हुई है? प्राणवायु, रक्त (रज) और वीर्य के संयोग से ही स्त्री के शरीर में प्रत्येक जाति का मानव शरीर बनता और बढ़ता है। तो यह बताओ कि मनुष्य और मनुष्य के मध्य यह छूत कहाँ से आ गई? ईश्वर ने धरती नामक पाट पर ही सबको बैठाया है—और एक ही पाट पर रखकर सभी को समान बना दिया है।

इसलिए तुम किसे छूत कहोगे? इसलिए छुत का विचारकरना सदैव अनुचित है। वास्तविक छूत (अशुद्धता) हमारे मन के भीतर है उसे नष्ट करने की सबसे बड़ी आवश्यकता है।

आरम्भिक काल से भारतीय समाज में वर्णाश्रमवादी व्यवस्था थी। वर्णमिश्रण के कारण नित नई जातियों का विकास भी होता रहा। व्यापार में संलग्न ब्राह्मण स्वयं व्यापारी बन रहे थे, मजदूर व आदिवासी भी राजाओं की राजसभा में उच्च स्थान पर आसीन थे, किन्तु जन्म के आधार पर जाति विभाजन का आरम्भ हमारी औपनिवेशिक आधुनिकता के परिणामस्वरूप ही होता है। जातिव्यवस्था का पदानुक्रम रक्तशुद्धि पर ही आधारित था। इसको न तो व्यापार प्रभावित कर रहा था न, राजसत्ता से यह व्यवस्था प्रभावित हो रही थी। अतः इन तथ्यों से स्पष्ट होता है कि जाति की कल्पनाएँ वास्तविक रूप में औपनिवेशिक सत्ता और उनके द्वारा फैलाए गए भ्रम के परिणामस्वरूप लागू हुई। इस जाति की अवधारणा को विकसित करने के पीछे औपनिवेशिक सत्ता का उद्देश्य स्पष्ट है कि वह यहाँ के स्वदेशी व्यापार को नष्ट कर अपने व्यापार का विस्तार करना चाहते थे।

भारतीय इतिहास के देशज आधुनिकता पाठ के लिए भारतीय इतिहास-लेखन की केन्द्रीय समस्याओं पर ध्यान देने की, देशज आधुनिकता के आत्मसंघर्षों और औपनिवेशिक आधुनिकता के चरित्र को समझने की है। उस प्रक्रिया के वर्णन करने की है, जिसके अन्तर्गत वर्णाश्रम के सिद्धान्त को व्यवहार में अनोखे व्यक्तियों ने नहीं सारे समाज ने धता बताया और वर्णाश्रमवादी तिलमिलाए। हिन्दू-मुसलमानों को सिर्फ अंग्रजों ने ही लड़ाया-भिड़ाया होता तो कबीर काहे को दुःखी होते कि-

आपस में दोउ लरि-लरि मूए,
मरम न काहू जाना।।[6]

कबीर से पूर्व के हिन्दू धर्म की वैष्णव परम्परा के द्वारा ही ब्राह्मणों की सत्ता पर वर्चस्व एवं विशेषाधिकार व एकाधिकार के विरुद्ध विरोध के स्वर मुखर हो चुके थे। इस क्रम में

जात पांत पूंछै नहिं कोई
हरिका भजै सो हरिका होई।।

की स्पष्ट उद्घोषणा वैष्णव विचार एवं कबीर गुरु रामानन्द ने ही कर दी थी। कबीर ने स्वयं ही कहा कि जातिव्यवस्था से मुक्ति दिलाने का विचार मुझे वैष्णवों से ही प्राप्त हुआ है। कबीर लिखते हैं—

'इन मुंडीअन मेरी जात गँवाई॥'[6]

कबीर के समय में एवं कबीर के द्वारा भी वैष्णवों को मुंडी नाम से सम्बोधित किया जाता था। कबीर ने जाति से मुक्ति पाने का श्रेय इन्हें ही प्रदान किया है।

भारत में विस्तृत औपनिवेशिक आधुनिकता के अनुसार यहाँ रक्त शुद्धि को जीवित रखने (प्रचार व प्रसार करने) वाले ब्राह्मणों को ही महत्त्व दिया जाता है। इसके विपरीत देशज आधुनिकता वर्णाश्रम की व्यवस्था को नकार चुकी थी। देशज आधुनिकता वर्णविहीन समाज की परिकल्पना पर कार्य कर रही थी। देशज आधुनिकता का मुख्य आह्वान था- "वर्णाश्रम की तजै काणि।"[7]

कबीर 'भक्तमाल' की इसी पंक्ति से प्रेरणा लेकर इस वर्णाश्रम व्यवस्था को समाप्त करने का संकल्प लिया। इस प्रकार कबीर ने जातिव्यवस्था एवं वर्णाश्रम के भीतर पनपनेवाले ऊँच-नीच के भेदभाव और छुआछूत का खंडन किया। साथ ही समाज में इस ज्ञान का प्रसार किया कि सामाजिक भेदभाव अनुचित है।

सम्प्रदायवाद और कबीर के विचार

कबीर ने अपने पदों में कई स्थानों पर जुलाहा होने की घोषणा की है। जुलाहा कहने मात्र का संकेत उनके व्यवसाय (पेशे) से है। इसमें धर्म अथवा सम्प्रदाय का कोई बोध प्राप्त नहीं होता है। अनेक मतों एवं जनश्रुतियों से यह अवश्य सिद्ध होता है कि कबीर का पालन-पोषण मुसलमान परिवार में हुआ था। कबीर का समय और समाज जहाँ एक ओर जातिवादिता से ग्रस्त था वहीं दूसरी ओर वह अलग-अलग अनेक सम्प्रदायों एवं धर्मों में भी बँटा हुआ था। यह अवश्य कहा जा सकता है कि सभी धर्म और सम्प्रदाय अपने-अपने मार्गों से ईश्वर की शरण की ही प्राप्ति करा रहे थे। जिस समाज में अलग-अलग धर्मों एवं सम्प्रदायों के लोग रहते हैं, उस समाज में निरन्तर मतभेद एवं झगड़े बने रहते हैं। यही कबीरयुगीन सत्य था। समाज, सम्प्रदाय और मजहबों को

धर्म कहा गया, जैसे हिन्दू धर्म, जैन धर्म, बौद्ध धर्म, ईसाई धर्म, ईस्लाम धर्म आदि किन्तु ये सब भ्रम पैदा करते हैं हिन्दू एक समाज है। बौद्ध, जैन, ईसाई, इस्लाम आदि सम्प्रदाय एवं मजहब हैं। सबकी रचना देश-काल के सापेक्ष ही हुई है।[8]

कबीर के समय में हिन्दुओं और मुसलमानों के यहाँ अनेक सम्प्रदाय प्रचलित थे। हिन्दुओं के यहाँ शैव, वैष्णव, शाक्त, जोगी, मौनी, दिगम्बर आदि सम्प्रदायों का बोलबाला था। मुसलमानों के यहाँ सिया सुन्नी आदि सम्प्रदाय थे। कबीर इनमें से किसी भी सम्प्रदाय से मेल नहीं रखते हैं। सम्प्रदायवाद के प्रति कबीर का दृष्टिकोण एकदम अलग था, उनका मानना था कि इन विभिन्न सम्प्रदायों में पाए जानेवाले विभेद तर्कहीन है। इनका सम्बन्ध धर्म की मूलभूत अवधारणा से पूर्णतः भिन्न है। ये सम्प्रदाय मुख्य रूप से साधना पद्धति, पूजा-पाठ के तौर-तरीकों, वेशभूषा का चयन आदि को प्रदर्शित करते हैं। कबीर ने हिन्दू एवं इस्लाम दोनों ही धर्मों के विभिन्न सम्प्रदायों के क्रिया कलापों को पाखंड बताया है। आचार्य हजारीप्रसाद द्विवेदी लिखते हैं, "कबीर उस समाज में पालित हुए थे जो न तो हिन्दुओं द्वारा समादृत था न मुसलमानों द्वारा पूर्ण स्वीकृत।[9]

कबीर किसी धर्म, सम्प्रदाय अथवा वाद में बँधे न रहकर स्वयं में स्वतन्त्र विचारक थे। वह हिन्दू-मुस्लिम एकता के समर्थक थे। सम्पूर्ण मानव-जीवन में समता, समानता और एकता को स्थापित करना उनके जीवन का परम लक्ष्य था। कबीर का लक्ष्य धर्मोपदेश देकर लोगों को अपना अनुयायी बनाना बिलकुल नहीं था, और न ही स्वयं को बहुत बड़ा समाजसुधारक सिद्ध करना था। आरम्भिक समय में उनका उद्देश्य किसी जाति, धर्म व सम्प्रदाय में समन्वय स्थापित करने का भी नहीं था। वह स्वयं अपना जीवन शान्तिपूर्ण रूप से यापन करना चाहते थे किन्तु जब उन्होंने अपने चतुर्दिक धर्म, पन्थ और मानव के बीच भेदों की खाईं को देखा, छल-कपट का व्यवहार देखा, वर्ग-भेद के कारण दुःख व दैन्य का प्रसार देखा, तो कबीर अत्यन्त व्याकुल हुए, इनको अत्यन्त मानसिक पीड़ा सताने लगी, इनका मन अत्यन्त विचलित रहता था। साथ ही अनेक प्रश्न इनके मन में ही उत्पन्न होते रहते थे, तब कबीर अपने सुखों को त्यागकर मानवमात्र की पीड़ा को दूर करने में पूरे मनोयोग से लग गए। उनको यह परवाह नहीं

थी कि वह जिस समाज में रह रहे हैं, उसमें सुधार अत्यन्त जटिल कार्य है। इन जाति-धर्म के बन्धनों को तोड़ने का संकल्प कबीर ने लिया। "कबीर ने हिन्दू और मुसलमान दोनों ही धर्मों की कुरीतियों एवं आडम्बरों और अन्धविश्वासों पर कठोर प्रहार किया। इन प्रहारों का परिणाम हुआ कि समाज में जो धर्म के ठेकेदार उपस्थित थे उनकी ठेकेदारी संकटग्रस्त हो गई। यह प्रहार तो कबीर जान-बूझकर करते थे किन्तु सभी धर्मों के लोगों ने उनकी कठोरता के बाद भी उनके विचारों को समझा और उन विचारों को प्रेमपूर्वक अपनाया। जाति, धर्म और सम्प्रदायवाद पर यही कबीर की सबसे बड़ी विजय थी। इसे कबीर के साथ मानवतावाद की विजय के रूप में भी देखा जाना चाहिए।

मनुष्य की अनिवार्य एवं निरन्तर पहचान उसकी मनुष्यता ही है। इस पहचान के साथ वह विविध सामाजिक पहचानों को धारण करता है। जाति, धर्म,नस्ल, राष्ट्रीयता किसी एक पहचान को ही एकमात्र सामाजिक पहचान मान लेना सामाजिक अस्मिता का फंडामेंटलिज़्म है और हर फंडामेंटलिज्म की तरह फंडामेंटली खतरनाक है।[10]

कबीर के धर्म का स्वरूप ज्ञानमार्गी था। इनका मत है कि मनुष्य को यदि कहीं सुख की प्राप्ति हो सकती है तो वह केवल ईश्वर की भक्ति और ईश्वर के ज्ञान से। यदि उसे सन्तोष प्राप्त करना है तो उसे मानव-सेवा से परमसन्तोष प्राप्त हो सकता है। कबीर के जीवन का लक्ष्य अत्यन्त स्पष्ट था, उन्होंने धर्म (मजहब) और मतवाद के ढकोसलों को त्यागकर अपने लिए जो मार्ग स्वीकार किया था, वह मानव-कल्याण का मार्ग था।

निज वैरी निह कामता, साँई सेती नेह॥
विषिया, सूँ न्यारा रहै, सन्तन का अंग एह॥

वैर से रहित कामनारहित होकर केवल ईश्वर से नेह, (विश्वास) रखना, विषय एवं वासनाओं से दूर रहकर साधु-सन्तों के समीप रहना। यह एक ऐसा जीवन-दर्शन है जो समस्त मानव के लिए ग्रहण योग्य हो सकता है। इसमें जाति, धर्म, वर्ण, सम्प्रदाय कहीं भी बाधक नहीं हैं। यही कारण है कि इसको प्राप्त करने के लिए किसी कठोर पाखंड एवं अन्धविश्वास-भरी साधना की आवश्यकता नहीं पड़ती। यह सहज ही सभी को प्राप्त हो सकता है। प्रपंच की आवश्यकता नहीं है।

कबीर ने अपने समाज के सम्प्रदायों की व्याख्या करते हुए स्पष्ट किया है कि मैंने सम्पूर्ण संसार में इस बात की खोज कर ली है और यह प्राप्त कर चुका हूँ कि उस परमसत्ता (ईश्वर) के अतिरिक्त इस संसार में सब-कुछ अज्ञान और झूठ है। सांसारिक लोग छह दर्शन और योगी, जंगम, दरवेश आदि सम्प्रदायों की विभिन्न शाखाओं को मिलाकर छियानबे पाखडों के पीछे व्याकुल है। इसमें किसी को भी सत्य की कोई जानकारी नहीं है। कबीर यह भी कहते हैं कि जप, तप, संयम, पूजा, अर्चना और ज्योतिष के पीछे संसार पागल है—

आलम दुनी सबै फिरि खोजी,
हरिबिन सकल अयाना।
छह दरसन पाषंड छयानबे,
आकुल किनहुँ न जाना॥
जप तप संयम पूजा अरचा,
जोतिगे जग बौराना॥

विभिन्न सम्प्रदाय एक ही धर्म को माननेवाले हर समाज को अलग-अलग कुनबों में विभाजित कर रहे थे। ये भगवान को प्राप्त कराने के नाम पर लोगों को एक-दूसरे से तोड़ रहे थे। ये वास्तविक ज्ञान की ओर समाज को न ले जाकर समाज को भ्रमित करने का कार्य कर रहे थे। सत्य ज्ञान तो आत्मज्ञान है जो लोगों को आपस में जोड़ता है उसके बीच के भेदभाव को समाप्त करता है।

जातिवादी तथा वर्णवादी छलावा की भाँति सम्प्रदायवादी छलावा है, जिसने धर्म का जामा पहन लिया है। ये सभी सम्प्रदाय आत्मज्ञान प्रदान करने में सक्षम नहीं है। यही कारण है कि कबीर लोगों को इससे बचने की सलाह देते हैं।[11]

वस्तुतः कबीर ने अपने पूर्ववर्ती धर्म-सम्प्रदायों के अनुयायियों, जैनों-बौद्धों के आचार-व्यवहारगत भटकावों और पतन को दृष्टिगत करते हुए एक अलग मर्यादित, संयमित और सात्त्विक जीवन-पद्धति का विकास किया है। साथ ही समूचे-समाज को एक नैतिक-चारित्रिक बल प्रदान किया है। व्यावहारिक जीवन में ढोंग एवं पाखंड की कड़ी निन्दा की है। पंडित, मुल्ला, हिन्दू, तुर्क, मुसलमान के मध्य साम्प्रदायिक भेदभाव मिटाने का प्रयास कबीर ने पूरे मनोयोग से किया है। कबीर लिखते हैं—

एक निरंजन अलह मेरा,
हिन्दू तुरक दुहूँ नहिं मेरा।
न हज जाऊँ न तीरथ पूजा,
एक पछानियाँ तौ क्या दूजा।
कहै कबीर भरम सब भागा
एक निरंजन सूँ मन लागा॥

कबीर ने धर्म एवं सम्प्रदाय को छोड़कर नवीन आध्यात्मिकता को सामाजिकता से जोड़कर प्रस्तुत किया। मानव-जीवन की शुचिता कबीर का प्रमुख उद्‌देश्य था। सर्वधर्म समन्वय के लिए जिस मजबूत आधार की जरूरत होती है वह वस्तु कबीर के पदों में सर्वत्र पाई जाती है।[12]

कबीर के समय में हिन्दू-मुस्लिम की समस्या विभिन्न सम्प्रदायों के झगड़े से भी विकराल थी। विभिन्न सम्प्रदायों में आपसी मतभेद था किन्तु वह सीमित रूप में था। उस समय की सामाजिक परिस्थितियाँ लगभग वर्तमान के जैसी ही हैं। आज भी हिन्दुओं और मुसलमानों के मध्य पर्याप्त तनाव पाया जाता है। इस मतभेद के सन्दर्भ में कबीर ने जो छह सौ वर्ष पूर्व में रचा वह आज भी प्रासंगिक है। यह कबीर की प्रासंगिकता है—

हिन्दू कहै मोहि राम पियारा, तुर्क कहै रहिमाना।
आपस में दोउ लरि-लरि मूए, मरम न काहू जाना॥

राम और रहीम का यह भेद दोनों सम्प्रदायों को आपस में लड़ा रहा है। दोनों ही इस बात को समझने को राजी नहीं है कि ये दोनों एक ईश्वर के स्वरूप हैं। कबीर धार्मिक भेदभाव एवं कट्टरता के लिए दोनों को फटकार लगाते हैं। कबीर अपने समय में मुसलमानों द्वारा हिन्दुओं पर अत्याचार का विरोध करते हैं और कडी डाँट-फटकार लगाते हैं। कबीर और सम्प्रदाय के मध्य यही विरोधाभास है। कबीर प्रत्येक उस व्यवहार व आचरण के विरोधी हैं जो न्यायोचित और तर्कसंगत नहीं है।

सामाजिक विसंगतियों का सुधार और कबीर का दृष्टिकोण

कबीर का मूल उद्‌देश्य उन सभी विसंगतियों एवं विडम्बनाओं से मानव समाज को मुक्त कराना था जो तथाकथित ज्ञानी पंडितों और मुल्ला-मौलवियों के ढोंग प्रपंच से ग्रस्त था। मुक्ति, मोक्ष और सिद्धि का झूठा लालच देकर ये व्यवसायी अपना व्यापार चलाते थे और समाज को गलत

दिशा प्रदान करते थे। कबीर अपने मार्ग पर किसी धर्म के आचार-विचार मत संस्कारों का अनुपालन कर नहीं चलते हैं। वह समस्त बाह्याचारों के जंजालों एवं संस्कारों को समाप्त करने की दिशा में चलते हैं। कबीर ने विभिन्न धर्म मतों से ऊपर मानव-कल्याण एवं मानव-मूल्यों को प्रतिष्ठित किया है। वह सभी धर्मों के मतों, आचारों तथा कर्मकांडों का खंडन करते हैं।

कबीर के अनुसार मानव की परिकल्पना उसके व्यापक मूल्यों पर है, और इस विश्वास के फलस्वरूप उन्होंने समस्त धार्मिक विधि-विधानों को अस्वीकृत कर मनुष्य को सहज मूल्यों पर प्रतिष्ठित किया है। कबीर ने जाति, धर्म, कुल, संस्कार, सम्प्रदाय, अन्धविश्वास, अव्यावहारिकशास्त्र आदि सभी भ्रमजालों को तोड़कर एक नवीन विचारधारा का संचार किया है। कबीर के समय में उनके समाज में अनेक प्रकार के पाखंड प्रचलित थे। अनेक साधनाएँ प्रचलित थीं, तन्त्र-मन्त्र, जादू-टोना, का उपयोग किया जा रहा था, अनेक सिद्ध, योगी अपनी-अपनी साधनाओं में संलग्न थे। समाज में पौराणिक धर्म प्रभावी था, और योगियों की मान्यता थी। पौराणिक धार्मिक परम्परा में वेदपाठ, कर्मकांड, अवतारों की उपासना और छुआछूत का वर्चस्व था। कबीर ने इन सबका विरोध किया तथा उनका खंडन करते हुए इन सामाजिक विसंगतियों को समाप्त करने का मार्ग प्रशस्त किया।

कबीर अपने समाज में व्याप्त ऊँच-नीच, छुआछूत एवं अन्धविश्वास पर अत्यन्त व्यथित थे। समाज की इन परिस्थितियों को लेकर कबीर का मन सदैव अशान्त रहता था। अपनी इस व्यथा को वाणी प्रदान करने के लिए कबीर बहुत ही व्याकुल हो जाते थे। उनकी वाणी मार्मिक और उपदेशात्मक बन जाती थी। ऊँच-नीच की भावना पर चोट करते हुए कबीर लिखते हैं—

नहिं कोउ ऊँचा नहिं कोउ नीचा।
जाका प्यंड ताही का सींचा॥

कबीर की यह व्यथा किसी वर्ग-विशेष की व्यथा न होकर सम्पूर्ण मानवता की वेदना थी। वह मूलतः समाज की उपज थी। कबीर सच्चे-सीधे और स्वयं में मगन (मस्त) सन्त थे। उनका विश्वास पठन-पाठन से मुक्त होकर अपनी भोगी हुई अनुभूतियों में था।

कबीर के विचारों एवं उपदेशों ने समाज में एक नई सामाजिक क्रान्ति का सूत्रपात किया। कबीर की वाणी आज भी हमारे सामाजिक, सांस्कृतिक

धार्मिक और राजनीतिक जीवन का मार्गदर्शन कर रही है। कबीर का प्रादुर्भाव एक घटना है। हिन्दी भक्ति काव्य का प्रथम क्रान्तिकारी पुरस्कर्ता वह भी मुसलमान। किन्तु इतिहास में कुछ सहसा घटित नहीं होता। कबीर ने जो कुछ भी किया उसके पीछे एक परम्परा है, इतिहास की एक सामन्ती मंजिल है, मुल्ला, पंडितों का वर्चस्व है। किन्तु कबीर के व्यक्तित्व में वह ताकत थी जिसने सामन्ती व्यवस्था के इन सरमायादारों की मूर्ति तोड़ने में वे बड़ी सीमा तक सफल रहे।[13]

कबीरदास ने मानवीय जीवन को साधना के मार्ग पर अग्रसर करने के लिए एक ओर व्यक्ति को दुर्गुणों तथा कुप्रवृत्तियों से मुक्ति का आग्रह प्रस्तुत किया है तो दूसरी ओर मूल्यों को बढ़ने की प्रेरणा प्रदान की है।

कबीर का साहित्यकार एवं उनका साधक रूप उनकी गहन सामाजिक दृष्टि एवं मानवमात्र के कल्याण की ललक का परिणाम है। कबीर की साधना समाज के कल्याण के लिए है। मानव कल्याण के लिए उन्होंने सामाजिक जीवन में सहजता, सत्यता और शुचिता को मुख्य स्थान दिया है। कबीर ने जिन आध्यात्मिक, व्यावहारिक जीवन-मूल्यों की स्थापना की वे निश्चय ही हमारी गतिशील परम्परा एवं उनकी क्रान्तिकारी प्रतिभा के संवाद से उपजे थे।

कबीर का उद्भव और विकास उस समय हुआ था जिसमें जीवन अनिवार्यतः धर्मानुसार संचालित होता था। समाजव्यवस्था धर्मव्यवस्था का ही अंग थी। समाज सामन्ती था जिसमें वर्णव्यवस्था भी किसी-न-किसी रूप में अवश्य विद्यमान थी किन्तु कबीर के सामने ही सामन्ती समाज टूटने लगा। ऐसा प्रतीत होता है कि मानो समय की आवश्यकता के अनुरूप भारतीय समाज के मार्गदर्शन के लिए ही उनका जन्म हुआ है।

यहाँ ध्यान देने योग्य तथ्य है, कि कबीर प्राचीन सांस्कृतिक विरासत के अनुपयोगी एवं अहितकारी तत्त्वों का विरोध करते हैं। कबीर का विरोध वेद-उपनिषद, पुराण, कुरान, मन्दिर-मस्जिद, तीर्थ, व्रत, छापा, तिलक आदि से नहीं है, बल्कि कबीर का विरोध इनके दुरुपयोग से है। कबीर को कठमुल्ला बतानेवाले तथाकथित विद्वान यह भूल जाते हैं कि कबीर किसी जाति, धर्म एवं वाद के गुलाम न होकर पूर्णतः फक्कड़ व घुमक्कड़ सन्त हैं। किसी भी विचारधारा में बँधना या किसी को बाँधना उनके व्यक्तित्व में नहीं है। उनका

व्यक्तित्व पूर्णतः स्वतन्त्र एवं निष्पक्ष है।

कबीर साम्प्रदायिक संकीर्णता के सदैव विरुद्ध थे। यही कारण है कि वे सभी प्रकार की सामाजिक विसंगतियों को समाप्त करने के लिए प्रयत्नशील रहते हैं। वे सभी वेदपाठों, व्रतों का विरोध तो करते ही हैं साथ ही छुआछूत, मूर्तिपूजा इत्यादि धार्मिक आडम्बरों का भी डटकर विरोध करते हैं।

एक निरंजन अलह मेरा,
हिन्दू तुरक दुहूँ नहिं मेरा।
रासूँ व्रत न महरम जानां,
तिस ही सुमिरूँ जो रहै निदानां।
पूजा करूँ न निमाज गुजारूँ,
एक निराकार हिरदै नमसकारूँ।
न हज जाऊँ न तीरथ पूजा
एक पछा याँ तौ क्या दूजा।
कहै कबीर भरम सब भागा,
एक निरंजन सूँ मन लागा।

कबीर समस्त कुरीतियों, विसंगतियों एवं बाह्याचारों के जंजालों और संस्कारों को विध्वंस करनेवाले क्रान्तिकारी थे। तभी उन्होंने हिन्दुओं-मुस्लिमों में प्रचलित कर्मकांडों का सशक्त विरोध किया। हिन्दू धर्म में प्रचलित मूर्तिपूजा का खंडन करते हुए कबीर ने ईश्वर के निर्गुण निराकार रूप को स्वीकार किया है।

सन्त कबीर अन्य सन्तों की अपेक्षा सामाजिक धरातल पर अधिक विद्रोही हैं। इन्होंने भौतिक संसार को असत्य माना है। मनुष्य इस भौतिक संसार में फँसकर अपने परम वैभवशाली लक्ष्य को भूल जाता है। उसका जीवन अनेक प्रकार के दुःखों, सन्ताप, क्लेश, व्याधियों से युक्त हो जाता है। कबीर इस संसार एवं समाज को दुःखो का भंडार घोषित करते हैं। कबीर कहते हैं कि जो लोग परमात्मा की कृपा से वंचित होते हैं उन्हें सांसारिक दुःखो का भोग करना पड़ता है—

दुनियां भांडा दुख का,
भरी मुहांमुह भूष।

अदया अलह राम की,
कुरहैं ऊंची कूष॥
कोई धंधा कीजै,
चोखो काज करीजै॥

कबीर समेत सभी निर्गुणी सन्तों ने स्वयं के द्वारा अपना जीविकोपार्जन ही श्रेष्ठ माना है। उन्होंने किसी मठ, मन्दिर का सहारा लेकर जीवनयापन नहीं किया। वे स्वयं समाज के कन्धों पर बोझा नहीं बने। कपड़ा बुनने मजदूरी करने और यहाँ तक इन्होंने जूता सिलने को भी बुरा नहीं माना है। ईमानदारी के साथ किसी कार्य को करना ही श्रेष्ठ समझा है। कर्मों के प्रति निष्ठा एवं उसपर सामंजस्य बैठाकर ही कबीर सम्पूर्ण मानव जाति को आदर व प्रेमभाव से रहने का मार्ग दिखाया है। मानव की केवल एक ही जाति है, और परिश्रम ही उन्नति का मार्ग है। यह विचार कबीर ने समाज में प्रसारित कर विसंगतियों को समाप्त किया। उन्होंने तत्कालीन उपेक्षित समाज, शोषित समाज के दुख को अपने साहित्य का आलम्बन बनाया। अपने समाज में जाति-पाँति का अधिक बोलबाला होने के कारण वह विद्रोही स्वर में बोलते हैं—

जाति न पूछो साधु की,
पूछ लीजियो ग्यान।
मोल करो तलवार का,
पड़ी रहन दो म्यान॥

कबीर के इन सकारात्मक प्रयासों से अभिजात वर्ग के अहंकार को चोट पहुँची तथा पतित समाज में सांस्कृतिक चेतना और क्रान्ति उपस्थित हुई जिसमें धार्मिक एकता का सूत्रपात हुआ। कबीर ने उस धार्मिक एवं सामाजिक वैमनस्य के युग में दृढ़ता के साथ मनुष्य व मनुष्य के बीच समता की घोषणा करके एकता और बन्धुत्व की आधुनिक भावना का संचार किया। कबीर कभी भी किसी धर्म में बँधकर नहीं रहे। वे 'ढाई आखर प्रेम' को ही प्रसारित कर मानव को मानव के सन्निकट लाना चाहते हैं और सच्चे एवं वास्तविक मानवधर्म का प्रचार करना चाहते हैं। कबीर ने अपनी अकुंठ घोषणाओं के द्वारा पंडित, अवधूत, शेख, मुल्ला एवं मौलवी सभी को बड़ी निर्भीकता और आत्मविश्वास से ललकारा है। वह हिन्दू मुसलमान दोनों को

अविचल भाव से फटकारते हैं।[14]

कबीर के अनुसार धर्म का सत्य आधार ग्रहण कर व्यक्ति अपने जीवन को सार्थक बना सकता है। उसके लिए काबा काशी में बदल जाता है और रहीम राम में बदल जाते हैं। यहाँ यह वास्तविक रूप में धर्म के समन्वय का भाव है। इसी आधार पर कबीर ब्राह्मण को दान देने का विरोध करते हैं। उनका तर्क है कि जब वह स्वयं जजमानी से अपना पेट पालता है तो वह दूसरे का कल्याण क्या करेगा? ये सब आजीविका के धन्धे हैं। कबीर कर्म पर बल देते हैं, जीवन को सफल बनाने के लिए सत्कर्म ही तो आवश्यक है। कबीर इस वेश-भूषा के आडम्बर को निरर्थक मानते हैं। पथभ्रष्ट समाज को उचित मार्ग पर लाना ही कबीर के जीवन का प्रधान लक्ष्य है।[15]

कबीर की सामाजिक चिन्ता किसी वर्ग के लिए नहीं थी अपितु वह चिन्ता सम्पूर्ण मानवता के कल्याण के लिए थी। यह चिन्ता इसी समाज की विसंगतियों से उत्पन्न हुई है। इनके सामाजिक चिन्तन में आध्यात्मिकता और नैतिकता की प्रबलता थी। वह अपने आदर्शों के लिए किसी भी प्रकार की आर्थिक सम्पन्नता एवं सामाजिक प्रतिष्ठा आदि को महत्त्व नहीं देते हैं। वास्तव में कबीर की वाणी आज भी हमारा मार्गदर्शन कर रही है। 'धर्म के सच्चे रहस्य को भूलकर कृत्रिम विभेदों द्वारा उत्तेजित होकर दोनों जातियाँ धर्म के नाम पर अधर्म कर रही थीं। ऐसी स्थिति में सच्चे मार्ग के प्रदर्शन का श्रेय कबीर को है।[16]

कबीर के समय में भेदभाव ने समाज को जकड़ रखा था। यह भेदभाव सामाजिक न्याय की अवधारणा से एकदम विपरीत था। जब सामाजिक न्याय की स्थापना समाज में नहीं हुई थी। तब तक समाज में ऊँच-नीच, स्त्री-पुरुष, छोटे-बड़े, धनी-निर्धन का भेदभाव बना हुआ था जिसे प्रत्येक सामाजिक निर्णय का आधार बनाया जाता था। कबीर ऐसे प्रथम सन्त थे जिन्होंने इस भेदभाव और असमानता की भावना पर चोट की। कबीर की सबसे बड़ी उपलब्धि यही कही जा सकती है। इन्होंने सामाजिक न्याय और समतामूलक अवधारणा को प्रत्येक जन-मानस तक पहुँचाया। इसी अवधारणा को प्राप्त करने हेतु आज का भी भारतीय समाज संघर्षरत है।

कबीर ने समाज में व्याप्त भेदभाव, दुराचार, पाखंड, छल-कपट, अन्धविश्वास और जड़ रूढ़ियों का तीव्र विरोध किया।[17]

कबीर के अन्दर एक बड़ी आत्मशक्ति थी—निर्भयता। भय से मुक्ति और मनुष्य की स्वाधीनता एवं समानता के प्रति अविकल्प निष्ठा। यही कारण है कि कबीर ने सभी विसंगतियों की कड़ी निन्दा की है। उनकी इस निर्भयता का कारण है कि वह स्वयं जन्म-मरण के भय से पूर्णतः मुक्त हैं। अपनी सत्यनिष्ठा और निर्भयता के कारण ही वे धार्मिक पाखंडों, रूढ़ियों एवं विसंगतियों का काशी में रहकर विरोध करते हैं।

मानवतावादी विसंगतियों पर कबीर का दृष्टिकोण

कबीर का व्यक्तित्व जाति धर्म और सम्प्रदाय से विमुख मानवतावादी दृष्टिकोण का था। अपने जीवन में कबीर ने हिन्दुओं और मुसलमानों दोनों से ही पर्याप्त दूरी बनाए रखी। दोनों की ही धार्मिक विकृतियों, रूढ़ियों एवं विवेकहीन मान्यताओं को खारिज करते हुए कबीर एक नवीन दृष्टि को समाज के सम्मुख प्रस्तुत करते हैं। यह दृष्टि मानव-जीवन की संवेदनाओं से जुड़ी हुई है। मानवतावाद एक आधुनिक विचारधारा है। इस विचारधारा में मनुष्य ही मनुष्यता का प्रतिमान है। मनुष्य को ही सभी नैतिक मूल्यों का आधार माना गया है। मनुष्य में जो पाशविक है और जो दिव्य है, उन दोनों के मध्य में कुछ ऐसा है, जो पूर्णतः मानवीय है और उसी को नैतिकता, कला, सौन्दर्यबोध तथा अन्य विचार का प्रतिमान मानना चाहिए।[18]

वस्तुतः मानवतावादी विचारधारा एक ऐसे मानव समुदाय का निर्माण करना है जिसमें मनुष्यमात्र की समानता की स्वीकार्यता हो। मानव को ही समस्त मूल्यों का स्रोत और प्रतिमान माना जाए। दरिद्रता, पूर्ण रूप से समाप्त हो जाए और मानव दूसरों की स्वतन्त्रता पर बिना किसी तरह का आघात पहुँचाए, सामाजिक, राजनीतिक, आर्थिक और बौद्धिक स्तरों पर पूर्णरूपेण स्वतन्त्र हो। कबीर का मानवतावाद यूरोपीय नवजागरण के मध्यवर्गीय मूल्य चेतनायुक्त मानवतावाद से पूर्णतः भिन्न है। कबीर की अवधारणा में सभी मनुष्य एक समान हैं। उनकी उत्पत्ति एक ही स्थान से हुई है और उनका उत्पत्तिकर्ता भी एक ही है। वह पंडितों से सीधा प्रश्न करते हैं कि जब सारे संसार की उत्पत्ति एक ही भगवान से हुई है तो वे व्यर्थ ज्ञान क्यों बघारते हैं? कबीर का सीधा तर्क है कि जब सब में एक ही तरह का रक्त प्रवाहित होता है, सभी सृष्टि की एक ही बूँद से बने हुए हैं तो मानव और मानव के बीच

में भेद कैसा? कौन ब्राह्मण कौन शूद्र? कौन हिन्दू और कौन मुसलमान।

हिन्दी साहित्य के भक्तिकाल के उदय काल में मानवतावाद को जब देखा जाता है तब रामानन्द की शिष्य-परम्परा में उस वर्ग के व्यक्तियों का प्रवेश आरम्भ होता है जो सामाजिक रूप से निम्नवर्ग कहलाते थे। कबीर ने इस मानवतावादी दृष्टिकोण का प्रसार और व्यापक रूप में किया। कबीर की भक्ति उनके विचार एवं तर्क सभी समाजोपयोगी हैं। यही वास्तविक मानवतावादी दृष्टिकोण है। कबीर ने धर्मोपदेश को अपना व्यवसाय नहीं बनाया, बल्कि जीविका के लिए वे स्वयं जुलाहे का व्यवसाय करते थे। तत्कालीन सामाजिक दृष्टि में उसे निम्नस्तरीय व्यवसाय माना जाता था। कबीर ने अपने स्वतन्त्र मन से जुलाहे के व्यवसाय को स्वीकार किया था, उनका विचार किसी का आश्रित बनकर जीवनयापन करना नहीं था। इसी व्यवसाय के द्वारा ही कबीर ने समाज में व्याप्त मानव व मानव के मध्य भेदों को समाप्त करने का सफल प्रयास किया। यह प्रयास कबीर के अन्दर बैठी हुई दृढ़ इच्छाशक्ति को प्रदर्शित करती है। "मानव और मानव के मध्य भेदभाव उत्पन्न करने में केवल जाति, धर्म, वर्ण, सम्प्रदाय ही नहीं कारक है अपितु व्यवसाय, उद्योग-धन्धों के आधार पर भी समाज में पर्याप्त भेदभाव किया जाता है। यही कारण है कि कबीर ने अपने समाज को चुनौती देकर अपने जन्मजात धन्धे को आरम्भ किया और उसके माध्यम से समाज को भेद-भाव, ऊँच-नीच, समाप्त करने की प्रेरणा प्रदान की। कबीर की कविता सपना देखती है ऐसे अमरलोक का जिसमें मनुष्य की मनुष्यता ही महत्त्वपूर्ण है।[19]

कबीर के मानवतावाद को समझने के लिए भक्ति आन्दोलन की मूल चेतना को समझना आवश्यक है। हिन्दी साहित्य में भक्ति आन्दोलन के उदय के बाद मानव एवं परमात्मा के मध्य भेद कम हुआ। आशय यह है कि मनुष्य ईश्वर के और निकट आ गया। प्रेम और भक्ति के प्रभाव से भक्त और भगवान दोनों एक-दूसरे में मिलकर एक हो गए। भक्तों को भगवान मानवतावादी मूल्यों, करुणा, दया, प्रेम, सहिष्णुता, सत्यनिष्ठा, न्यायवादिता, शील, शक्ति और सौन्दर्य आदि के साथ-साथ ही स्वीकार्य थे। भक्त का स्वरूप ही कबीर की दृष्टि में आदर्श मानव है। इन्हीं मूल्यों से जुड़ा भक्त रूपी मानव ही वास्तविक मानवतावादी है। अत: स्पष्ट है कि

भक्ति आन्दोलन ने सच्चे सन्त और भक्त के रूप में ही मानवता के आदर्श रूप की कल्पना की थी। कबीर हरि और हरिजन के भेद को समाप्त करते हुए कहते हैं—

पानी तो क्या भया
ताता सीरा होई।
हरिजन ऐसा चाहिए,
जैसा हरि ही होई॥[20]

कवि का आशय यह है कि ईश्वर के भक्त को जल की तरह पवित्र बताया है किन्तु कबीर की दृष्टि में यह सच्चा आदर्श नहीं है।

जल का सबसे बड़ा दोष है कि वह शीघ्र ही गर्म हो जाता है और शीघ्र ही ठंडा हो जाता है। अत: यह द्वन्द्वात्मक स्थिति भक्त का आदर्श स्वरूप नहीं है। भक्ति तो भक्त को द्वन्द्वरहित और निर्विकार बनाती है। कबीर ने भक्त को इसी कसौटी पर कसकर आदर्श मानवतावादी दृष्टिकोण की स्थापना की है।

कबीर जिस मानवतावादी समाज का सपना देखते हैं उसमें न तो ब्राह्मण हैं न क्षत्रिय हैं न शूद्र हैं और न ही वैश्य हैं। न सैय्यद हैं न शेख है। कबीर का सपना सामाजिक विसंगतियों से मुक्ति का है। वह सामाजिक एवं आध्यात्मिक दोनों ही मुक्तियों को सम्पूर्ण मानव जाति में प्रसारित करना चाहते हैं। उनके सपने में ये दोनों मुक्तियाँ एक-दूसरे का विरोध नहीं बल्कि एक-दूसरे का पोषण करती हैं। साथ ही मानव-मानव में भेद करनेवाले धर्मों, रूढ़ियों एवं अन्धविश्वासों के प्रति जैसा कड़क रूख कबीर ने अपनाया वैसा किसी अन्य भक्त, सन्त अथवा कवि ने नहीं अपनाया। उनका मानना है कि एक ही ईश्वर के अलग-अलग रूप सबमें व्याप्त हैं। ईश्वर ने सबको एक समान बनाया है तो समाज से ये भेदभाव क्यों है? कबीर कहते हैं—

एकै पवन एक ही पानी,
करी रसोई न्यारी जानी।
माटी सूँ माटी लै पोती,
लागी कहाँ कहाँ घूँ छीती॥
धरती लीपि पवित्तर कीनी,
छोती उपाय लोक विचि दीन्ही।

या का हमसूँ कहौ विचारा
क्यूँ भव तिरिहौ इहि आचारा।

वर्णव्यवस्था के कारण तत्कालीन समाज छुआछूत के साथ जातियों की अस्पृश्यता से प्रभावित था। कबीर ने इसे अस्वीकार कर दिया। कबीर जैसे निडर, निर्भीक एवं मानवतावादी व्यक्ति के लिए यह एक कलंक के समान था। कबीर ने जन्म आधारित जाति को भी नहीं माना है।

अपनी जाति से भागने की बजाय कबीर पूर्ण-व्यवस्था के मूल तर्क पर प्रहार करते हैं। वे जानते हैं कि जन्मजात पूज्यता और अपूज्यता को सिरे से खारिज किए बिना न वास्तविक नैतिकता की प्रतिष्ठा सम्भव है, न उत्तरदायी व्यक्तित्व की। सदैव उनकी वाणी में यही स्वर गूँजता रहा है कि हम सब हरि की निर्मल ज्योति के स्फुलिंग हैं, इसमें न तो प्रकाश का भेद है न वर्ण का।[21]

किसी भी धर्म सम्प्रदाय में कबीर इस छुआछूत एवं भेदभाव को स्वीकार नहीं करते हैं। कबीर का झुकाव किसी धर्म की ओर नहीं था। राम भक्ति पर बल देने के कारण उन्हें हिन्दू धर्म के प्रति झुका हुआ समझना उनके और उनके राम दोनों के प्रति अन्याय होगा।

कबीर के राम तत्त्व मात्र हैं। उन्हें राम के अतिरिक्त किसी भी नाम से पुकारा जा सकता है। वे राम के साथ रहीम भी हैं—करीम भी हैं। अल्लाह भी हैं खुदा भी हैं।

कबीर वैष्णव भक्तों के निकट देखे जा सकते हैं। परम्परा के अनुसार कबीर को रामानन्द का शिष्य माना गया है। कबीर ने वैष्णव की प्रशंसा भी की है। कबीर कहते हैं—

कबीर मेरे संगी दोइ जना
एक वैष्णव एक रामा।
वो है दाता मुकति का,
वो समिरावै नाम॥

वस्तुतः वैष्णव भक्ति आन्दोलन का मूल स्वर मानवतावादी है। प्रत्येक धर्म-साधना अपने नियम और आचरण के स्तर पर एक-दूसरे से भिन्न है किन्तु 'प्रेम' के स्तर पर सब में समानताएँ भी पाई जाती हैं। मनुष्य मनुष्य से जुडता है। प्रेम ही मनुष्यता के सहज रूप को उद्घाटित करता है। मध्यकाल

में सामन्ती जीवन-पद्धति के कारण समाज में अनेक विकृतियाँ फैल गई थीं। 'प्रेम' को महत्त्व प्रदान करनेवाला भक्ति आन्दोलन इन विसंगतियों एवं सामाजिक विकृतियों पर विराम लगाता है। यह प्रेम ही मनुष्य को मनुष्यता की उस चरम स्थिति में ले जाता है जहाँ सारे भेदभाव स्वत: ही समाप्त हो जाते हैं।

कबीर को वैष्णवों का यही प्रेम नैतिक, अहिंसक रूप अपनी ओर आकृष्ट करता है, किन्तु जब कबीर देखते हैं यहाँ भी ढोंग दिखावा रूपी प्रदर्शनप्रियता बढ़ गई है, और वह जप माला, छापा, तिलक में विश्वास करने लगा है तो वह उसकी भर्त्सना करने में रंचमात्र भी संकोच नहीं करते हैं।

कबीर यह जान चुके थे कि समाज का प्रतिनिधित्व करनेवाले पंडित गुणी, दाता, पीर, मुरीद, काजी, मुल्ला आदि सभी मानवतावादी चेतना से अनभिज्ञ हैं। इन सभी की आस्था बाह्य आडम्बरों में है। इनमें से कोई भी धर्म के सार तत्त्व से परिचित नहीं होना चाहता। कबीर ने इन लोगों को मानवतावाद का पाठ पढ़ाया और बताया कि धर्म मनुष्य-मनुष्य में भेद नहीं करता है। तत्कालीन समाज, जाति, धर्म, सम्प्रदाय तथा अनेक प्रकार की उपासनाओं एवं साधनाओं के नाम पर विभाजित था, इसीलिए कबीर ने अपने खुले आक्रमण के द्वारा इस विभाजन को तोड़कर समाज को एकीकृत करने का प्रयास किया। कबीर निर्भय और निडर थे। उन्हें न किसी के शासन से भय था और न ही सत्ता से डर था। उनकी तर्कशक्ति की प्रतिभा अद्‌भुत एवं अद्वितीय थी। कबीर का व्यक्तित्व सचमुच, एक युग-प्रवर्तक, क्रान्तिकारी स्वरूप का था। इनका लक्ष्य मानव एवं मानववाद को परम वैभवशाली बनाना था।

समाज में धनवान को आदर-सम्मान एवं निर्धन को उपेक्षा प्राप्त होती है। समाज में मनुष्य का गुण नहीं देखा जाता है, उसके मानवीय मूल्यों को महत्त्व नहीं दिया जाता है बल्कि उसकी सम्पत्ति को महत्त्व दिया जाता है। इसी सम्पत्ति के आधार पर उसे शक्तिशाली समझा जाता है। इस प्रकार धन-सम्पत्ति को मनुष्य और मनुष्यता से अधिक महत्त्व दिया जाता है। कबीर इस सामाजिक सीमितता को भली-भाँति पहचान लेते हैं। समाज धनी और गरीब को ईश्वर की कला का परिणाम मानता है। किन्तु समाज के बड़े हिस्सों में

गरीबी का कारण प्रभु की कला नहीं, मनुष्य का ही कृत्य है। मानवतावादी विचारों का अभाव ही इसका प्रमुख कारण है। कबीर ने धन-सम्पत्ति को मनुष्य-मनुष्य के बीच भेद को ठोस कारण माना है। कबीर स्पष्ट कहते हैं—

निर्धन आदर कोई न देई।
लाख जतन करै ओहु चित न धरेई
जो निर्धन सरघन को जाई
आगे बैठा पीछ फिराई।
जौ सरघन निर्धन कै जाई।
दिया आदर लिया बुलाई॥

हिन्दी साहित्य के प्रसिद्ध आलोचक आचार्य रामचन्द्र शुक्ल ने कबीर के सम्बन्ध में लिखा है— "यद्यपि वे पढ़े-लिखे न थे पर उनकी प्रतिभा बड़ी प्रखर थी जिससे उनके मुख से बड़ी चुटीली और व्यंग्य चमत्कारपूर्ण बात निकलती थी। इनकी उक्तियों में विरोध और असम्भव का चमत्कार लोगों को बहुत आकृष्ट करता था।[22]

कबीर के अन्दर दीन-हीन जनता एवं उपेक्षित मानव समाज के प्रति अपार सहानुभूति थी। वैभव, शक्ति और सत्ता के प्रति उनका तनिक भी आकर्षण नहीं था। वह अपना सब-कुछ छोड़कर विषय-वासनाओं का त्याग कर जीवन पथ पर स्वयं चलते हैं और सभी को चलने की प्रेरणा देते हैं। उनका अन्त:करण एवं बाह्य जीवन एक समान था। उनके साथ वही कदम मिलाकर चल सकता था जिसने अपनी मोहमाया का त्याग कर दिया हो, जिसने वैभव-विलास की वासना से स्वयं को दूर कर लिया हो। वह जिस सामाजिक व्यवस्था के आकांक्षी थे वह उन्हें कहीं दिखाई नहीं देती। इसी सहानुभूति का परिणाम है कि कबीर केवल मानव के कल्याण के विषय में सोचने लगते हैं।

कबीर ने जब स्वयं मानवतावाद का मार्ग अपनाया तो उन्होंने कठोर साधनाओं और धर्माडम्बरों को त्यागना अति आवश्यक समझा। यही कारण है कि कबीर की वाणी जन-जन तक अपना सन्देश पहुँचाने में सफल रही है। कबीर ने किसी मतवाद अथवा पन्थ का प्रवर्तन नहीं किया था। यदि वह किसी धर्म को अपनाते तो वे सभी धर्म आडम्बरों के विरोध में नहीं बोल पाते।

कबीर मानवमात्र की समता, एकता एवं स्वतन्त्रता का उद्घोष करते हैं और एक आदर्श आध्यात्मिक मानव निर्माण के माध्यम से समतामूलक, शोषणरहित, हिंसा-रहित एवं समरस समाज का स्वप्न देखते हैं। समाज की विसंगतियों, कुरीतियों, विषमताओं और विकृतियों पर निर्मम प्रहार करते हुए भी वे समाज विरोधी नहीं हैं, मनुष्य की कमजोरियों, कुप्रवृत्तियों, कुवासनाओं और कुरूपताओं पर प्रहार करते हुए भी वे मानवमात्र के प्रति अगाध प्रेम और संवेदना व सहानुभूति से भरपूर हैं। जिस आदर्शवादी समाज के सपने को कबीर देखते हैं उसमें वर्णाश्रम पर आधारित भेदभाव नहीं है। वहाँ साम्प्रदायिकता नहीं है, वह मानवतावादी दृष्टिकोण है। तुलसी का रामराज्य, गाँधी के सपनों का भारत और स्वतन्त्र भारत के संविधान में वर्णित धर्मनिरपेक्ष, लोककल्याणकारी, सामाजिक समता व समरसता की आधुनिकतायुक्त भावना कबीर के देशज साहित्य में विद्यमान थी।

कबीर अपने युग के लोकहितकारी एवं क्रान्तदर्शी रहे हैं। सामाजिक समता की विवेचना वे अपने साहित्य और आचरण के माध्यम से करते हैं। सामान्यतः प्रत्येक व्यक्ति का यह दायित्व होना चाहिए कि उसके सद्कार्यों से समाज का हित होता है इसीलिए प्रत्येक व्यक्ति से अच्छे कार्यों की अपेक्षा की जाती है। कबीर ने जनसामान्य के लिए भक्ति का मार्ग अपनाया है। कबीर का मानना है कि मनुष्य में सद्गुणों का विकास हितकारी वचनों से नहीं, बल्कि उनके आचरण एवं व्यवहार से होता है। भारतीय सामाजिक जीवन के विकास का आधार भक्ति साहित्य को माना जाता है, जिसमें समस्त मानव समाज को चेतना प्रदान करने की क्षमता है। कबीर साधक, सन्त, महात्मा, विचारक एवं मानव-मूल्यों के प्रबल समर्थक होने के साथ आधुनिक हैं। वे जनता के इतने बड़े हितैषी हैं जिन्होंने शताब्दियों की समय-सीमा को लाँघकर समाज को एक नई दिशा दिखाई है। आचार्य रामचन्द्र शुक्ल का कथन है—भक्ति आन्दोलन की जो लहर दक्षिण से आई उसी ने उत्तर भारत की परिस्थितियों के अनुरूप हिन्दू-मुसलमान दोनों के लिए सामान्य भक्ति मार्ग की भावना कुछ लोगों में जगाई। महाराष्ट्र के प्रसिद्ध भक्त नामदेव ने हिन्दू-मुस्लिम दोनों के लिए सामान्य भक्ति मार्ग का आभास दिया। सन्त नामदेव की रचना से स्पष्ट है कि उन्होंने उत्तर भारत में कबीर आदि सन्त परम्परा के लिए जमीन तैयार की।[23]

कबीर हिन्दी सन्त साहित्य के प्रेरणा स्रोत रहे हैं, उन्होंने अपने समय की विडम्बनाओं को देखा। अपने तत्कालीन समाज की कड़वाहट-भरी जिन्दगी के सच्चे भोक्ता थे उन्हें उस समाज में न न्याय मिलने की आशा थी न ही विश्वास था। कबीर का विद्रोह समाज के अन्तर्विरोधों से उपजा था, यही कारण है कि उन्होंने व्यवस्था पर कड़ा प्रहार किया क्योंकि मध्यकाल में ब्राह्मणवादी प्रभुत्व विद्यमान था। वे वर्णव्यवस्था के पालन को ही मानव-जीवन की सार्थकता सिद्ध करते थे। समाज में अनेक धर्म व सम्प्रदाय विकसित हो रहे थे जो केवल अपने मत का विकास करने में संलग्न थे। अन्धविश्वास आडम्बर, अमानवीय मूल्य, धार्मिक पाखंड, मानव विरोधी जड़ परम्पराएँ आदि चुनौतियाँ उनके समक्ष विद्यमान थी। सामान्य जनजीवन में जाति, धर्म और आर्थिक विषमता के परिणामस्वरूप वैचारिक विषमता व्याप्त थी जिसे समाप्त करने का सफल प्रयास कबीर ने कुशलता से किया। आचार्य हजारीप्रसाद द्विवेदी ने लिखा है—सादगी में जीवन व्यतीत करनेवाले सन्तों का एक ऐसा क्रान्तिकारी वर्ग था। जिसने सभी अत्याचारों एवं दुर्व्यवस्थाओं के विरुद्ध अपना झंडा ऊँचा किया इन सन्तों में अधिकतर निम्न जाति के लोग थे जो समाज और राज्य की ओर से उपेक्षित थे।[24]

कबीर सामाजिक, राजनीतिक, धार्मिक प्रत्येक घटना क्रिया के प्रति जागरूक रहे हैं। कबीर के धर्म में नैतिक, सामाजिक कार्यों का समावेश होता है। प्रत्येक सन्त अपने दृष्टिकोण से समाज में व्याप्त विसंगतियों पर प्रहार करता है और यथाशक्ति इसमें सुधार का भी प्रयत्न करता है। कबीर आदि सन्तों का यह विचार रहा कि वह जिन परिस्थितियों में अथवा जिस समाज में जीवनयापन कर रहे हैं उनकी विसंगतियों को दूर करना हमारा परम कर्तव्य है। सन्तों ने स्वयं अपने समाज को उन्नति की बीड़ा उठाया। इस दिशा में कबीर ने अपने समाज को भक्ति का सरल व सीधा मार्ग दिखलाया।

सन्तों का उदय सामाजिक चेतना की रक्षा के लिए होता है। कबीर इन्हीं परिस्थितियों की देन हैं। समाज में फैली विषमता से मुक्ति दिलाने के लिए कबीर संघर्ष करते हुए खड़े रहे किन्तु स्वयं उन्हें पहले समाज के संघर्षों का सामना करना पड़ा। निम्नवर्ग में पालित होने के कारण समाज में

उपेक्षित एवं अपमानित हुए। यही करण था कि कबीर ने सर्वप्रथम जाति-पाँति और भेदभाव की दीवार को तोड़कर भक्ति के अधिकार को सर्वसुलभ बनाया। कबीर ने भारतीय धर्म-साधना एवं संस्कृति के शाश्वत सत्य और मानवतावादी दृष्टिकोण को उद्घाटित किया। साहित्य में भक्ति विषयक दृष्टिकोण के साथ-साथ क्रान्तिकारी भावना भी व्यक्त हुई है। कबीर आदि सन्तों ने भक्ति के द्वार सभी के लिए खोल दिए जहाँ वर्णभेद-जातिभेद सम्प्रदायभेद धनी-निर्धन व स्त्री-पुरुष का भेद नहीं था।

कबीर की भक्ति और साहित्यिक सन्दर्भ को स्पष्ट, करते हुए प्रो. पुरुषोत्तम अग्रवाल लिखते हैं, कबीर की भक्ति अस्मितावादी राजनीति के नहीं सार्वभौमिक मानवतावादी यानी आधुनिक दृष्टि के अनुकूल है। उनकी कविता में व्यक्त होनेवाली आरम्भिक देशज आधुनिकता से वे लोग सबक ले सकते हैं जो आधुनिकता को यूरोप का उत्पाद और निर्यात भर मानते हैं। कबीर की संवेदना उत्तर भारत आधुनिकतावादी जंजाल और अस्मितावादी संकीर्णता को पुष्ट करनेवाली नहीं, बल्कि आधुनिक जीवन-दृष्टि की सीमाओं का निवारण कर उसका विस्तार करनेवाली संवेदना है। यह मानवाधिकार -विमर्श को समृद्ध करनेवाली संवेदना है क्योंकि मानवाधिकार ठेठ आधुनिक धारणा है।[25]

कबीर ने अपने युग में व्याप्त सामाजिक असमानता, वर्णभेद, जातिभेद की विकृत भावना को मिटाकर समता स्थापित करने का प्रयास किया है। उनकी दृष्टि में तो ईश्वर के सब जीव ही समान हैं अतः उन्हें जीने का भी समान अधिकार प्राप्त है। कबीर स्वयं इस सन्दर्भ में कहते हैं—

अल्ला एक नूर उपनाया, ताकी कैसी निन्दा।
एक नूर तै सब जग कीआ, कौन भले कौन मन्दे।

सामाजिक मानव-मूल्यों की स्थापना के लिए कबीर ने मानव कल्याणकारी और सर्वजन सुलभ धर्म मार्ग का अनुसरण किया है। यही कारण है कि वे राजनीतिक, आर्थिक समस्याओं पर बल न देकर धार्मिक और सामाजिक समस्याओं की ओर विमुख होते हैं। कबीर तत्कालीन समाज की बाधक मर्यादाओं का विरोध करके वर्गविहीन समाज स्थापित करना चाहते हैं। अपने इस प्रयत्न में वे आंशिक रूप से ही सफल होते हैं किन्तु यह विषय एक आन्दोलन का रूप लेता है।

आंशिक सफलता का कारण यह था कि कबीर जिस वर्णवादी व्यवस्था का विरोध कर रहे थे उसकी जड़ें अत्यन्त गहराई में जमी थीं और उसी की नींव पर हिन्दू समाज खड़ा था। डॉ. रामविलास शर्मा ने लिखा है, सन्तों ने धर्म और रूढ़ियों का उल्लंघन किया उनके गीत दूर-दूर तक गाँवो में इकतारे पर सुनाई देते थे और वह तार भारतवर्ष की एकता का ही है।[26]

कबीर ने लोक और शास्त्र दोनों ही परम्पराओं को स्वीकार किया है। इस क्षेत्र में कबीर ने सहज एवं तर्कसंगत मानवीय दृष्टि को महत्त्व दिया है। कबीर ने जीवन के सहज रूप को स्वीकार किया है। वे संसार में रहकर यहाँ की विसंगतियों से लड़ने के पक्षधर हैं। कबीर के अनुसार संसार में रहकर ही उनकी दृष्टि सम्पन्न हो सकती है, इसका उन्हें विश्वास है। इस संसारिक जीवन में उन्होंने लोक की व्यापक भावना से अनेक प्रेरणाएँ प्राप्त कीं। इनके काव्य में रीति-रिवाजों का जो रूप मिलता है, वह लोक-प्रवाह से ग्रहण किया गया है। वस्तुतः कबीर लोकजीवन में रमें हैं और उनकी प्रेरणा का मूल स्रोत लोक ही है। सम्पूर्ण सन्त साहित्य की पृष्ठभूमि लोक से ही अधिकांशतः सम्बद्ध है। जब हम कबीर साहित्य का अध्ययन करते हैं तो पाते हैं कि कबीर के समूचे साहित्य का आधार लोक धरातल ही बना है। कबीर यदि भक्ति मार्ग में प्रचलित पाखंडो का विरोध करते हैं, कबीर यदि भक्ति के अपने नए स्वरूप की व्याख्या करते हैं, अथवा कबीर समाज के विभिन्न क्षेत्रों से अपने सरोकारों को वाणी देते हैं, तो सर्वत्र लोक के ही तत्त्वों की प्रधानता देखी जाती है। डॉ. रामकुमार वर्मा लिखते हैं—कबीर सच्चे अर्थों में समाजचेता थे। उन्होंने समाज की समस्त विषमताओं को दूर कर उसे विश्वबन्धुत्व और विश्व-भौमिक का अमर सन्देश दिया।[27]

कबीर ने मानव-जीवन में संवेदनात्मक मूल्यों को अधिक महत्त्व दिया है। कबीर की निष्ठा सत्य, अहिंसा, प्रेम, अपरिग्रह में थी, जो प्राणिमात्र के प्रति भी आदर-सम्मान विद्यमान है। वह सभी के साथ आदर भाव पर स्त्री के प्रति आदर भाव रखते हैं। प्राणिमात्र के प्रति दया के भाव के साथ अहिंसा का समर्थन करते हैं। कबीर लिखते हैं—

जाकौ दूध धाइ करि पीजै,
ता माता कौ बध क्यूँ कीजै॥

लहुरै थकै दुहि पीया खीरौ,
ता का अहमक भ कै सरीरै॥

कबीर ने स्वयं देखा कि उनके समाज के लोग धर्म के सत्य रूप का त्यागकर बाह्याडम्बरों के पीछे लगे हैं जो समाज की संकीर्णता के कारण बने हुए हैं। समाज को एक सूत्र में बाँधने के लिए धार्मिक भेदभाव को दूर करना आवश्यक था। समाज में फैले अन्धविश्वास भ्रम, ढोंग, व्रत, उपवास आडम्बरों के ध्वंस का उपदेश देकर वे जनता को सचेत करना चाहते थे। उन्होंने यह भी देखा कि उस समय के काजी, मुल्ला, औलिया, योगी, तपी, पंडित, साधु अपना मार्ग भूलकर मौज में मस्त थे। समाज पतन की कगार पर खड़ा था। अत: आन्तरिक विरोध का दमन आवश्यक था। इसीलिए कबीर ने कहीं फटकार लगाई, कहीं असन्तोष तो कहीं आलोचना व्यक्त की। दिन में अनेक बार माला मन में भी घुमा-घुमाकर राम-राम जपनेवालों के मन में भी हमेशा विषय भोग की लालसा रहती है। कबीर के अनुसार ऐसा ढोंग करने का कोई लाभ नहीं होता है। साथ ही कबीर व्यक्ति को आन्तरिक साधना/भक्ति के लिए प्रेरणा प्रदान करते हैं—

माला फेरत जुग भया
गया न मन का फेर।
करका मनका छाँड़ि दे
मन का मनका फेर॥

कबीर समाज में शाश्वत मूल्यों के उद्घोषक हैं। वे जीवनपर्यन्त इन उदात्त मूल्यों के आचरण में लगे थे। कबीर ने किसी एक धर्म अथवा पन्थ का पक्ष नहीं लिया इसीलिए कबीर आधुनिक हैं। वर्तमान युग में भी वे मूल्यों के प्रति प्रासंगिक हैं। डॉ. मैनेजर पांडेय कहते हैं—भक्त कवियों की दृष्टि में भक्ति से ऊपर कुछ नहीं है—न कुल, न जाति, न धर्म, न सम्प्रदाय, न शास्त्र का भय और न लोक-परलोक का भ्रम। इन सबका दुराग्रह हमेशा मनुष्यत्व के विकास में बाधा बनता है इसीलिए भक्ति काव्य में निर्द्वन्द्व और निर्भीक आलोचना है।[28]

कबीर सभी को एक परिवार का सदस्य समझते थे। उनकी आध्यात्मिक प्रेरणा से ही उनका मानवतावाद ईश्वर के विश्वास पर खड़ा है। कबीर

ने विषमता के बन्धन को तोड़कर समता को प्रोत्साहित किया है। इस प्रकार उन्होंने सन्तों के समत्व के लिए एक पृष्ठभूमि का निर्माण किया। कथनी और करनी में सभ्यता ही सफलता का केन्द्र बिन्दु है। उनकी वाणी और व्यावहारिक आचरण में एकता दिखाई देती है। वे स्वयं मानवतावादी थे।

कबीर के मार्ग का अनुसरण और उनकी समदर्शिता को यदि लोगों द्वारा स्वीकृत कर लिया जाए तो समाज से विषमता समाप्त हो जाएगी। कबीर ने जो मानवमात्र की एकता और भाईचारे के प्रति आवाज उठाई थी और उसके लिए संघर्ष किए थे, वे वर्तमान समय में ज्यादा प्रासंगिक हो गए हैं। बड़ी आत्मीयता से कबीर ने अपने विचारो को लोकजीवन से जोड़ा है, जिससे जनसामान्य प्रभावित होता है। कबीर ने भक्ति के बन्द द्वारों को खोल दिया है, अपने जीवन में इसका व्यावहारिक रूप प्रस्तुत किया है। कबीर ने लोगों में आत्मविश्वास भरकर सामाजिक समानता के प्रति लोगों को जागरूक किया है। प्रेम ही प्रस्थान है। प्रेम ही प्रतिपाद्य है। यही एक स्वाभाविक भाव है जो मनुष्य से मनुष्य को जोड़ता है। कबीर ने सारे मनुष्यों को एक माना है, मानव धर्म को एक मूल धर्म के रूप में स्वीकारा और सत्य को जीवन में उतारा है। समाज को एक नया रूप प्रदान करना, स्वस्थ समाज के निर्माण के लिए संकीर्ण विचारों का त्याग करना, मानव हित के लिए उदार दृष्टिकोण विकसित करना ही वर्तमान साहित्य के आधुनिक विचारों के विषय हैं। इसे वर्तमान की आधुनिकातावादी विचारधारा के अत्यन्त सन्निकट रखा जा सकता है। कबीर का यह सम्पूर्ण चिन्तन एक नवीन विचारधारा की ओर हमें उन्मुख करता है, जिसके मूल में उसकी आन्तरिक प्रेरणा ही महत्त्वपूर्ण नहीं थी, बल्कि किसी-न-किसी रूप में सामाजिक समरसता और न्याय उसके साथ जुड़े थे। वर्तमान के आधुनिकतावादी समाज को स्वस्थ बनाने में कबीर के ये देशज आधुनिकतावादी विचार अत्यन्त न्यायोचित एवं तर्कसंगत हैं। परम्परा से आनेवाली समस्त यातनाओं को किस प्रकार युग के अनुकूल परिवर्तित किया जा सकता है, किस सीमा तक उसका खंडन-मंडन किया जा सकता है, यह अन्तर्दृष्टि सन्त कबीर में थी।[29]

कबीर की सामाजिकता ने उनके अध्यात्म को एक विरल दृष्टि दी और उनके अध्यात्म ने सबसे बड़ी सामाजिक वस्तु दी-निर्भयता, भय

से मुक्ति एवं मनुष्य की स्वाधीनता एवं समानता के प्रति उनकी अटूट निष्ठा। धर्म के धरातल पर खड़े कबीर सभी को निर्भय रहने का उपदेश इसीलिए दे पाए हैं क्योंकि वे स्वयं ही जन्म-मरण के भय से मुक्त हैं। उनकी आध्यात्मिक चेतना का मूल सत्य निष्ठा है। कबीर को जो अध्यात्म से मिला, वह जीवन ने पाया और जो जीवन से मिला उससे उनका अध्यात्म पुष्ट और सटीक हुआ है। उनकी अध्यात्म वाणी लोक तक जाती है और लोक से अध्यात्म की ओर लौटती है। कबीर की वाणी में विश्वसनीयता विद्यमान है। वह जनसामान्य में समझदारी, आत्मविश्वास और आत्मबल पैदा करती है। अपनी सत्यनिष्ठा और निर्भयता के कारण ही कबीर काशी में रहकर ही धार्मिक मतवादों और पाखंडों का विरोध कर सके। यह उनका धर्म पर आक्रमण नहीं था, क्योंकि वे तो स्वयं ही आस्तिक सन्त थे, उनका आक्रमण पाखंडों ब्राह्याचारों पर था।, प्रो. मैनेजर पाण्डेय लिखते हैं—कबीर की सामाजिक आलोचना उनके प्रेम संज्ञान पर ही आधारित है। किसी से इसलिए नीच माना जाए कि वह शूद्र है—किसी से इसलिए घृणा की जाए कि वह ब्राह्मण है—ऐसी सामाजिक अस्मितावादी समझ के विपरीत कबीर मनुष्य का मूल्यांकन उसके व्यक्तिगत गुण-दोष के आधार पर करते हैं।[30]

कबीर की समग्रता पर विचार करते हुए उनकी आध्यात्मिकता कवित्व और विद्रोही चेतना जोडकर देखना इसलिए आवश्यक है, कि ये सब मिलकर एक नए सामाजिक न्याय की अवधारणा विकसित करते हैं। जहाँ घृणा, द्वेष व असहिष्णुता के स्थान पर करुणा, दया, संयम, सहिष्णुता तथा आत्मबोध विद्यमान है। इनकी कविता में जो विरोधाभास देखे गए हैं, वे इनके सन्तत्व और कवि के आत्मसम्बन्धों के नतीजे हैं। सामाजिक विषमता को समाप्त करने की उनकी जो सन्त दृष्टि थी, जिसका स्वरूप विद्रोहात्मक था, इस विद्रोह शैली के अनेक सकारात्मक परिणाम भी निकले। सामाजिक समरसता स्थापित करने में कबीर की अहम भूमिका थी। अन्ततः कबीर ऐसा समाज चाहते हैं, जिसमें जाति-पाँति नहीं हो, आर्थिक समानता हो, मनुष्य का चरित्र और व्यक्तित्व पाखंड से मुक्त हो। समाज धर्म हो किन्तु वह आडम्बररहित हो। शोषण, ठगी और अत्याचार करनेवाले को उचित दंड मिले। कबीर एक नैतिक और सदाचारी समाज की स्थापना चाहते हैं।

पाश्चात्य विद्वानों द्वारा भक्तिकालीन कवियों की चेतना में जिज्ञासा और चिन्तन की प्रवृत्ति को अस्वीकार किया जाता है। यहाँ तक कि आचार्य हजारी प्रसाद द्विवेदी भी इस समय को मध्यकालीन सोच में जकड़ा सिद्ध करते हैं। आशय यह है कि कबीर स्वयं तो आधुनिक थे किन्तु उनके विचारों की स्वीकारोक्ति उनके समाज में नहीं थी। हिन्दी के ही कुछ आधुनिक आलोचकों द्वारा प्रश्न उठाया है कि कबीर व निर्गुण पन्थ के अन्य कवि तुलसीदास की अपेक्षा अधिक आधुनिक क्यों लगते हैं? इस प्रश्न का उत्तर इस रूप में प्राप्त किया जा सकता है कि किसी भी साहित्य का सटीक विश्लेषण तभी हो सकता है, जब उस युग की मूल गतिमान सामाजिक शक्तियों से बननेवाले सांस्कृतिक इतिहास का अध्ययन न किया जाए।

आधुनिकता के उदय के सन्दर्भ में एक बहस सदैव छिडती है कि आधुनिकता का उदय व्यापार के प्रसार से होता है, अथवा आधुनिकता के उदय के बाद तीव्र व्यापारिक विकास आरम्भ होता है। इस सबसे परे आधुनिक चेतना उत्पन्न होती है, सृष्टि परमात्मा और मानव के अन्तसम्बन्धों की नई समझ और नई कल्पनाशीलता से इन नई समझ और नई कल्पना में संवेदना का बहुत ही महत्त्वपूर्ण स्थान है। यही कारण है कि कबीर मुक्तिबोध को आधुनिकता का पूर्वाभास करानेवाले कवि लगते हैं।

वह समाज अवश्य ही प्रगतिशील रहा होगा जिसने हर तरह की रूढ़ियों के आलोचक, समाज में व्याप्त धर्म के प्रत्येक दृष्टिकोण को नकारनेवाले कबीर को इतना व्यापक सम्मान प्रदान किया। यह भी सत्य है कि कबीर को व्यापक विरोध भी झेलना पड़ा था, किन्तु उनके समर्थकों एवं प्रशंसकों की संख्या भी समाज में कम न थी। कबीर सरीखे आधुनिकता का पूर्वाभास देनेवाले कवि ने यह कभी नहीं सोचा होगा कि कभी कोई उनका समानधर्मा भी उत्पन्न होगा जो उनके विचारों की सराहना करेगा, उन विचारों के महत्त्व की खोज करेगा। यह तथ्य जानना भी आवश्यक है कि आधुनिकता औद्योगिकीकरण के बाद नहीं बल्कि औद्योगिकीकरण आधुनिकता के बाद का ऐतिहासिक घटनाक्रम है। किसी भी समाज में प्रबोधन की स्थिति आधुनिकता के बाद आती है। यह प्रबोधन समाज में जिज्ञासाओं एवं जन्मगत पहचान के स्थान पर मनुष्यता के बोध से आता है। विभिन्न प्रकार के आर्थिक, राजनीतिक, सामाजिक, सांस्कृतिक मानदंडों को प्रत्यक्ष रखने पर

कबीर मध्यकालीन नहीं अपितु आरम्भिक आधुनिकतावादी प्रतीत होते हैं। इस आधुनिकता का निर्माण कबीर ने भक्ति के लोकवृत्त में किया है। इस लोकवृत्त की अभिव्यक्ति मूलतः देशज भाषाओं में हो रही थी। अतः कबीर के काल को देशज आधुनिक काल का नाम दिया जाना चाहिए।

सन्दर्भ

1. पुरुषोत्तम अग्रवाल-अकथ कहानी प्रेम की-राजकमल प्रकाशन, नई दिल्ली, पृष्ठ 17
2. आचार्य हजारी प्रसाद द्विवेदी-कबीर-भारतीय धर्म साधना में कबीर का स्थान-राजकमल प्रकाशन, नई दिल्ली, पृष्ठ 144
3. पुरुषोत्तम अग्रवाल-अकथ कहानी प्रेम की-राजकमल प्रकाशन, नई दिल्ली, पृष्ठ 131
4. विजयेन्द्र स्नातक-मानवतावादी कबीर-राधाकृष्ण मूल्यांकन माला, नई दिल्ली, पृष्ठ 238
5. पुरुषोत्तम अग्रवाल-अकथ कहानी प्रेम की-राजकमल प्रकाशन, नई दिल्ली, पृष्ठ 124
6. वही, पृष्ठ 131
7. वही, पृष्ठ 136
8. सं. बलदेव वंशी-कबीर का सच-मुहम्मद कमाल-आधार प्रकाशन प्रा0 लि0, पंचकुला, पृष्ठ 11
9. आचार्य हजारी प्रसाद द्विवेदी-कबीर का व्यक्तित्व—कबीर-विजयेन्द्र स्नातक-राधाकृष्ण मूल्यांकन माला, नई दिल्ली, पृष्ठ 51
10. पुरुषोत्तम अग्रवाल-अकथ कहानी प्रेम की-राजकमल प्रकाशन, नई दिल्ली, पृष्ठ 38
11. रामदेव शुक्ल-कबीर का सच-सुधा संस्कृति संस्थान, गोरखपुर, पृष्ठ 11
12. हजारीप्रसाद द्विवेदी-कबीर-राजकमल प्रकाशन, नई दिल्ली, पृष्ठ 171
13. बच्चन सिंह-हिन्दी साहित्य का दूसरा इतिहास-राधाकृष्ण प्रकाशन, नई दिल्ली, पृष्ठ 83
14. मोहन अवस्थी-हिन्दी साहित्य का आलोचनात्मक इतिहास-वाणी प्रकाशन, नई दिल्ली, पृष्ठ 112
15. डॉ. नगेन्द्र-हिन्दी साहित्य का इतिहास-मयूर बुक्स, नई दिल्ली, पृष्ठ 120
16. डॉ. रामकुमार वर्मा—हिन्दी साहित्य का आलोचनात्मक इतिहास-लोक भारती प्रकाशन, प्रयागराज, पृष्ठ 253
17. विजयेन्द्र स्नातक-हिन्दी साहित्य का इतिहास-साहित्य अकादमी, नई दिल्ली, पृष्ठ 50

18. हिन्दी साहित्य कोश-भाग-1 वाणी प्रकाशन, नई दिल्ली, पृष्ठ 314
19. पुरुषोत्तम अग्रवाल-अकथ कहानी प्रेम की-राजकमल प्रकाशन, नई दिल्ली, पृष्ठ 40
20. रामचन्द्र तिवारी-कबीर मीमांसा-लोक भारती प्रकाशन, प्रयागराज, पृष्ठ 105
21. पुरुषोत्तम अग्रवाल-अकथ कहानी प्रेम की-राजकमल प्रकाशन, नई दिल्ली, पृष्ठ 37, 38
22. आचार्य रामचन्द्र शुक्ल-हिन्दी साहित्य का इतिहास-लोक भारती प्रकाशन, प्रयागराज, पृष्ठ 79
23. वही, पृष्ठ 52
24. आचार्य हजारीप्रसाद द्विवेदी-मध्यकालीन धर्म साधना-वाणी प्रकाशन, नई दिल्ली, पृष्ठ 104
25. पुरुषोत्तम अग्रवाल-कबीर कविताई-वाग्देवी प्रकाशन, बीकानेर, पृष्ठ 14
26. रामविलास शर्मा-
27. डॉ. रामकुमार वर्मा-कबीर एक अनुशीलन-साहित्य भवन प्रयागराज, पृष्ठ 122
28. मैनेजर पाण्डेय-भक्ति आन्दोलन और सूरदास का काव्य, वाणी प्रकाशन, नई दिल्ली, पृष्ठ 39
29. डॉ. रामकुमार वर्मा-कबीर एक अनुशीलन-साहित्य भवन प्रयागराज, पृष्ठ 40
30. पुरुषोत्तम अग्रवाल-कबीर कविताई-वाग्देवी प्रकाशन, बीकानेर, पृष्ठ 14

तुलसी के काव्य में आधुनिक मूल्य और देशज आधुनिकता

गोस्वामी तुलसीदास ने अपने काव्य में लोकमंगल की व्यंजना विविध स्वरूपों एवं सन्दर्भों में की है। तुलसी भक्तिकाव्य में सगुण काव्य के प्रणेता हैं। जिसके आलम्बन 'राम' मर्यादापुरुषोत्तम है। राम का सम्पूर्ण चरित्र लोककल्याण के तत्त्वों से परिपूर्ण है। तुलसी के राम समाज के समक्ष एक आदर्श स्वरूप में अवतरित हुए हैं। राम के चरित्र का गुणगान करनेवाले तुलसी का काव्य व्यक्ति कल्याण एवं स्वकल्याण पर आधारित न होकर लोककल्याण अथवा लोकमंगल पर आधारित है। तुलसी के साहित्य की यह विशेषता ही देशज आधुनिकता को प्रासंगिक बनाती है। इसी क्रम में तुलसी के नैतिक मूल्यों के प्रति संघर्ष जनसंघर्ष से जुड़ा है। इस संघर्ष के तुलसी स्वयं भोक्ता हैं। यही कारण है कि यह साहित्य यथार्थवाद के सन्निकट है। गरीबी, अकाल, भुखमरी आदि के साथ कवि स्वयं संघर्षशील रहे हैं। इस आत्मसंघर्ष का चित्रण कवि ने लगभग अपनी सभी रचनाओं में किया है। कवितावली, दोहावली एवं विनयपत्रिका आदि रचनाओं में इसका विस्तृत वर्णन दिखाई देता है। तुलसी ने लोकजीवन में वैराग्य को महत्त्व न देकर लोकमर्यादा को आवश्यक बताया है।

सामान्य मानविकी की जितनी समस्याओं को तुलसी ने साहित्य के माध्यम से उजागर किया है उतना किसी भी मध्यकालीन कवि ने नहीं किया है। तुलसी ने समस्याओं को प्रस्तुत करने के साथ-साथ इनका समाधान भी प्रस्तुत किया है। तुलसी की यही लोकमंगल की भावना कवि को लोककवि के रूप में प्रतिष्ठित करती है। गोस्वामी तुलसीदास की लोकरंजकता के विषय में नागरी प्रचारिणी सभा वाराणसी द्वारा अपने इतिहास में लिखा गया है—

वास्तव में तुलसीदास के काव्य में कई सर्वश्रेष्ठ विशेषताओं का समन्वय हुआ है जो उनकी लोकप्रियता का प्रमुख कारण है। उन्होंने अपनी महान कृति रामचरितमानस का निर्माण समस्त उपलब्ध श्रेष्ठ साहित्य के आधार पर किया है और उसमें केवल साहित्यिक पक्ष ही नहीं जीवन के अन्य पक्षों आचार, धर्म, नीति, संस्कृति, राजनीति आदि का व्यावहारिक रूप में समावेश है। गोस्वामी जी की कला लोककाव्य की स्वाभाविकता और साहित्यिक परम्परा दोनों को साथ लेकर चलती है।[1]

सामान्यतः तुलसी को लोकमंगल की साधनावस्था का कवि कहा जाता है। तुलसी की कोई भी रचना राजाओं व सामन्तों को रिझाने के लिए नहीं है अपितु उनके साहित्य में अनेक सामन्त विरोधी मूल्य भी विद्यमान हैं। सामन्ती समाज में साधारणतः विवाह पहले हो जाता है किन्तु प्रेम बाद में शुरू होता है। तुलसीदास ने राम और सीता के विवाह में यह दिखलाया है कि विवाह प्रेम की परिणति है।[2]

तुलसी काव्य में रस, अलंकार, छन्द की चमत्कारी सृष्टि को आवश्यक नहीं समझते बल्कि साहित्य को लोकोन्मुखी व लोककल्याणकारी बनाना ही उचित समझते हैं। यद्यपि तुलसी स्वयं अपने काव्य का प्रयोजन कहीं पर स्वान्तः सुखाय लिखते हैं, किन्तु यहाँ तुलसी के सुख के विषय को गहराई से समझने की आवश्यकता है। वस्तुतः तुलसी के सुख का धरातल ही लोककल्याण है, वे लोकमंगल की साधना हेतु रचना करते हैं। तुलसी की अधिकांश रचनाएँ लोकहित की श्रेष्ठ आधुनिक भावना से ओत-प्रोत हैं।

गोस्वामी तुलसीदास ने अपने साहित्य के द्वारा उस समय के समाज को एक नया मार्ग दिखाया। जब अनेक सम्प्रदायों में खींचतान के कारण सामान्य मानव के हित बाधित हो रहे थे, लोग एकांगी सोंच की ओर अग्रसर थे। शैवों वैष्णवों, शाक्तों ने भी अन्तर्विरोध प्रकट करने के उद्देश्य से एवं अनपढ़ जनता को बहकाने के लिए कई पन्थ निकाल दिए थे। इस विचारधारा में एकेश्वरवाद का कट्टर स्वरूप, ज्ञान-विज्ञान की निन्दा, विद्वानों का उपहास आदि सम्मिलित था। यही वह समय था जब समाज व साहित्य जगत में तुलसी प्रकट होते हैं।

गोस्वामी तुलसीदास ने जीवन के एकांगी स्वरूप का चित्रण नहीं किया है वरन उसके समग्र सम्पूर्ण रूप को सजीवता के साथ प्रयुक्त किया

है। अपने जीवन के सर्वांगीण रूप के चित्रण में वे कबीर सूर जायसी आदि महान कवियों से अधिक व्यापक स्वस्थ एवं सामाजिक प्रभाव रखते हैं।[3]

तुलसी ने मर्यादा पुरुषोत्तम श्रीराम के चरित्र को अपने साहित्य का मुख्य विषय बनाया है। श्रीराम के चरित्र के माध्यम से अपनी अलौकिक प्रतिभा के बल पर तुलसी ने धर्म को लोककल्याणकारी बनाते हुए उसे पुनर्जीवन प्रदान किया है। तुलसी के मतानुसार धर्म की रक्षा से ही लोकरक्षा हो सकती है। सत् और असत्, भले और बुरे का मेल ही संसार है। पापी और पुण्यात्मा, परोपकारी व अत्याचारी, सज्जन और दुर्जन दोनों ही प्रकार के लोगों से समाज निर्मित होता है। इन परिस्थितियों में सद्पन्थ सद्मार्ग का चयन ही समाज की सबसे बड़ी आवश्यकता होती है। समाज को ऐसे सद्मार्ग को दिखाने का कार्य गोस्वामी तुलसीदास ने किया है। पारिवारिक, सामाजिक एवं राष्ट्रीय तीनों ही प्रकार के जीवन के प्रसंग में तुलसीदास का सत्य और प्रेम की रक्षा करने का सन्देश हम पाते हैं।[4]

तुलसी ने समता, स्वतन्त्रता, न्याय और बन्धुत्व आदि आधुनिक मूल्यों को आगे बढ़ाते हुए उसे लोकमंगलकारी बनाने हेतु रामकथा के प्रसंगों में भी परिवर्तन कर दिया है। यद्यपि रामकथा महर्षि वाल्मीकि कृत रामायण से चली आ रही है, किन्तु इसमें लोकमंगल व लोकजीवन के बहुत सूक्ष्म तत्त्व ही पाए जाते हैं। तुलसी द्वारा रामकाव्य को लोकहितकारी बनाए जाने के क्रम में कवि ने इसके शम्बूकवध एवं सीता परित्याग के प्रसंग को वर्णित ही नहीं किया है अपितु इसके विपरीत शबरी, केवट, निषाद आदि प्रसंगों में अत्यधिक रुचि दिखाई है। उक्त चरित्रों को लोक कल्याणोन्मुखी बनाया है और मानवसंवेदनात्मक प्रगतिशीलता की भावना को भी अभिव्यक्त किया है। तुलसी ने अपनी समकालीन विचारधाराओं को नकारा नहीं है अपितु उसमें संवेदनात्मक मानवमूल्यों को चिह्नित किया है। अनेक परस्पर विरोधी विचारधाराओं में लोकहित की पहचान कर उनमें समन्वय स्थापित करने का दुरूह कार्य गोस्वामी तुलसीदास ने किया है। गोस्वामी तुलसीदास ने रामभक्ति का दीपक दिखाकर जनता को एक निश्चित मार्ग का ज्ञान कराया। व्यक्तिगत साधना के साथ-साथ लोक धर्म की व्यवस्था तुलसी से पहले साहित्य में कभी नहीं चरितार्थ हुई थी।[5]

गोस्वामी तुलसीदास ने अपने गहन और व्यापक व्यक्तित्व के अनुरूप समन्वय की भावना को साकार करने के लिए सामाजिक, पारिवारिक, आध्यात्मिक, धार्मिक, राजनीतिक, नैतिक, वैयक्तिक आदि सभी क्षेत्रो को अपने विशाल साहित्य में समाहित किया। इन सभी क्षेत्रों में समन्वय स्थापित करके तत्कालीन जीवन में व्याप्त घोर अशान्ति, पाप, अनाचार, अधर्म आदि आन्तरिक विषमता को दूर करने का सफल प्रयास किया है। सम्पूर्ण मध्यकाल में तुलसी जैसा नीतिज्ञ, विचारक, समाज सुधारक एवं क्रान्तदर्शी कवि और कोई उत्पन्न नहीं हुआ। तुलसी सच्चे लोकनायक थे। उन्होंने कविता कवित्व के लिए और भक्ति एकान्त मुक्ति के लिए नहीं की। कवि ने अपने समय के समाज पर गहरी दृष्टि डाली है।

समाज के विकृत और जर्जर स्वरूप ने उन्हें अत्यन्त पीड़ा पहुँचाई है। उन्होंने देखा कि जाति-पाँति समाज में अपनी चरम सीमा तक पहुँच गया है। उच्चवर्ग के लोग निम्नवर्ग के लोगों के साथ अमानवीय व्यवहार कर रहे हैं। समाज के इस विकराल रूप को स्वस्थ करने की प्रेरणा से तुलसी ने परस्पर प्रेम की उद्‌भावना हेतु मर्यादा पुरुषोत्तम श्रीराम ने निषाद को सखा बनाया, शबरी के अपावन हाथों से जूठे बेर खिलवाये। छुआछूत जैसे मानवीय कलंक को दूर करने के उद्‌देश्य से समाज के पूज्य गुरु वशिष्ठ का निषाद से सप्रेम मिलन करवाया। इस प्रसंग को तुलसी लिखते हैं—

प्रेम पुलकि केवट कहि नामू
कीन्ह दूरि ते दंड प्रनामू।
रामसखा रिषि बरबस भेंटा,
जनु महि लुठत सनेह समेटा।

केवट अपनी छोटाई के विचार से वशिष्ठ जैसे ऋषीश्वर को दूर से ही प्रणाम करता है, पर ऋषि अपनी उच्चता का परिचय देते हुए उसे बार-बार गले लगाते हैं। वह हटता जाता है वे उसे बरबस भेंटते हैं। इस उच्चता से किस नीच को द्वेष हो सकता है? यह उच्चता किसे खलनेवाली हो सकती है।[6]

गोस्वामी तुलसीदास राम के सम्पूर्ण चरित मूल्यों की अनेक भूमिकाओं को स्थापित करते हैं। राम के द्वारा पिता की आज्ञा पालन में माता कैकेयी के भाव की रक्षा है। यह भी विचारणीय है कि राम ने दशरथ को मरणान्तक कष्ट दिया। अयोध्या की समस्त जनता की भावनाओं के विरुद्ध कार्य किया

किन्तु यहाँ यह भी समझना आवश्यक है, कि कवि ने राम के चरित्र के माध्यम से व्यापक लोककल्याण और अन्याय के विरुद्ध न्याय, असत्य के विरुद्ध सत्य की स्थापना की है। साथ ही राम के चरित्र के शील ने अपनी उदारता, प्रेम एवं सेवा के माध्यम से पीड़ित पात्रों की भावनाओं की रक्षा की है।

प्रेम की अतिशयता में भी राम के द्वारा स्थापित मूल्यों को हम नहीं भूल सकते हैं। मर्यादा की रक्षा, सत्य की प्रतिष्ठा के साथ समाज में अन्याय का विरोध अनिवार्य है। अन्याय शोषित पददलित वर्ग के पक्ष से अन्यायी आततायी और अपनी शक्ति का दुरुपयोग करनेवाले का विरोध आवश्यक है। रावण के विरुद्ध राम की घोषणा यहाँ नैतिक है। अन्य व्यावहारिक मूल्यों का यह नैतिक मूल्य अतिक्रमण करता है। यहाँ मूल्यों के मध्य संघर्ष भी होता है और कहीं-कहीं राम के चरित्र में विरोधाभास भी दिखाई देने लगता है। इन सभी दृष्टिकोणों का सम्यक विवेचन किया जाता है, तो यह सिद्ध होता है कि कवि ने मानव मूल्य एवं मानव कल्याण के लिए साहित्यिक जनान्दोलन चलाया है। तुलसी के राम का चरित्र सामाजिक न्याय की आधुनिक भावना से ओत-प्रोत है। तुलसीदास ने समाज का आदर्श विस्तारपूर्वक लिखा है क्योंकि उन्होंने अपने समय में समाज की दुर्व्यवस्था देखी थी। समाज सुधार के लिए ही उन्होंने रामायण की चरित्ररेखा को अपने मानस में परिष्कृत कर नवीनता के साथ रख दिया। तुलसीदास की यही मौलिकता थी।[7] उन्होंने अपने मानस में तत्कालीन समाज का चित्रण बहुत स्पष्टता के साथ किया है।

तुलसी ने सामाजिक जीवन को अत्यन्त सूक्ष्मता के साथ प्रस्तुत किया है। समाज में विसंगतियों के कारण चारों ओर असन्तोष व्याप्त था। गरीबी, भुखमरी, अत्याचार आदि सामाजिक बुराइयाँ प्रचलित थी। नाथों—सिद्धों के बाद कबीर ने भी वर्णव्यवस्था को कठोर चुनौती दी थी। तुलसी इसके समर्थक नहीं थे। कवि ने ब्रह्म और जीव के मध्य छोटे-बड़े, स्वामी-सेवक भाव की प्रतिष्ठा की। वहीं पौराणिक वर्णव्यवस्था के माध्यम से जातीय-सामाजिक ऊँच-नीच के भाव को अनिवार्य बताया है। लेकिन तुलसी की यह विशेषता रही है कि यह सम्पूर्ण विचार इतनी कुशलता के साथ किया है कि किसी भी जाति, वर्ग अथवा सम्प्रदाय को पक्षपात का आभास भी नहीं हुआ।

तुलसी तटस्थ साहित्यकार न होकर प्रतिबद्ध साहित्यकार थे। साहित्य में उनकी प्रतिबद्धता राम के प्रति नहीं बल्कि यह प्रतिबद्धता सामान्य जनमानस के प्रति थी। समन्वय उनका साध्य नहीं था, अपितु साधन था। उनका साध्य तो केवल मानवकल्याण ही था। सामान्य जन जीवन के जितने भी स्वरूप हो सकते हैं राम सभी में विद्यमान हैं। मानस के अनेक पात्र भिन्न-भिन्न परिस्थितियों में समुचित आदर्श प्रस्तुत करते हैं। यह उत्तर भारत का ही नहीं अपितु समस्त भारतवर्ष के लिए एक उत्तम जीवन-शैली का प्रस्तुतीकरण करता है। अवध की प्रजा के उद्गारों को स्वयं तुलसीदास जी लिखते हैं—

"सबहि विचारू कीन्ह मन मांही।
राम लखन सिय बिनु सुखु नाहीं॥
जहाँ राम तहं सबुई समाजू।
बिन रघुवीर अवध नहिं काजू॥"

आज भी भारतीय लोग अपने साधारण से लेकर असाधारण कार्य के सम्पादन के लिए तुलसी द्वारा निर्धारित आदर्शों की ओर देखते हैं। नाभादास ने इन्हें कलिकाल का वाल्मीकि कहा था। स्मिथ ने इन्हें मुगलकाल का सबसे महान व्यक्ति माना था। ग्रियर्सन नें इन्हें बुद्ध के बाद सबसे बड़ा लोकनायक कहा था। यह तो बहुत बार कहा गया है कि उनकी रामायण उत्तर भारत की बाइबिल है। इन सभी व्यक्तियों का तात्पर्य यही है कि तुलसीदास असाधारण शक्तिशाली कवि, लोकनायक और महात्मा थे।[8]

इन सभी तथ्यों को एक साथ दृष्टिगत करने पर यह स्पष्ट होता है कि गोस्वामी तुलसीदास के आराध्य श्रीराम सामान्य जन जीवन में रचे-बसे हैं। वे नैतिक, सामाजिक एवं मानव-मूल्यों के प्रत्येक जन से सीधे जुड़ते हैं। यह सभी विशेषताएँ तुलसी के काव्य का आधुनिकीकरण करती हैं। अतः वे आज जितने प्रासंगिक हैं उतने ही आधुनिक भी हैं।

तुलसीदास और सामाजिक समरसता

तुलसी के सामाजिक मूल्य—सामाजिक दृष्टि से तुलसी का समय अत्यन्त अशान्त था। सम्पूर्ण उत्तर भारत निरन्तर बाह्य आक्रमणों का सामना कर रहा था। इस दौरान भारत में जिस नई जाति (मुसलमान) ने प्रवेश किया वह पूर्ववर्ती आक्रमणकारियों से कतिपय भिन्न थी। इस्लाम के रूप में ऐसी जाति का उदय हुआ जो किसी भी प्रकार यहाँ के मूल निवासियों से

धार्मिक समझौते पर बिलकुल भी सहमत नहीं थी। यही तुलसी की सबसे बड़ी चुनौती थी। दक्षिण भारत की स्थिति यहाँ से भिन्न थी, वहाँ बाह्य आक्रमण का खतरा बहुत कम था। यहाँ सामन्ती व्यवस्था निरन्तर प्रभुत्व एवं सामाजिक श्रेष्ठता को सिद्ध करने में लगी थी। अत: पिछड़ी जातियों का शोषण बढ़ता जा रहा था। सामन्तों के शोषण एवं उनके अत्याचार ने इस समाज को सामाजिक दृष्टि से पंगु बना दिया था। अत: इन जातियों में पनप रहा आक्रोश स्वाभाविक था।

वस्तुत: दक्षिण के भक्ति आन्दोलन में सामाजिक न्याय का स्वर तीव्र ध्वनि में सुनाई देता है और वैदिक मान्यताओं एवं शास्त्रीय ज्ञान के प्रति उपेक्षा के साथ सामन्तों की भेदभाव की नीति के प्रति आक्रोश दिखाई देता है। दक्षिण के सन्तों ने सामाजिक विसंगतियों पर प्रबल आघात किया, धार्मिक रूढ़ियों को अस्वीकार कर दिया, साथ ही आर्थिक वैमनस्य का पुरजोर विरोध किया। अत: इन्हें सच्चे अर्थों में प्रगतिशील माना जाता है। इस विषय में यह कहा जाता है कि, "इन दक्षिण के सन्त कवियों ने अपनी भक्ति की रचनाओं के माध्यम से अपने समाज को कम-से-कम दो सौ वर्ष आगे बढ़ाया है।" इन सन्त कवियों के विचार आधुनिक परिवेश में अधिक सार्थक और ग्राह्य हैं। कुछ विद्वान तुलसी के विचारों को प्रतिगामी स्वीकार करते हुए सिद्ध करते हैं कि तुलसी ने अपने विचारों से समाज को दो सौ वर्ष पीछे ढकेल दिया है। मूलत: ऐसे विद्वान तुलसी की एकांगी समीक्षा करते हैं। वह तुलसी के सम्यक दृष्टिकोण को न देखते हुए केवल नकारात्मक पक्षों के आधार पर समीक्षा करते हैं।

तुलसी के समग्र अध्ययन से यह ज्ञात होता है कि वह अपने समय एवं समाज के क्रान्तिकारी एवं प्रगतिशील जननायक थे। कवि विसंगतियों पर सीधी चोट भले न करते हों, वर्णाश्रम को तोड़ने के प्रति उनकी आवाज भले ही बुलन्द न रही हो किन्तु उन्होंने अपनी सृजन की प्रतिभा से सम्पूर्ण टूटे हुए समाज को जोड़ने का सफलतम प्रयास किया है। कवि ने उत्तर से दक्षिण को एकता के सूत्र में बाँधते हुए बहुजन हिताय के स्थान पर सर्वजन हिताय की कामना की है। प्रसिद्ध आलोचक डॉ. नगेन्द्र लिखते हैं, "तुलसीदास की नैतिक मूल्यों में अटूट आस्था है और वे ऐसे ही काव्य की अनुशंसा करते हैं जो सबके लिए कल्याणकारी हो।"[9]

तुलसी की साहित्यिक भूमि विध्वंसात्मक न होकर सृजनात्मक है। वह किसी व्यवस्था को पूर्ण रूप से नहीं नकारते हैं। वे उस व्यवस्था की अतिशयता से बचकर मध्यमार्ग पर चलने का आग्रह करते हैं। तुलसी द्वारा समर्थित वर्णाश्रम धर्म का भी सामाजिक महत्त्व कम नहीं है। उनके अपने युग में धर्म और संस्कृति के क्षेत्र में असंख्य पन्थों और तरह-तरह की निरंकुश विचारधाराओं के आविर्भाव के कारण एक प्रकार की अराजकता फैल गई थी। तुलसीदास ने लोक-वेद प्रतिपादित वर्णाश्रम धर्म के प्रति आग्रह व्यक्त कर उसका ही निराकरण करने का प्रयास किया है। तुलसी यह सिद्ध करते हैं कि अपने मौलिक स्वरूप में वर्णव्यवस्था सामाजिक जीवन एवं आश्रमव्यवस्था व्यक्तिगत जीवन के संगठन का सुदृढ़ आधार है।[10]

सिद्ध नाथ साहित्य ने सामाजिक विसंगतियों पर प्रहार किया था वे वेदों को हेय दृष्टि से देखते थे। आश्रमव्यवस्था पर चोट की थी, जिसका समाज पर प्रतिकूल प्रभाव देखा जाता है। इस प्रभाव के परिणामस्वरूप समाज में प्रेम के उदात्त स्वरूप में बाधा पड़ी। ठीक इसके विपरीत गोस्वामी तुलसीदास जी ने जो मार्ग अपनाया उसमें वेद और समाज के सारे सम्बन्धों यथा पिता-पुत्र, पति-पत्नी, भाई-भाई का आदर्श स्वरूप दिखाया है। जहाँ सन्तों ने संसार की नश्वरता, पारिवारिक एवं सामाजिक सम्बन्धों की क्षणभंगुरता दिखाकर लोकजीवन को पलायनवादी बनाने का प्रयास किया है, वहीं तुलसीदास कर्म के क्षेत्र में निरन्तर संघर्ष की प्रेरणा प्रदान करते हैं।

कवि संघर्ष के द्वारा दुष्प्रवृत्तियों का दमन करते हुए परलोक के साथ भूलोक को भी स्वर्ग बनाने की अनुशंसा करते हैं। वह श्रीरामचरितमानस में कहते हैं—

कर्म प्रधान विश्व रचि राखा।
जो जस करहि सो तस फल चाखा॥
सकल पदारथ है जग मांही।
कर्महीन नर पावत नांही।

तुलसी मानव-जीवन के लिए कर्म की प्रधानता सिद्ध करते हैं। कवि ने लोकवेदमत मंजुल मूला आदि के द्वारा जिस विराट एवं समन्वयकारी भूमिका की उद्घोषणा की है उसके मूल में उनकी लोककल्याण की भावना निहित थी। तुलसी के साहित्य में कथा और शिल्प विधेय और

विधान दोनों में शास्त्रीय परम्पराओं और लोक धारणाओं का अद्भुत सामंजस्य दिखाई देता है। तुलसी का काव्य परम्परा और प्रगतिशीलता के समन्वय का अनुपम उदाहरण है। इनके काव्य की लोकप्रियता तथा आधुनिक परिप्रेक्ष्य में उसकी सार्थकता का मुख्य कारण है, वैदिक परम्पराओं की स्वीकृति के साथ सामान्य जन-जीवन को उसके साथ जोड़ा जाना सन्तमत और लोकमत के समन्वय से ही उनका साहित्य लोककल्याणकारी बना है। वस्तुतः जब साहित्यकार लोकभावना के संचार से साहित्य सृजन करता है तो उसकी कृति में लोकसंस्कृति के तत्त्वों का समावेश स्वयं ही हो जाता है। इस प्रकार एक लोक संस्कृति में आदर्श जीवन-मूल्यों की स्थापना होती है। वहीं लोकजीवन की गहराइयों को समझने तथा परखने का आधार प्रदान करती है। तुलसी की वैयक्तिक एवं सामाजिक दोनों मर्यादाएँ न्यायसंगत लोकव्यवस्था के लिए समर्पित हैं और वे श्रीराम को उसी सार्वभौम न्यायसंगत लोकव्यवस्था का प्रतीक मानते हैं। तुलसी के अनुसार सम्पूर्ण मर्यादाएँ श्रीराम में आकर पूर्णता प्राप्त करती हैं—क्योंकि वह ही लोक की अगुआई करनेवाले तथा उसको व्यवस्था देनेवाले तथा आगे ले चलनेवाले महानायक हैं।[11]

तुलसी अपने समाज की रूढ़ियों एवं विसंगतियों से परिचित थे। वे सनातनी परम्परा के आलोक में समाज को व्यवस्थित करना चाहते थे। वे उस परम सत्य को प्रतिष्ठापित करना चाहते थे जो सर्वश्रेयस्कारी हो। गोस्वामी तुलसीदास विनयपत्रिका में कहते हैं—

आश्रम बरन धरम बिरहित जग,
लोक वेद मरजाद गई है।
प्रजा पतित पाखंड पापतर,
अपने अपने रंग रई है॥

विनयपत्रिका के इस पद में तुलसी अपनी पीड़ा व्यक्त करते हुए कहते हैं संसार में न तो आश्रम धर्म रहा है, और न वर्ण धर्म ही। लोक और वेद दोनों की ही मर्यादाएँ नष्ट होती जा रही हैं; न कोई लोकाचार मानता है न वेदोक्त धर्म ही। प्रजा का ह्रास हो रहा है, पाखंड और पाप में वह लिप्त हो रही है। सभी अपने-अपने रंग में मस्त हो गए हैं अथवा मनमुखी हो गए हैं। कोई किसी की नहीं सुनता। वस्तुतः विनयपत्रिका का वर्ण्यविषय ही है, कि

कराल कलियुग द्वारा सताए जाने पर यह पत्रिका महाराज श्रीराम के दरबार में पहुँची थी। उस समय वे समस्त मानवजाति के प्रतिनिधि बने हुए थे। संवेदना की दृष्टि से यह पत्रिका इतनी प्रभावी है कि इसे पढ़कर कठोर-से-कठोर हृदय भी द्रवित हो जाता है।

भक्तिकाल के कवियों में गोस्वामी तुलसीदासयुगीन सामाजिक परिस्थितियों के प्रति शिक्षा प्राप्त कर तथा तत्कालीन जीवन एवं लोगों की मनोदशा पर गहरी पैठ के साथ लोकमंगल से अभिप्रेरित उनकी सामाजिक दृष्टि इनके साहित्य को कालजयी बना देती है। कवि की दृष्टि में कविता स्वान्तः सुखाय के लिए लिखी गई वह रचना है जिसका अन्तिम लक्ष्य लोककल्याण है।

गोस्वामी तुलसीदास ने अपनी प्राचीन काव्यपरम्पराओं का केवल अन्धानुकरण नहीं किया है बल्कि उसकी मौलिकता का परिचय देते हुए उसमें बुहत कुछ जोड़ और घटा दिया है। यह तुलसी की बड़ी उपलब्धि है। कवि की भक्ति भावना सीधे जनसामान्य की समस्याओं से जुड़ती है। उनके परिवेश ने उन्हें दुःख-दर्द और पीड़ा से परिचित कर दिया था। तुलसी जहाँ एक ओर वर्तमान समाज के निर्माता हैं, वहीं दूसरी ओर वे भावी समाज के प्रेरणादायक स्रोत हैं।

कीरति भनिति भूति भलि सोई।
सुरसरि समसब कहँ हित होई।

तुलसी के काव्य के प्रतिमान और उसकी प्रतिष्ठा उदात्त स्वरूप की है। सर्वजनहिताय ही उनके काव्य की कसौटी है। उनकी दृष्टि में वही काव्य श्रेष्ठ है जो अपनी अभिव्यक्ति की सरलता के माध्यम से जनसामान्य में व्याप्त शत्रुता और विषमता को समाप्त कर सके। तुलसी का सम्पूर्ण साहित्य इसी मापदंड को पूरा करता है। स्वयं तुलसी ने अपना काव्य प्रयोजन स्वान्तः सुखाय बताया है किन्तु इनके साहित्य से जितना मानवकल्याण हुआ उतना सम्भवतः किसी के साहित्य से नहीं हुआ। स्वान्तः सुखाय होते हुए भी इनके साहित्य का मुख्य लक्ष्य लोककल्याण है। उनका व्यक्तिगत सुख लोकमंगल में ही निहित है।

तुलसी ने अपने साहित्य में अलग लोकमंगलकारी राम को प्रतिष्ठित किया है। तुलसी के राम वाल्मीकि के राम की भाँति केवल आत्मप्रतिष्ठा

के लिए संघर्ष नहीं करते हैं। वे यश प्राप्ति एवं सम्पूर्ण विश्व में अपनी विजय पताका फहराने की इच्छा रखनेवाले कालिदास के राम नहीं हैं, अपितु वे सामान्य जनमानस का प्रतिनिधित्व करते हैं। सदाचार, शील, उदारता और करुणा के बल पर कठिन-से-कठिन परिस्थितियों का सामना कर अन्याय के विरुद्ध संघर्षशील हैं। तुलसी के राम नैतिकता, मर्यादा, कर्तव्यनिष्ठा और लोकमंगल जैसे मानवीय मूल्यों को स्थापित करते हैं। आचार्य हजारीप्रसाद द्विवेदी लिखते हैं—तुलसीदास केवल ज्ञान ग्रन्थ नहीं लिख रहे हैं। मनुष्य के लोभ-मोह और सुख-दुख के विकारों के भीतर उन्होंने परम लक्ष्य की प्राप्ति की ओर अपने पाठक को ले जाना चाहा। इसलिए उनका यह ग्रन्थ शुष्क आचारसंहिता या थोथे उपदेशों की पोथी नहीं है। वह मनुष्य के जीवन की गहराई में उतरा है और अत्यन्त सजह भाव से उसे रामोन्मुख करता है। राम जो मनुष्य की समस्त आशा-आकांक्षाओं के सर्वोत्तम केन्द्र हैं। वहाँ काम, क्रोध, मद, लोभ आदि टिक नहीं सकते हैं। राम एक ऐसा सूर्य हैं, जिसके समक्ष मोहरूपी अन्धकार की कल्पना नहीं की जा सकती है। परन्तु यह राम हमारे दैनन्दिन जीवन के अनुभवों के भीतर से उजागर हुआ है। वह मनुष्य के रूप में अवतरित हुआ है और मनुष्य की सारी कमजोरियों और विकारों के भीतर उज्ज्वल आलोक के रूप में निकलता चला गया है। वह गेय योग्य होकर नहीं अनुभव योग्य होकर हमें आकृष्ट करता है।[12]

सामाजिक समन्वय तुलसी की लोकसाधना का सौन्दर्य एवं उनके जीवन-दर्शन का मूल तत्त्व है। इसी समन्वय के माध्यम से तुलसी ने अपने युग में व्याप्त अन्तर्विरोधों एवं विसंगतियों का समाधान कर सामाजिक समरसता लाने का सफल प्रयास किया है। सामाजिक, सांस्कृतिक, धार्मिक एवं राजनीतिक सभी स्तरों पर उनके द्वारा समन्वय की स्थापना के साथ ही कविता को आध्यात्मिकता एवं धर्म की आत्मानुभूति को विषय बनाकर तुलसीने साहित्य को नई दिशा प्रदान की है। तुलसी के समन्वय का प्रभाव अकबर पर भी पड़ा, जिससे प्रभावित होकर अकबर ने अपने शासनकाल के अन्तिम समय में 'रामसीय' नाम का सिक्का चलाया। इस सिक्के पर तुलसी के परमप्रिय रामसीय अक्षरों में उद्धृत हैं। तुलसी से ही प्रभावित होकर अकबर ने रामायण और महाभारत का फारसी में अनुवाद करवाया।

धर्म, बन्धुत्व एवं जातिव्यवस्था में आधुनिक सन्दर्भ— तुलसीसहित सम्पूर्ण भक्तिकालीन साहित्य भारतीय चिन्तन की स्वाभाविक अभिव्यक्ति है। सामाजिक दृष्टिकोण से यह समता, न्याय, बन्धुत्व और समरसता स्थापित करने का विराट आन्दोलन है। यह साहित्य लोकजीवन से जुड़ा है। इसमें दलित, उपेक्षित, शोषित वर्ग की पीड़ा और उसकी आकंक्षा को प्रकट किया गया है। धर्म के नाम पर व्याप्त कुरीतियों बाह्याचारों, पाखंडों पर यहाँ कड़ा प्रहार किया गया है। मनुष्य और मनुष्य में भेदभाव रखनेवाली एवं मनुष्यता को कलंकित करनेवाली दुर्भावनाओं को यहाँ समाप्त कर दिया गया है। मुल्ला, पुरोहितों की यहाँ धज्जियाँ उड़ाई गई हैं। साथ ही समता, बन्धुता और मानवतावाद की स्पष्ट छाप यहाँ दिखाई देती है। तुलसी ने अपने भक्तिकालीन साहित्य में पीड़ित, प्रताड़ित और शोषित सामान्य जन की आवाज को बुलन्द किया है। तुलसी के समक्ष जाति के अस्तित्व का प्रश्न था, भारतीय संस्कृति की रक्षा का प्रश्न था और प्रश्न था संघर्ष और संभाष के बीच झूलती हुई जाति और धर्म की आस्था और विश्वास की सुदृढ़ भूमि पर खड़े रहने का। तुलसी का साहित्य इन्हीं परिस्थितियों के बीच युगबोध का सन्देश लेकर सामने आया। जातीय जीवन के सुदृढ़ और सशक्त भूमि का सन्धान ही तुलसी-साहित्य की मूल प्रेरक शक्ति है।[13]

गोस्वामी जी मूलतः एक मानवतावादी धर्मशील कवि थे। धर्म मानव-जीवन की अमूल्य निधि है। तुलसी जैसे लोकनायक सर्वदृश्य पुरुष का अपने समय का अथवा समय के निरपेक्ष धार्मिक जीवन पर दृष्टि डालना स्वाभाविक ही था। धर्म जीवन एवं समाज का निर्धारक तत्त्व है। किन्तु इस धर्म में जब तक सहज सर्वसाधारणता रहती है तब तक वह सर्वमंगलकारी होता है किन्तु जब उसमें रूढ़िवादिता या कट्टरता आ जाती है तो वह अमंगलकारी हो जाता है। तुलसी के आविर्भाव काल में धार्मिक दृष्टिकोण से भारतीय समाज पतनशील था। धर्म के नाम पर विभिन्न सम्प्रदाय शैव, वैष्णव, शाक्त आदि परस्पर वैयनस्य और भेदभाव की अग्नि में तप रहे थे। परिणामतः हिन्दू समाज पतनोन्मुख हो रहा था। धर्म की पतनशील अवस्था का गहरा अवलोकन गोस्वामी तुलसीदास ने किया और धार्मिक साम्प्रदायिक अन्तर्विरोध एवं वैमनस्य को समाप्त करने का सफल प्रयास किया। विनयपत्रिका में तुलसीदास स्पष्ट लिखते हैं—

"लोग कहें पांच, सो न सोंच न संकोच मेरे,
ब्याह न बरेखी जाति-पाँति न चहत हौं॥
तुलसी अकाज काज राम ही के रीझे-खीझे।
प्रीति की प्रतीतिमन मुदित रहत हौं।

अर्थात् मैं वर्णाश्रम धर्म को त्यागकर सभी वैष्णवों की संगत में रहने लगा हूँ। यह देखकर मुझे लोग नीच कहते हैं। किन्तु इसकी मुझे तनिक भी चिन्ता नहीं हुई और न संकोच हुआ, क्योंकि न तो मुझे किसी के साथ ब्याह करना है और न ही सगाई करनी है। और न जाति-पाँति के झगड़ों में मेरा कोई वास्ता है। तुलसी का बनना-बिगड़ना तो राम जी के हाथ में है। तुलसी का साहित्य लोकजागरण का काव्य है। समाज में उच्चतम नैतिक मूल्यों की स्थापना के लिए इस साहित्य में सतत प्रयास हुए हैं। तुलसी साम्प्रदायिक भेदभाव से ऊपर उठकर मानव समता को महत्त्व देते हैं। साथ ही युगों-युगों से पीड़ित, अपमानित, शोषित, पददलित मानव को आत्मगौरव एवं आत्मविश्वास दिलाने का सफल प्रयास भी करते हैं। समता, स्वतन्त्रता, न्याय व बन्धुत्व आदि सभी आधुनिक एवं नैतिक मूल्य इन्हीं रूपों में तुलसी साहित्य में द्रष्टव्य होते हैं। धार्मिक एवं जातीय विसंगतियों के परिणामस्वरूप समाज में जो एक बिखराव व विखंडन की स्थिति है उसे समाप्त करने का कार्य तुलसी ने किया है। एक व्यक्ति का इतना व्यापक, वास्तविक, जीवन्त और गतिशील विकास तभी हो सकता है जब वह अपने युग-समाज की समर्थ शक्ति तथा इतिहास की परम्परा एवं आदर्श का प्राणवन्त भोक्ता हो। तुलसी बहुत कुछ ऐसे थे। उनका लोकानुभव विलक्षण है, यद्यपि वह प्रकृति तथा साधारण प्रजा के लोचन से ही गृहीत हुआ है।[14]

तुलसी ने अपने समय के परास्त, स्तब्ध, विषादग्रस्त जनसाधारण को मानस के माध्यम से सम्बल प्रदान किया है। मानस में मानव-जीवन एवं मानव-समाज की सर्वांगीणता का वर्णन हुआ है जो इसकी अपार लोकप्रियता का प्रमुख कारण है।

तुलसी धार्मिक सामन्तवाद के धुर विरोधी हैं। तुलसी समरसतावादी हैं। वे योग, जप, तप, व्रत यज्ञ सबके महत्त्व के वर्णन को स्वीकार करते हैं, तथा किसी भी सत्मार्ग का विरोध नहीं करते हैं। वे ईश्वर के साक्षात्कार का प्रमुख साधन प्रेम ही मानते हैं। धार्मिक दृष्टि से तुलसी ने ऊँच-नीच,

छुआछूत आदि बाह्याचारों को सहन नहीं किया बल्कि इनके प्रति घृणा दिखाने का कार्य किया। मध्यकाल में हिन्दू समाज अपने अस्तित्व को बनाए रखने के लिए प्रयत्न करता रहा था। उत्तर भारत में इस्लाम का प्रभुत्व स्थापित होने लगा था। साम्प्रदायिक मुस्लिम शासकों द्वारा जब हिन्दू जनता पर अत्याचार ढाए गए ऐसे समय ही भक्तिकाल के प्रमुख कवियों तुलसी, कबीर, जायसी, सूर, तुकाराम आदि का अवतरण साहित्य जगत में हुआ। तुलसी आदि कवियों ने भारतीय संस्कृति, आचार-विचार की पूर्णतः रक्षा की। तुलसी ने सामाजिक व्यवस्था में जातीय विषमता को करीब से देखा और उसे न्यायोचित बनाने का सतत प्रयास किया। हताश और पददलित जातियाँ जब बाह्य उद्बोधन से जाग्रत नहीं हैं तो उन्हें अन्तः उद्बोधन से जगाया जाता है। तुलसी ने यही जागरण सन्देश उस समय इस देश में रामचरितमानस के द्वारा संचारित किया था।[15]

तुलसी का सामाजिक आदर्श वर्णाश्रम धर्म है। यह सामाजिक-धार्मिक मान्यताओं पर आधारित था। समाज में अशान्ति, अन्याय और संघर्ष के फलस्वरूप वर्णाश्रम धर्म का ह्रास था। कवि ने कलिकाल के प्रतीक को लेकर अपने युगीन समाज की सभी इकाइयों की पतनोन्मुखता का विस्तृत विवरण दिया है। पुरुषोत्तम श्रीराम को युग का प्रतीक बनाकर अपने सामाजिक, धार्मिक और सांस्कृतिक आदर्शों को समाज में प्रकट किया है। तुलसी ने रामकथा एवं रामकुटुम्ब के अनेक पात्रों के माध्यम से तत्कालीन समाज को सन्मार्ग दिखाने का प्रयास किया है। तुलसी का सामाजिक आदर्श वही है जिसका विवरण पुराणों एवं स्मृतियों में प्राप्त होता है। उसे तुलसी के वर्णाश्रम धर्म से अभिहित किया जा सकता है। मानस में पारिवारिक जीवन का जैसा विवरण हुआ है वह आज के समाज के लिए भी आकर्षक है। 'साह की हो गोत, गोत होत है गुलाम कौ' के द्वारा तुलसी समस्त भक्तों को एक ही जाति व गोत्र का स्वीकार कर भेदभाव को दूर बहाया और उदार मानवतावादी दृष्टिकोण का विकास किया। तुलसी में ऊँच-नीच की भावना का पोषण नहीं अपने को ही नीच मानने की भावना तुलसी द्वारा प्रतिष्ठित संस्कृति का एक तत्त्व है। जो अपने को ऊँचा कहता है, वास्तव में वही निकृष्ट है।[16]

गोस्वामी तुलसीदास ने जिस वर्णाश्रमव्यवस्था का वर्णन किया है वह तत्कालीन जातिव्यवस्था से पूर्णतः भिन्न है। वर्णव्यवस्था के ऐतिहासिक पक्ष

पर दृष्टि डालने पर यह बात स्पष्ट हो जाती है कि आरम्भ में यह व्यवस्था गुणकर्मों पर आधारित थी, और यह सामाजिक संरचना का प्रतिनिधित्व करती है। कालान्तर में यह व्यवस्था जन्माश्रित मानी जाने लगी और उस समय इसका घोर विरोध हुआ। सम्पूर्ण मध्ययुग में जातिव्यवस्था का जर्जर स्वरूप विद्यमान था जिसके अवशेष हमें आज भी अपने विकृत स्वरूपों में अनेक स्थानों पर दृष्टिगत होते हैं। तुलसी ने समाज की इसी अवस्था और व्यवस्था को समझा और मानस में सामाजिक जीवन के आदर्श स्वरूप में वर्णव्यवस्था का प्रतिपादन किया है। इस तरह तुलसी वर्णाश्रम वैष्णवपूजा-विधि और समाजहित के सभी विषयों एवं आदर्शों से यथेष्ट निर्भ्रान्त होकर एक अनागरिक एक एकाकी समाजद्रष्टा, एक अजनबी, एक यथार्थबोधी हो जाते हैं।[17]

"जाति-पाँति हमते बड़ नाहीं"—के ज्ञान को प्रकाशित करनेवाले भक्तिकालीन कवियों में गोस्वामी तुलसीदास आगम-निगम-पुराण, वेदशास्त्र, मर्यादा, परम्परा के लोकगायक हैं। उन्होंने रामकथा के अनेक रूपों को विभिन्न शैलियों और छन्दों में अभिव्यक्त किया है। तुलसी ने लिखा है—

साखी सबदी दोहरा कहि कहनी उपखान।
भगति निरूपहि भगत कलि निन्दहि वेद पुरान॥
बादहिं सूद्र द्विज सन हम तुम्हन्हते कछु घाटि।
जानइ ब्रह्म सो बिप्र बर आँख देखावहिं डाटि॥

यह तुलसी की वर्णाश्रमवादी सोंच नैतिक दृष्टि का परिणाम है। वे भक्ति एवं ब्रह्मज्ञान को केवल ब्राह्मणों तक ही सीमित रखना चाहते हैं। मानस के उत्तरकांड में कलियुग वर्णन करते हुए तुलसी ने अपनी वर्णाश्रमवादी मान्यता की पुष्टि की है—

बरन धर्म नहिं आश्रम चारी।
श्रुति विरोध रत सब नर नारी।
द्विज श्रुति बेचक भूप प्रजासन।
कोउ नहिं, मान निगम अनुसासन।

तुलसी खिन्न स्वर में अपनी पीड़ा प्रकट करते हुए कहते हैं कलियुग में न वर्ण धर्म रहता है न चारों आश्रम रहते हैं। सब पुरुष-स्त्री वेद के विरोध में

लगे रहते हैं। ब्राह्मण वेदों को बेचनेवाले और राजा प्रजा को खा जानेवाले होते हैं। वेद की आज्ञा कोई नहीं मानता है।

युग का परिचय देते हुए तथा अपनी युगीन परिस्थितियों का परिचय कराते हुए तुलसी कहते हैं—

निराचार जो श्रुति पथ त्यागी।
कलिजुग सोइ ग्यानी सो बिरागी ।
जाकें नख अरुजटा बिसाला।
सोइ तपस प्रसिद्ध कलिकाला॥

जो आचारहीन हैं और जो वेदमार्ग का त्याग किए हुए हैं कलियुग में वही ज्ञानी हैं और वैराग्य धारण किए हुए हैं। जिसके लम्बे-लम्बे नख और लम्बी-लम्बी जटाएँ हैं वही कलियुग में प्रसिद्ध तपस्वी है। सामाजिक विसंगतियों के प्रति तुलसी की भाषा अत्यन्त स्पष्ट है। वह ढोगियों प्रपंचियों को खूब लताड़ते हैं। कवि अपने अन्तर्मन की पीड़ा को कलियुग के माध्यम से व्यक्त करते हैं।

तुलसी के समय में वर्णाश्रमव्यवस्था जीर्ण-शीर्ण हो गई थी। किन्तु तुलसी पर आरोप यह लगता है कि वे वैष्णव भक्ति आन्दोलन की गत्यात्मकता जो लोकाभिमुखी थी वह सचमुच में आभिजात्य रूप धारण कर रही थी। आशय तुलसी को ब्राह्मणवादी सिद्ध करने से है।

पूजिअ बिप्र सील गुन हीना।
सूद्र न गुनगन ग्यान प्रबीना॥
अब जनि करहि बिप्र अपमाना।
जनेसु सन्त अनन्त समाना॥

यद्यपि गोस्वामी तुलसीदास वैदिक काल से ही प्रचलित रही शास्त्रसम्मत और श्रुतिसम्मत वर्णाश्रमव्यवस्था को अपनानेवाले थे किन्तु उसका आधार कार्य क्षेत्र था न कि जाति। यदि वे जातिवादी होते तो उनके राम शबरी के जूठे बेर क्यों खाते? निषादराज को वे गले से क्यों लगाते? वे यदि ब्राह्मणवादी होते तो क्षत्रिय कुल में जन्मे राम से ब्राह्मण रावण का वध क्यों करवाते? तुलसीदास ने ब्राह्मण शब्द का तो प्रयोग ही नहीं किया है। प्रत्येक स्थान पर वे विप्र शब्द का ही प्रयोग करते हैं—

सापत ताड़क परुष कहंता।
बिप्र पूज्य अस गावहिं संता॥

यहाँ पर विचारणीय तथ्य यह है कि इस सन्दर्भ में केवल बिप्र और शूद्र का ही विचार किया गया है। यदि इसका आधार जाति होता तो यहाँ पर ब्राह्मण के अतिरिक्त क्षत्रिय और वैश्य का वर्णन भी प्राप्त होता। तुलसी के जातिगत दृष्टिकोण को राम-शबरी के संवाद के प्रसंग से स्प्ष्ट किया जा सकता है। स्वयं राम शबरी से कहते हैं—

जाति पाँति कुल धर्म बड़ाई।
धन बल परिजन गुन चतुराई॥
भगति हीन पर सोहइ कैसा।
बिनु जल बारिद देखिअ जैसा।

राम तो 'रामहिं केवल प्रेम पियारा' से सन्तुष्ट होते हैं। वे प्रेममय भक्ति से ही नाता रखते हैं। तुलसी का मानना 'हरिको भजै सो हरि का होई' है। इसी को आधार मानकर वे सार्थक जीवन की व्याख्या करते हैं। वे अपनी विनयपत्रिका में भी स्पष्ट करते हैं—

जाके प्रिय न राम बैदेही,
तजिए ताहि कोटि बैरी सम यद्यपि पर सनेही।

समाज के विवेचन में तुलसी अज्ञान, अविश्वास, ढोंग, पाखंड, आडम्बर, रूढि, अशिक्षा, प्रपंच आदि का निषेध करते हैं। तर्कहीन रूढ़ियों को वे खंडित करते हैं। तुलसी का मानना है कि उक्त अवयवों के अनुसरण से सामाजिक सांस्कृतिक चेतना का ह्रास होता है। यहाँ भक्ति व धर्म निवृत्तिमार्गी व्यक्ति साधक न होकर सामाजिक भूमि पर लोककल्याण का विशेष अंग है। वस्तुतः तुलसी वैयक्तिक साधना और सामाजिक चेतना के सम्यक समन्वय में ही वास्तविक कल्याण की परिस्थितियों को देखते हैं।

तुलसी घर-बन बीच ही राम प्रेम पुर छाइ।

तुलसी के राम सम्पूर्ण विश्व के संचालक हैं। वे राम विश्वस्वरूप हैं, और जिनके रोम-रोम में राम विराजमान हैं, वह सभी इस सृष्टि के श्रेष्ठतम जीव हैं। इसी विचार की निरन्तरता में तुलसी कहते हैं—

सीयराममय सब जग जानी।
करहु प्रणाम जोरि जुग पानी॥

तुलसी कुशल कवि और सामाजिक विचारक के अतिरिक्त भावुक भक्त और साधक भी हैं। उनकी दृष्टि से भक्ति समस्त मानसिक विकारों तथा लौकिक एवं आध्यात्मिक समस्याओं को दूर करने का अचूक उपचार है। अन्य साधनों का महत्त्व तो बाद में आता है—

नाम राम को अंक है,
सब साधन है सून।
अंक गए कछु हाथ नहिं,
अंक रहे दस गून।
तुलसी राम सनेह करु,
त्यागि सकल उपचार,
जैसे घटत ने अंक नौ
नौ के लिखत पहार।
राम नाम अवलंब बिन
परमारथ की आस।
बरसत बारिद बूँद गहि।
चाहत चढ़न अकास॥।

यह भक्ति ईश्वरीय तथा उच्च मानवता के गुणों का विकास और इसके प्रति प्रेम-भाव है। इसीलिए वे ब्रह्म का जप न कहकर रामरूप, सगुणरूपी ईश्वर की आराधना की बात कहते हैं। उनकी यह व्याख्या बड़ी प्रगतिशील है। उनके राम दीनबन्धु स्नेह निभानेवाले और दुष्टों की दुष्टता दूर कर उनका कल्याण करनेवाले हैं।[18]

तुलसी सामाजिक शील, सौहार्द और शान्ति के लिए प्रयत्नशील रहते हैं। उनकी धार्मिक व आध्यात्मिक मान्यता निषेधात्मक एवं मोक्ष प्राप्त करनेवाली न होकर इस संसार में रहकर अन्याय अनुराग की आकांक्षा है। वास्तविक रूप में तुलसी का काव्य लोक आराधना अथवा विश्वमंगल की आराधना का उपक्रम है। वे मर्यादा के पालन का आदर्श रखते हुए भी रूढ़िविरोधी थे। स्वयं भक्त और संन्यासी होते हुए भी उन्होंने लोकजीवन में एक अदम्य उत्साह भर दिया हैं।[19]

तुलसी ने अपने साहित्य में व्यष्टि और समष्टि के यौगिक-लोककल्याण की विशिष्ट मंगलकामना की है। तुलसी अपने समस्त साहित्य में बन्धुत्व

की मर्यादा का पोषण व समर्थन करते हैं, जो वर्तमान की आधुनिकता की विचारधारा का मुख्य अवयव हैं। प्रत्येक सन्दर्भ में तुलसी का समाज सामन्ती मूल्यों से जकड़ा हुआ था। सामाजिक दृष्टि से बहुविवाह प्रचलित था। ज्येष्ठ पुत्र को स्वतः राज्याधिकार प्राप्त होता था। अयोध्या के राजा महाराज दशरथ ने भी तीन विवाह किए थे। गोस्वामी तुलसीदास इन अधिकारों एवं कुप्रथाओं के प्रति असन्तोष व्यक्त करते हुए लिखते हैं—

राम करहु सब संजम आजू।
जौं बिधि कुसल निबाहै काजू।
गुरु सिख देइ राय पहिं गयऊ।
राम हृदयँ अस बिसमउ भायऊ।
जनमें एक संग सब भाई।
भोजन सयन केलि लरिकाई।
बिमल बंस यहु अनुचित एकू।
बन्धु बिहाई बड़े हि अभिषेकू॥

तुलसी के राम ने बन्धुत्व की भावना के आलोक में कहा है मेरे सभी भाई एक साथ उत्पन्न हुए हैं। हमारे इस वंश का एक यही सबसे बड़ा दोष है कि ज्येष्ठ भ्राता ही अपने भाइयों को छोड़कर सिंघासन पर आरूढ़ होता है। राम के इस मनोभाव से स्पष्ट होता है कि राम बन्धुत्व की भावना से ओत-प्रोत हैं।

यह उनकी मर्यादा थी जिसे राम ने अनिच्छा से स्वीकार किया है। तुलसी ने पारिवारिक सम्बन्धों में भाई-भाई के सम्बन्ध को सर्वाधिक महत्त्व प्रदान किया है। चूँकि यह सम्बन्ध अन्य सम्बन्धों की अपेक्षा अत्यन्त नाजुक है। इसीलिए राम और भरत तथा राम और लक्ष्मण के माध्यम से समाज को भ्रातृत्व की एक मिसाल देते हैं।[20]

तुलसी का मानस साहित्य की दृष्टि से अनुभूति एवं अभिव्यक्ति दोंनों ही पक्षों में सर्वोत्कृष्ट है। एक रूपक के माध्यम से वह सामाजिक मानकों की सृष्टि करता है। इस सामाजिक दृष्टिकोण में वह जनसाधारण को दुःख मुक्त कर सुख-शान्ति समृद्धि की ओर अग्रसर करता है।

तुलसी की सामाजिक चेतना, आदर्श, परिवार आदर्श समाज और लोक-मंगल की बुनियाद पर खड़ी है। आदर्श पारिवारिक पृष्ठभूमि पर

तुलसी संयुक्त परिवार को महत्त्व प्रदान करते हैं। वस्तुतः भारतीय सामाजिक व्यवस्था में परिवार की सुख शान्ति के लिए वह संयुक्त परिवार की आवश्यकता को समझते हैं। कवि ने संयुक्त परिवार के सिद्धान्तों को केवल आदर्शों से नहीं अपितु अपने पात्रों के द्वारा व्यावहारिक स्वरूप भी प्रदान किया है। तुलसी भाई-भाई का सम्बन्ध, माता-पुत्र का सम्बन्ध, पति-पत्नी का सम्बन्ध, पिता-पुत्र का सम्बन्ध आदि सभी स्थानों पर पारिवारिक आदर्श का परिचय देते हैं। उनके पारिवारिक आदर्श में व्यक्तिगत स्वार्थ कहीं दिखाई नहीं देता है। यहाँ हर व्यक्ति त्याग के लिए तत्पर दिखाई देता है। अयोध्या में राज्याभिषेक का प्रसंग आता है, तो राम अत्यन्त व्याकुल होते हैं। समस्त भाई तो एक ही समान है तो मेरा ही राज्याभिषेक करना क्यों आवश्यक है? यह कैसा संस्कार है? यह कौन-सा नियम है? तुलसी यहाँ राम द्वारा अपने भक्तों का मन मोह लेने के लिए यह प्रसंग प्रस्तुत करते हैं। सामन्तवाद और राजतन्त्र अमानवीय स्वरूप में खड़ा था जिसमें तकनीकी रूप से वही राजा बनता है, जो भाइयों में सबसे बड़ा होता है। दूसरी ओर कैकेई के स्वार्थ की तुलसी घोर निन्दा भी करते हैं। राम अपने वनवास की सूचना पाकर दुखी नहीं हैं। वह इस सूचना के बाद भी कैकेई से प्रेमपूर्वक मिलते हैं। यद्यपि कैकेई ने केवल राम के लिए वनगमन ही नहीं माँगा था—

तापस बेष बिसेषि उदासी।
चौदह बरिस रामु बनबासी॥

कैकेई ने वनवास के साथ तपस्वी का भेष भी माँगा था। राम अयोध्या के राजकुमार बन वनगमन नहीं करेंगे बल्कि वे योगी, तपस्वी की भाँति संसाधनविहीन होकर वन को जाएँगे। अपने जीवन की इतनी जटिल एवं विषम परिस्थितियों में भी राम अपने मुख से कैकेई की प्रशंसा करते हुए कहते हैं—

सुन जननी सोइ सुत बड़भागी।
जो पितु मातु बचन अनुरागी॥

राम कहते हैं कि माता इस संसार में वही पुत्र सर्वाधिक भाग्यशाली है जो माता के वचनों का अनुरागी है। माता-पिता की आज्ञा के पालन जितनी सन्तुष्टि इस समस्त संसार में कहीं नहीं है। वह भरत के लिए कहते हैं—

भरतु प्रानप्रिय पावहिं राजू।
बिधि सब बिधि मोहि सनमुख आजू।

मेरे प्राण प्रिय भरत को राजगद्दी प्राप्त होगी इससे बड़ा सुख मेरे लिए क्या हो सकता है? राम के साथ सभी पात्र यहाँ आदर्श और त्याग की प्रतिमूर्ति हैं। दशरथ के देहावसान के उपरान्त भरत जब अयोध्या पहुँचते हैं और उन्हें पिता की मृत्यु, राम के वन जाने की सूचना प्राप्त होती है तथा पिता की मृत्यु का कारण ज्ञात होता है तो इस पारिवारिक संकट का मूल स्वयं को मानते हैं। उन्हें यह लगने लगता है ये सभी अप्रिय घटनाएँ मेरे कारण घटित हुईं हैं—

भरतहि बिसरेउ पितु मरन सुनत राम बन गौनु।
हेतु अपनपउ जानि जियँ थकित रहे धरि मौनु॥

राम का वनगमन का समाचार सुनकर वे भ्रातृत्व प्रेम के वश में पिता की मृत्यु की घटना को भी भूल जाते हैं। इसका कारण वे स्वयं को मानकर अत्यन्त दुखित और विचलित हो जाते हैं। भ्रातृत्व प्रेम व अनुराग का स्मरण कर भरत अत्यन्त दुखी होते हैं, और कैकेई से प्रश्न करते हैं—

जौं पै कुरुचि रही अति तोही।
जनमत काहे न मारे मोही।
पेड़ काटि तैं पालउ सींचा।
मीन जिअन निति बारि उलीचा॥

भरत कहते हैं कि माता कैकेई यदि आपकी मन्शा यही थी तो तुमने मुझे जन्म लेते ही क्यों नहीं मार दिया? तुम सम्पूर्ण हरे पेड़ को काटकर उसके तने और पत्तों को सींचने की योजना बना रही हो। तुमने मछली जिसका जीवन ही पानी है, उसके पानी को ही बहा दिया है। तुलसी किसी भी सामाजिक सम्बन्ध में स्वार्थ को महत्त्व नहीं देते हैं। वे समाज और परिवार की समरसता में स्वार्थ को सबसे बड़ा बाधक मानते हैं। मानस में जहाँ कहीं तुलसी पारिवारिक सम्बन्धों में आदर्शों का उल्लंघन पाते हैं वे वहाँ उसकी घोर निन्दा करते हैं। तुलसी रावण के भाई विभीषण का राम से मिल जाना और रावण के भेद खोलने को पारिवारिक आदर्श के दृष्टिकोण से गलत मानते हैं। तुलसी ने बन्धुत्व और भ्रातृत्व में सहोदर भाई को विशेष महत्त्व दिया है। राम हृदय में विचार करते हुए कह उठते हैं कि—

जैहउँ अवध कवन मुहु लाई।
नारि हेतु प्रिय भाइ गँवाई।

मैं स्त्री के लिए अपने प्रिय भाई को गँवाकर कौन-सा मुख लेकर अयोध्या जाऊँगा? समाज मुझे क्या कहेगा? यह विचार करते हैं।

तुलसी के राजनैतिक मूल्य

तुलसी के काव्य में राजनैतिक चरित्र—व्यावहारिक दृष्टि से तुलसी न तो राज्यविद् थे और न ही राजनीतिक सिद्धान्तों के ज्ञाता। उन्होंने अपने समकालीन समाज का जितना विस्तृत विवेचन किया है, उतना ही कम वर्णन तत्कालीन शासन व्यवस्था का किया है। यद्यपि उनके राजनीतिक विचारों को उनकी परिकल्पनाओं को श्रीरामचरितमानस की अनेक घटनाओं एवं पात्रों के माध्यम से देखा जा सकता है। मानस के साथ ही कवितावली, विनयपत्रिका आदि मुक्तक रचनाओं में क्रूर, स्वार्थी सामन्ती राजाओं की सामान्य जनता के प्रति यातनाओं, प्रजा की दुर्दशा, उसकी दीन-हीनता का बड़ा ही मार्मिक चित्र तुलसी ने खींचा है। राज्य की अत्यन्त दयनीय दशा को उल्लिखित करते हुए तुलसी ने विनयपत्रिका में लिखा है—

"दीन दयालु दरित दारित दुख दुनी दुसह तिहं ताप तई है।
राज समाज कुसाज कोटि कटु कलपित कलुष कुचाल नई है॥
नीति प्रतीति प्रीति परिमित पति हेतुबाद हठि होरि हई है।
प्रजा पतित पाखंड पापरत अपने-अपने रंग रई है।
सान्ति सत्य सुभ रीति गई घटि बढ़ी कुरीति कपट कलई है।
सीदति साधु साधुता सोंचति खल विलसत-हुलसति खलई है॥"

तुलसी के तत्कालीन समाज में अशान्ति, अत्याचार, अनाचार, चोरी, मारपीट आदि के कारण जनता में त्राहि-त्राहि की परिस्थितियाँ व्याप्त हैं। इससे प्रजा भी कुरीति, कुसंग, पाखंड में लीन होकर अपने ढंग से जीवन-यापन में संलग्न थी। समाज से शान्ति, सत्य, अहिंसा और सुव्यवस्था समाप्त हो चुकी थी। समाज में छल-कपट और अनाचार का बोलबाला था। सज्जन दुःखमग्न थे दुर्जन खुशियाँ मना रहे थे। ऐसी ही सामाजिक राजनीतिक विसंगतियाँ तत्कालीन समाज में विद्यमान थीं।

राजा से आश्रय प्राप्त कवियों को राजमहल में कविता करने के बदले सम्मान एवं धन प्राप्त होता है। इसके विपरीत भक्तशिरोमणि तुलसीदास दो

मुगल शासकों अकबर और जहाँगीर के समकालीन थे लेकिन उन्होंने अपने काव्यादर्श के समक्ष किसी शासक की आश्रयस्थली स्वीकार नहीं की। तुलसी स्वयं आश्रयदायी की प्रशंसा के काव्य से असहमत हैं। राजनीतिक दृष्टिकोण में भी कवि का रचना उद्देश्य समस्त मानव समाज के कल्याण जैसी अन्तिम अवस्था तक पहुँचाना है।

तुलसी ने जो साहित्य रचा है, वह भारतीय समाजवाद का उत्कृष्ट उदाहरण माना जा सकता है। 'सर्वे भवन्तु सुखिनः' प्राचीनकाल से भारतीय साहित्य की अपनी विशिष्टता रही है। इसी परम्परा को तुलसी भी आगे बढ़ाते हैं। तुलसी उस काव्य को अपूर्ण मानते हैं जिससे समाज को कोई सन्देश न प्राप्त होता हो। तुलसी को विश्वास था कि क्रूर सामन्तवाद एवं उसके विकसित एवं विलसित कुत्सित सामाजिक एवं सांस्कृतिक प्रभाव को प्रबल शस्त्र संघर्ष के बिना नहीं हटा सकते। सामाजिक प्रगति की खातिर महाकवि को सामन्तीय रीति विलास से घृणा है। वे रावण को सामन्तीय प्रतीक बनाते हैं।[21]

तुलसी ने अपने समय की परिस्थितियों से प्रभावित होकर समाज के समक्ष रामराज्यरूपी आदर्श प्रस्तुत किया। वस्तुतः कवि समाज की व्यवस्था, वातावरण, धर्म, कर्म, रीति, नीति, सामाजिक शिष्टाचार, दया, लोकव्यवहार से ही अपने साहित्य की सामग्री का चयन करता है, और अपने आदर्शों के अनुरूप उसका प्रतिपादन करता है। तुलसी ने उसी समाज का सामाजिक, राजनीतिक प्रतिनिधित्व किया जहाँ उन्होंने जन्म लिया है। तुलसी अपने समाज के प्रति सजग हैं।

सुशासन का तुलसीवादी संस्करण—रामराज्य—श्रीरामचरितमानस की रामकथा के क्रम में अयोध्या के महाराज दशरथ रामराज्य की स्थापना करना चाहते हैं। वे अपना संकल्प पूर्ण करने के लिए अत्यन्त उत्साहित हैं, पर उनका संकल्प पूर्ण नहीं हो पाता है। वस्तुतः महाराज दशरथ यह मान बैठते हैं कि राघवेन्द्र श्रीराम को अयोध्या स्थित सोने के सिंहासन पर बैठा देने मात्र से रामराज्य की स्थापना हो जाएगी। परन्तु यह तो मात्र धर्मराज हुआ जो अयोध्या में प्राचीनकाल से ही विद्यमान था। यह धार्मिक व्यवस्था का राज्य है।

तुलसी के रामराज्य का आशय जो वे भगवान श्रीराम के माध्यम से स्थापित करना चाहते हैं, वह व्यवस्था का राज्य नहीं है, अपितु वह प्रत्येक

व्यक्ति के हृदय परिवर्तन से जुड़ा है। तुलसी के अनुसार जब प्रत्येक व्यक्ति के हृदय में ऐसा आमूल चूल परिवर्तन आ जाए कि उसके मन में किसी प्रकार की पापवृत्ति का उदय ही न हो तब जाकर रामराज्य की स्थापना होती है। इन परिस्थितियों में भगवान श्रीराम को अयोध्या का राजा बना देने से रामराज्य नहीं होगा बल्कि सभी जनों के द्वारा बाह्य एवं आन्तरिक दुर्गुणों का विनाश करने से ही रामराज्य स्थापित हो सकता है।

महाराज दशरथ समेत सभी अयोध्यावासियों ने रामराज्य की स्थापना की तैयारी पूर्ण कर ली थी, परन्तु अयोध्या में मन्थरा विद्यमान थी जिसने कैकेई के मस्तिष्क को इतना परिवर्तित कर दिया कि रामराज्य की स्थापना नहीं हो सकी। गोस्वामी तुलसीदास जी लिखते हैं—

को न कुसंगति पाइ नसाई।
रहीय न नीच मतें चतुराई॥

अर्थात् नीच व्यक्ति के अनुसार चलने से बुद्धि भ्रष्ट हो जाती है। कुसंगति के प्रभाव में कौन नष्ट नहीं होता है? मानव-जीवन में कुसंग के परिणामस्वरूप बुद्धि के द्वारा उचित-अनुचित का बोध नहीं हो पाता है। जब भरत अयोध्या से चित्रकूट पहुँचते हैं तो रामराज्य का निर्माण हो चुका था-

ईति भीति जनु प्रजा दुखारी।
त्रिबिधि ताप पीड़ित ग्रह मारी।
जाइ सुराज सुदेस सुखारी।
होहिंभरत गति तेहि अनुहारी॥
राम बास बन सम्पत्ति भ्राजा।
सुखी प्रजाजनु पाइ सुराजा॥
सचिव विरागु विवेकु नरेसू।
विपिन सुहावन पावन देसू॥
भट जय नियम सैल राजधानी।
सांति सुमति सुचि सुन्दर रानी॥
सकल अंग सम्पन्न सुराऊं।
राम चरन आश्रित चित चाऊ॥

दोहा—जीति मोह महिपालु दलु, सहित विवेक भुआलु।
कर अकंटक राजु पुरँ, सुख सम्पदा सुकालु।

रामराज्य को परिभाषित करते हुए तुलसी कहते हैं—ईति के भय से दुखी हुई तथा तापों, क्रूर ग्रहों तथा महामारियों से पीड़ित प्रजा किसी उत्तम देश और उत्तम राज्यों को जाकर सुख प्राप्त करें। भरत जी की दशा ठीक उसी प्रकार हो रही है। श्रीराम के वन में वास से वन की अनेक सम्पत्तियाँ ऐसी शोभित हो रही हैं, मानो अच्छे राजा को पाकर प्रजा सुखी हो। सुहावना वन ही पवित्र देश है। विवेक उसका राजा है और वैराग्य मन्त्री है। तुलसी के रामराज्य में मोहरूपी राजा को सेनासहित जीतकर विवेकरूपी राजा निष्कंटक राज्य कर रहा है। उसके नगरों में सुख, सम्पत्ति और सुकाल वर्तमान है।

जब मानव विभिन्न कुपवृत्तियों से रहित होकर प्रेम के भाव से जीवन जियेगा तो हृदय चित्रकूट बन जाएगा। जहाँ भगवान श्रीराम विचरण कर रहे हैं। इस प्रकार हृदय में रामराज्य व्याप्त हो जाता है। संसार की प्रत्येक सम्पत्ति जिसे मनुष्य ने अपना मान लिया है, वास्तव में "सब सम्पत्ति रघुपति कर आही" है। जब सम्पूर्ण राज्य में ईश्वर का राज्य हो जाएगा तब सर्वत्र रामराज्य हो ही जाएगा। सामाजिक प्रतिबद्धता समाज के हितों की रक्षा करना तथा समाज को सर्वोपरि देखना ही तुलसी का रामराज्य है।

इस रामराज्यीय अवधारणा में दया, शुचिता, सर्वकल्याण, उदारता, संरक्षण, सहिष्णुता, लोक मंगल की चेतना है। तुलसी ने राजनीति के सिद्धान्तों का निरूपण अधिकतर मानस के ही सिद्धान्तों में किया है। पहले तो उन्होंने समकालीन परिस्थितियों का चित्रण कर कलियुग के प्रभाव से राजनीति की दुरवस्था का रूप खड़ा किया है, बाद में रामराज्य वर्णन में राजनीति के आदर्शों की ओर संकेत किया है। मानस में अनेक स्थानों पर रामराज्य के माध्यम से राजनीति के सिद्धान्तों के दर्शन होते हैं।[22]

तुलसी ने जो रामराज्य की अवधारणा प्रस्तुत की है उसमें शासन व शासक के स्थान पर लोक की प्रधानता है। यह शासित प्रजा के पक्ष से प्रस्तुत है जो जनसामान्य के द्वारा स्थापित है। तुलसी के रामराज्य के केन्द्र में शासक न होकर जन व लोक है। कवि ने जनपक्ष के माध्यम से जिस रामराज्य की स्थापना पर जोर दिया वह समाज में शोषणमुक्त मानव-जीवन तथा भयमुक्त व्यवस्था की नींव रखता है। कवितावली एवं श्रीरामचरितमानस के उत्तरकांडों में रामराज्य की अवधारणा का विस्तृत विवरण प्राप्त होता

है। यहाँ तुलसी ने अपनी समझ के अनुरूप एक उत्कृष्ट शासनव्यवस्था से समाज को जोड़ा है।

बैर न कर काहू सन कोई।
रामराज्य विषमता खोई॥

तुलसी के रामराज्य का मुख्य लक्ष्य आर्थिक व सामाजिक विषमता से जन-जन को मुक्त कराना है। तुलसी ने अपनी उदात्त अवधारणा का उपयोग 'सर्वजन हिताय एवं सर्वजन सुखाय' हेतु किया है। यह रामराज्य मानसिक उदारता, सदाचार, आत्मीयता, सद्भाव, मैत्री एवं शोषणमुक्त मानव समाज की अवधारणा पर आधारित है। 'तुलसी ने रामराज्य तथा कलियुग के प्रतीकों में अपने समाज के यथार्थ, मर्यादा, मान तथा आदर्शों को अतिरंजित शैली में प्रस्तुत किया है।[23]

वस्तुतः राज्य की संकल्पना राजा-प्रजा के सम्बन्धों के मध्य प्रचलित सामन्ती व्यवस्था से जुड़ा है, किन्तु तुलसी के रामराज्य में सब कुछ प्रजा उन्मुखी है, सामन्तवाद के सापेक्ष नहीं। भारतीय संस्कृति में ब्राह्मण ग्रन्थों, स्मृतियों, महाभारत तथा पुराण ग्रन्थों में आदर्श राज्यव्यवस्था का वर्णन मिलता है। वाल्मीकि रामायण, भागवत पुराण एवं श्रीरामचरितमानस में राम के आदर्श राज्य के महत्त्वपूर्ण सन्दर्भों का उल्लेख मिलता है।

तुलसी का कलियुग और उनका रामराज्य दोनों ही एक-दूसरे से जुड़े हैं। रामराज्य उनके कलियुग की ही विडम्बना एवं विसंगतियों का समुचित उपाय है। तुलसी का रामराज्य उनके कलियुग के समाधान से ही निकलता है।[24] कलियुग समाज में विषमता व्याप्त है। यह विषमता जातिगत, सम्प्रदायगत, वर्णव्यवस्थागत, सामाजिक अन्यायगत है। इसके विपरीत तुलसी रोगमुक्त, शोकमुक्त, भयमुक्त, पीड़ामुक्त, सन्तापमुक्त, अन्यायमुक्त, शोषणमुक्त समाज की स्थापना रामराज्य के माध्यम से करते हैं।

आधुनिकता के सन्दर्भ में तुलसी की रामराज्यवादी दृष्टि का मूल्यांकन यही सूचित करता है कि कवि समाज में प्रचलित सामन्ती व्यवस्था एवं कुरीतियों पर निरन्तर प्रहार कर रहा है। तुलसी की यह विचारधारा राजतन्त्र में प्रजातन्त्र को स्थापित करती है। तुलसी के इन विचारों में राजा का चयन भी प्रजातान्त्रिक रूप से होना चाहिए। राजा दशरथ भी गुरु के पास जाते हैं और श्रीराम की योग्यता का परिचय देते हुए कहते हैं—राम प्रत्येक दृष्टि

से युवराज होने के योग्य हैं। इसका सबसे सटीक प्रमाण यह कि सम्पूर्ण प्रजा उन्हें सर्वाधिक प्रेम करती है। प्रजा का झुकाव उनके ही प्रति है। राम निर्विवाद रूप से ऐसे व्यक्तित्व हैं जिन्हें प्रजा, नौकर, मन्त्री आदि युवराज के रूप में देखना चाहते हैं—

कहई भुआलु सुनिअ मुनिनायक।
भए राम सब बिधि सब लायक॥
सेवक सचिव सकल पुरबासी।
जे हमार अरि मित्र उदासी॥
सबहि राम प्रिय जेहि बिधि मोही।
प्रभु असीस जनु तनु धरि सोही॥

महाराज दशरथ गुरु की आज्ञा प्राप्त कर सभा का आयोजन करते हैं। समस्त दरबारी मन्त्रियों को आमन्त्रित किया जाता है। गुरु के द्वारा दिया गया निर्देश लोगों को बताया गया किन्तु वहाँ बात यह रखी जाती है कि यदि सभी के मत से यह स्वीकार्य हो तो राम को युवराज बनाया जाए।

जौं पाँचहि मत लागै नीका।
करहु हरषि हियँ रामहि टीका॥

समस्त जनमानस श्रीराम को राजा के रूप में देखने के लिए उत्सुक है। राज्य की सारी प्रजा इस मत का अनुमोदन कर चुकी है। किन्तु मर्यादा पुरुषोत्तम श्रीराम इस निर्णय से बिलकुल प्रसन्न नहीं हैं। उनका अन्तर्मन दुःखी है। उनका मानना है कि हम सब भाई एक साथ पले-बढ़े खेले किन्तु राज्याभिषेक मेरा ही क्यों? वह इस प्राचीन परम्परा से खिन्न दिखाई देते हैं। वह कहते हैं कि केवल बड़े भाई को ही राज्य मिलेगा यह कहाँ तक उचित है?

श्रीराम इस विरोध के स्वर एवं अयोध्या में घटी घटना के क्रम में रामराज्य को त्यागकर वनगमन करते हैं। भाई पर अत्याचार कर रहे बालि का अन्त कर सुग्रीव को किष्किन्धा का राजा बना देते हैं। वे अत्याचारी रावण का विनाश करते हैं और विभीषण के साथ हो रहे अन्याय को समाप्त करते हैं। भक्त विभीषण रूपी धर्मराज की स्थापना करते हैं। तुलसी के अनुसार धर्म का राज्य होना चाहिए चाहे व जनतन्त्र हो या राजतन्त्र। धर्मराज्य का आदर्श है—रामराज्य। यहाँ सभी भयमुक्त और प्रसन्नचित्त रहते हैं—

दैहिक दैविक भौतिक तापा।
रामराज्य काहुँहि नहिं ब्यापा।

रामराज्य में तीनों प्रकार के तापों दुखों से सभी को मुक्ति प्राप्त है। सभी अपनी अधिकतम आयु पूर्ण करते हैं। दैहिकताप-रोग, दैविकताप-शोक, भौतिक ताप-भय, रामराज्य में यह तीनों ताप किसी भी प्राणी को नहीं सताते हैं। तुलसी रामराज्य की व्याख्या करते हुए लिखते हैं—

नहिं दरिद्र कोउ दुखी न दीना।
नहि कोउ अबुध न लच्छन हीना॥
अल्पमृत्यु नहिं कवनिउ पीरा।
सब सुन्दर सब बिरुज सरीरा।

रामराज्य में न ही कोई दुखी है न कोई रिपु है और न कोई अनुचित व्यवहार है। न तो किसी को शारीरिक पीड़ा है और न तो किसी की अल्पायु में मृत्यु ही हो रही है। सभी सुन्दर एवं आनन्दमय हैं।तुलसी ने जिस रामराज्य की परिकल्पना की है, उसमें सामान्य जनमानस के हितों का राजा के कर्तव्यों की मर्यादित व्याख्या उपलब्ध है। डॉ. मुन्शीराम शर्मा ने रामराज्य के विषय में लिखा है—'जिस राज्य में वैषम्य नष्ट होकर साम्य प्रचलित हो, कोई भी किसी से वैमनस्य न रखता हो वहाँ सब शोकहीन और प्रसन्न दिखाई देंगे। तुलसी के राम ऐसे राजा हैं जो अपने समाज से जुड़े हैं। वह वाल्मीकि के राम की भाँति इस लोक का त्याग कर स्वर्ग प्रस्थान नहीं करते हैं। वह रामराज्य के रूप में सदैव समाज में स्थापित रहते हैं। राम और रामराज्य का इसी लोक में बने रहना सांकेतिक है। तुलसी के राम इस संसार में ही रत हैं। वह इस संसार को छोड़ नहीं सकते हैं। राम और रामराज्य तुलसी की सनातन संकल्पना है आदर्श है। इस संकेत को समझने पर ही रामराज्य का प्रतीकार्थ खुलता है। रामराज्य तुलसी द्वारा कल्पित स्वप्न लोक है जो पूर्णतः सुखद है। तुलसी के रामराज्य का महत्त्व हमारे युग के श्रेष्ठ पुरुष महात्मा गाँधी ने समझा था। इसीलिए उन्होंने अपने युग के आन्दोलन का लक्ष्य रामराज्य को बनाया था।[25]

रामराज्य की निर्मल जनहितैषी भावना कर्म के सिद्धान्त पर आधारित है। समाज का व्यक्ति निरन्तर काल, कर्म एवं गुण से उत्पन्न परिणामों का चयन करता है। उपभोग करता है। यह एक शाश्वत तथ्य है। रामराज्य में

मानव जाति का यह संकट भी समाप्त हो गया था।

रामराज्य नभगेस सुनु सचराचर जग माहिं।
काल कर्म सुभाव गुन कृत दुख काहुहिं नाहिं॥

रामराज्य के माध्यम से तुलसी काल-कर्म गुण-दोष तथा स्वभाव से उत्पन्न मानव संकट का इस युग में समाप्त करने की बात करते हैं। वर्तमान सन्दर्भ में महात्मा गाँधी तथा डॉ. राममनोहर लोहिया जैसे चिन्तक लोकतन्त्र के लिए रामराज्य की अवधारणा को स्वीकार करते हैं। राजा एवं प्रजा के मध्य का अन्तर्सम्बन्ध मानव-जीवन के सम्बन्धों, मानवकल्याण में उपयोग सम्पत्ति, शिक्षा, निर्धनता मुक्ति, पीड़ा-रहित जीवन, शासन में सबकी समुचित भागीदारी राष्ट्रीय विकास की चेतना ऐसे अनेक अवयव रामराज्य के हैं, जो आदर्श राज्यव्यवस्था के आधारस्तम्भ हैं।

प्रायः देखा जाता है कि किसी राज्य में सभी उदार एवं परोपकारी नहीं होते हैं। किन्तु रामराज्य में यह गुण सभी में विद्यमान हैं। रामराज्य में परहित एक ऐसा दिव्यगुण है जो सभी के मन में स्वाभाविक रूप से विद्यमान रहता है—

परहित बस जिनके मन माहीं
तिन्ह कहँ जग दुर्लभ कछु नाहीं॥

रामराज्य में सभी प्राणी वैर छोड़कर सब एक-दूसरे से प्रेम करते हैं। यही लोकरीति है। यदि रामराज्य का यही गुण परिवार से लेकर विश्वस्तर तक व्यावहारिक होने लगा तो सम्पूर्ण समस्याओं का समाधान स्वतः ही हो जाएगा। इस राज्य में सभी स्वधर्म का पालन करते हैं। श्रुति नीति में निरत रहते हैं। यह उनकी वेदरीति निपुणता है। अपने धर्म पर चलना उसका अनुसरण करना ही वेदरीति की निपुणता है।

सब नर करहिं परस्पर प्रीती,
चलहिं स्वधर्म वेद श्रुति नीती॥

तुलसी का रामराज्य भावात्मक मूल्यों से आरम्भ होता है, व्यवहार में यह आदर्श व्यावहारिक बन जाता है। यह रामराज्य भारतीय जीवनधारा के सर्वोत्कृष्ट चिन्तन तथा मनीषा की लोकरंजकता का सबसे बड़ा उदाहरण है। यह रामराज्य समता एवं लोककल्याण की आधारशिला है। रामराज्य सामाजिक व्यवस्था का यूटोपिया नहीं है। यह तुलसी की सामाजिक चेतना

का विराट स्वरूप है। यह सम्पूर्ण ब्रह्मांड के सभी जीवों की जीवन-शैली का कोश है। इसके माध्यम से वे सभी को आनन्दमय एवं दुःखमुक्त देखना चाहते हैं। यह लोकवादी तुलसी की भव्य सामाजिक संरचना का उत्कृष्ट उदाहरण है।[26]

तुलसी की स्वातत्र्य चेतना-"पराधीन सपनेहु सुख नाहीं।"

भक्ति साहित्य आन्दोलन अपनी कविता के माध्यम से मनुष्य के समग्र जीवन का जनआन्दोलन है। तुलसी, कबीर आदि भक्तिकालीन कवियों ने समाज के मनोरंजन के लिए साहित्य कदापि नहीं लिखा है, बल्कि इनका काव्य समाज को सामाजिक, आर्थिक, राजनीति के साथ मानसिक परतन्त्रता से स्वतन्त्रता की ओर ले जाने के लिए लिखा गया है। भक्ति साहित्य का उद्‌देश्य सामन्ती परतन्त्रता का अवसान कर स्वतन्त्र समाज की स्थापना करना है। गोस्वामी तुलसीदास की रचनाओं में अनेक स्थानों पर सामान्य जनजीवन के प्रति स्वतन्त्रता की चेतना का भाव दिखाई देता है।

तुलसी की स्वातन्त्र्य चेतना की समझ के लिए उनके समय की सामाजिक परिस्थितियों एवं उसकी विसंगतियों से परिचय आवश्यक है। इनके समय के सामन्ती समाज में जातिव्यवस्था और वर्णव्यवस्था की कट्टरता अपनी चरमसीमा पर थी। दासप्रथा के साथ बन्धुवा मजदूरी जैसे कुप्रथाएँ समाज में विद्यमान थी। शूद्रों, दलितों एवं अछूतों की स्थिति दयनीय थी। स्त्रियों पर उनकी पारिवारिक बन्दिशें थीं। बहुपत्नी की प्रथा प्रचलित थी और नारी को महज एक विलासिता का साधन समझा जाता था। सामान्य जनता अपनी मानसिक परतन्त्रता एवं अपने निर्धन जीवन से महत्त्वाकांक्षाहीन हो गई थी। सामान्य व्यक्ति का जीवन सामन्तों हेतु सुख-सुविधाएँ जुटाने में ही व्यतीत हो रहा था। तुलसी इस सामाजिक परतन्त्रता को समाप्त करने, उस पर चोट करने के लिए प्रतिबद्ध हो जाते हैं। तुलसी के द्वारा किए गए प्रयासों के विषय में डॉ. रामविलास शर्मा लिखते हैं, जो लोग समझते हैं कि सोलहवीं सदी में सामन्ती समाज का ढाँचा ज्यों-का-त्यों बना हुआ था वे अपने अन्दर पैदा होनेवाली नई शक्तियों के प्रसार से चरमराने लगा था। वे भक्ति आन्दोलन को या तो पुराने सामन्ती सम्बन्धों का प्रतिबिम्ब ही मानेंगे या फिर उसे शुद्ध कल्पना का आन्दोलन मानेंगे जिसकी जड़ें नए सामाजिक यथार्थ के गहरे पैठी थीं। दोनों ही स्थितियों में वे भक्ति आन्दोलन के ऐतिहासिक

महत्त्व से इनकार करेंगे।

वस्तुतः भारत के इतिहास में कोई आन्दोलन इतना सर्वव्यापी और प्रभावी नहीं रहा। तुलसी ने स्वाधीनता, पौरुष विजय के काव्य का सृजन किया है। यह भी सत्य है कि भारतीय इतिहास के स्वर्णकाल में भी स्वाधीनता के प्रति गहरी दृष्टि साहित्य में दिखाई नहीं देती है। यही कारण है भक्तिकाल को हिन्दी साहित्य का स्वर्णयुग कहा जाता है। यद्यपि रामविलास शर्मा ने लिखा है कोई भी लेख अपने समय के सामाजिक यथार्थ को गहराई से देखे और अपनी रचनाओं में उसे प्रतिबिम्बित किए बिना महान साहित्यकार नहीं हो सकता है। तुलसी का साहित्य भी उनके विचारों को अलग करके महत्त्वपूर्ण नहीं माना जा सकता।[27]

समाज के सामन्ती चरित्र से स्वतन्त्रता—भारतीय समाज को सामन्ती व्यवस्था से मुक्ति प्रदान कराकर यहाँ एक कल्याणकारी राज्य की स्थापना तुलसी का स्वप्न था जिसे पूर्ण करने के लिए वे आजीवन संघर्षरत रहते हैं। भारतीय इतिहास में जिन शासकों को श्रेष्ठ कुशल माना जाता है तुलसी उन्हें बर्बर सिद्ध करते हैं। भारतीय हिन्दू और मुसलमान दोनों ही सामन्ती शासकों की नीतियों के विरुद्ध सबसे बुलन्द आवाज तुलसी की है।

गोंड, गँवा, नृपाल महि,
यवन महामहिपाल।
साम न दाम न भेद कलि,
केवल दंड कराल॥

यहाँ तुलसी के गोंड शब्द का आशय नीची जाति से नहीं है। उनके समय में इनके एवं अधिकांश हिन्दू राजा क्षत्रिय ही थे। वे सभी शासकों को संस्कारहीन व बर्बर ही समझते थे, क्योंकि वे सामन्ती शासक केवल जनता का शोषण करना एवं उसे दंड देना ही जानते थे। अतः तुलसी इन राजाओं की आलोचना करते हैं। सामान्य जन के अज्ञान को देखकर तुलसी व्यथित हैं। एक सामान्य व्यक्ति जो राजा बनकर जनता पर अत्याचार और अनीति का प्रहार कर रहा है, लोग उसकी पूजा करते हैं। तुलसी के अनुसार यह गलत है। तुलसी ने अपनी रचना विनयपत्रिका में जो तत्कालीन समाज का वर्णन किया है वह आज स्वतन्त्रता के इतने वर्षों पश्चात् भी भारत में अधिकांश रूप से लागू होता है—

दीन दयालु, दुरित, दारिद दुखी दुनी दुसह तिहु ताप तई है।
देव दुवार पुकार आरत, सबकी सब सुखि हानि भई है॥
प्रभु के वचन वेद-बुध-सम्मत, मन मूरति महिंदेव मई है॥
तिन की मति रिस-राग- 'मोह-मद लोभ लालची लीलि लई है॥
राज समाज कुसाज कोटि पर, कलपित कलुष कुचाल नहीं है।
नीति, प्रतीति, प्रीति परमति पति, हेतु वाद हठि हेर हुई है॥

भारतीय समाज में व्याप्त पाप एवं दरिद्रता को तुलसी ने निकट से देखा। दुःखीं समाज से सुख समाप्त हो गया है। अनेक असह्य दैविक, दैहिक, भौतिक तापों से संसार जल रहा है। ऐसी भयावह परिस्थितियों को देखकर तुलसी का संवेदनशील हृदय पीड़ा से भर जाता है तो वे अपने विश्वविजयी दीनानाथ दीनबन्धु से मानव का दुःख समाप्त करने की याचना नहीं करते हैं अपितु उन्हें विश्वास दिलाते हैं कि उन्होंने हारती हुई जनता को विजयश्री प्रदान कर दी है। सहज ही सभी के दुखों को समाप्त कर दिया है। साथी उजड़े एवं उखड़े भारत को पुनः एक शक्तिशाली राष्ट्र के रूप में स्थापित कर दिया है। तुलसी का यह स्वर उनकी सकारात्मक संवेदी भावना का परिचायक है। यह आस्था अखंड विश्वास और आशा का स्वर तुलसी को अपने समय के सामन्ती समाज के स्वरूप का पर्याप्त सर्वेक्षण करता है इसके बाद उसका समाजशास्त्र प्रस्तुत करते हैं।[28]

गोस्वामी तुलसीदास ने अपनी कविता में सामन्ती मूल्यों का सुमधुर गान भी किया है। यह गान का भाव अपने पुरुषोत्तम श्रीराम के प्रति है। श्रीराम की स्तुति करते हुए वे स्वयं गौरवान्वित भी अनुभव करते हैं। उन्होंने कवि पर राम की कृपा को भी स्पष्ट किया है। इनका मानना है कि श्रीराम अथवा ईश्वर की कृपा प्राप्त होने पर ही हृदयरूपी आँगन में सरस्वती का वास हो सकता है। मानस के बालकांड में वे कहते हैं—

प्रति अवतार कथा प्रभु केरी।
सुनु मुनि बरनी कबिन्ह घनेरी।

अर्थात् प्रभु के प्रत्येक अवतार की कथा का कवियों ने नाना प्रकार से वर्णन किया है। इस प्रकार सारी भक्ति मुख्य रूप से कवि कर्म की तरह पेश हो गई है। न कि किसी शाश्वत सनातन स्वयंभू सत्य की तरह जो कवि

कल्पना से मुक्त आकाशवाणी की तरह प्रकट हुई हों।

सामन्तवादी विचारधारा में राजा और ईश्वर को एक करके देखने की स्वाभाविक प्रवृत्ति होती है। श्रीराम सन्दर्भ में तुलसी ने यहाँ इस विषय को स्वीकार किया है। अन्य भक्तिकालीन कवियों की भाँति तुलसी के ईश्वर भी सामाजिक मूल्यों एवं सामाजिक भावबोध की अभिव्यक्ति करते हैं। उनके विशिष्ट सामाजिक उत्तरदायित्व हैं और कार्यों की प्रतिबद्धता का निर्धारण पूर्व में हो जाता है। मध्यकाल में जटिल सामन्ती संस्कृति से उनकी कविता संघर्ष करती है। यह समाज को इन जटिल सामन्ती प्रथाओं से मुक्ति दिलाना चाहती है।

तुलसी के समय के अनेक सामन्तों एवं वर्णाश्रम धर्म के समर्थकों ने इनको प्रताड़ित किया। तुलसी समाज में व्याप्त सामान्य जनजीवन को कष्ट पहुँचानेवाली सामन्ती व्यवस्था के धुर विरोधी थे। तुलसी ने उन्हें अपनी भाषा में ही उचित उत्तर दिया-

जायो कुल मंगन बधावनो बजायो सुनि,
भयो परिताप जनक जननी को।
बारे ते ललात बिललात द्वार-द्वार दीन,
जानत हौं चारि फल चारि ही चनक को।

तुलसी ने निर्धन और अकुलीय बालक का जो अपमान सहना पड़ा है उसे स्वयं सहा था इसमें सन्देह नहीं है। और यह अपमान बालपन तक सीमित न था। जैसे-जैसे उनकी लोकप्रियता बढ़ती गई वैसे-वैसे उनके विरोध भी बढ़ते गए। जब लोग उनकी जाति पाँति की चर्चा करके उनका उपहास करते थे तब तुलसी यह कहकर जवाब देते थे कि उनका वही गोत्र है जो राम का है। तुलसी का मानव प्रेम उनकी कविता का स्रोत है। उनके लिए साहित्य न समाज के मनोरंजन का साधन है न निरुद्देश्य प्रयोग है।[29]

तुलसी का मानवकल्याण और मानव की उच्चता पर विशेष ध्यान रहा है। यही कारण है कि उन्होंने ह्रासोन्मुखी भारतीय समाज में दिव्य मानव मूर्ति की स्थापना की है। उन्होंने ईश्वर को एकीकृत कर दिया है। इसीलिए वे ईश्वर के सगुण साकार स्वरूप को स्वीकार करते हैं। तुलसी देखते हैं कि मानव जीवन के प्रत्येक क्षेत्र में व्यावहारिक रूप से सामन्वाद एवं रूढ़ियाँ ही प्रभावी हैं। उन्होंने यह सब सुनकर नहीं आँखों से देखकर विश्वास किया।

वस्तुतः तुलसी लोक विश्वास और लोक भावनाओं का आदर करते हैं। उनका दृष्टिकोण उदारवादी है। वे अपनी पूरी शक्ति के साथ इस सामन्तवाद से जनता को स्वतन्त्र कराने का प्रयास करते हैं किन्तु तुलसी के समक्ष सबसे बड़ी चुनौती यह थी कि स्वयं मनुष्य को ही अपनी उच्चता पर विश्वास नहीं रह गया था। तुलसी की परिस्थितियों के सन्दर्भ में आचार्य रामचन्द्र शुक्ल अपने हिन्दी साहित्य के इतिहास में लिखते हैं कि देश में मुसलमानों का राज्य स्थापित हो जाने के कारण हिन्दू जनता में गौरव, गर्व और उत्साह के लिए अवकाश नहीं रह गया है। उसके सामने ही मन्दिरों को गिराया जाता है, देव मूर्तियाँ तोड़ी जाती हैं, और पूज्य पुरुषों का अपमान होता है और वे कुछ नहीं कर सकते थे।[30]

इस सभी घटनाओं के परिप्रेक्ष्य में देवत्व और मनुष्यत्व के मध्य दूरियाँ बढ़ती जा रही थीं। समाज में समता, स्वतन्त्रता, सहयोग, मर्यादा और प्रभु की प्रतिष्ठा की सम्भावना में जनमानस का विश्वास नहीं रह गया था। तुलसी ने अपने साहित्य में इस समाज को ज्यों-का-त्यों स्वीकार किया है किन्तु इसे आदर्श समाज में परिवर्तित करने का एक सुगमतम मार्ग दिखाया है। उनकी कविता अलंकारशास्त्र के उदाहरण पेश करने के लिए नहीं रची गई, वह प्रेम और आनन्द की नदी की तरह बहती चलती है।[31]

तुलसी ने अपने राम को लोकरंजक सिद्ध करते हुए प्रस्तुत किया कि वे विद्या, धन व पद प्राप्त कर चुके अभिमानियों का निरादर कर दलितों, उपेक्षितों एवं दरिद्रों का आदर करते हैं। तुलसी की विनयपत्रिका में वे बार-बार कहते हैं—

रघुपति रावरि यहै बड़ाई।
निदारि गनी आदर गरीब पर
करत कृपा अधिकाई।

तुलसी के साहित्यिक संग्राम में दीनता, दरिद्रता से सामान्य जनता को स्वतन्त्र कराना प्रमुख है। डॉ. रामविलास शर्मा ने तुलसी को सामन्तवाद का सबसे बड़ा विरोधी बताया है। यह निर्विवाद सत्य है कि साहित्यकार के रूप में स्वतन्त्रता के चेतना का प्रथम उद्‌घोष हिन्दी साहित्य में तुलसी कबीर ने ही किया है। संसार के सभी जीवों को दीन और दुखी देखकर तुलसीदास कहते हैं—

व्यापकु एक ब्रहम अविनासी।
सतचेतन घर आनन्द रासी
अस प्रभु हृदय अछत अविकारी।
सकल जीव जग दीन दुखारी ।
नाम निरूपण नाम जतन तें।
सो प्रगटत जिमि मोल तन से।

अर्थात् एक ही अविनाशी प्रत्येक प्राणी के अन्दर विद्यमान है। फिर भी ये प्राणी दीन और दुखी है। तुलसी और कबीर ने अद्वैत वेदान्त एवं भक्ति का सफल समन्वय किया है। भक्ति और अद्वैत की समरसता के कारण ही तुलसी और कबीर का स्थान भक्ति ही नहीं, अपितु विश्वसाहित्य में उल्लेखनीय है। तुलसी इसी अद्वैत दर्शन के आधार पर प्राणिमात्र की समानता पर जोर देते हैं। तुलसी सामन्त समाज को चुनौती देते हुए कहते हैं कि उनका यह मस्तक किसी भी प्रकार सांसारिक सत्ता के समक्ष नहीं झुकेगा।

रोकिहौं नयन विलोकित औरहिं
सीस ईस हीं नैहौं।

तुलसी विनयपत्रिका में आगे कहते हैं—यदि किसी की श्रीरामचन्द्र के चरणों में प्रीति होती तो दिन-रात वह विपत्तियाँ क्यों सहता?

जो पे रामचरन रति होती।
तौ कत त्रिविध सूल निसिबासर सहते विपति न सोती।
जो श्रीपति महिमा विचारि उर भजते भाव बढ़ाये।
तौ कब द्वार-द्वार कूकर ज्यों फिरते पेट खलाये॥

आज भी भारतीय जनता दीन-हीनता से ग्रस्त है। दुःख इस बात का है कि केवल दलित जनता ही नहीं उच्च शिक्षित एवं उन्नत कहे जानेवाले लोग भी कुत्ते की तरह द्वार-द्वार पर पेट दिखाते हुए मारे-मारे फिर रहे हैं। स्वाभिमानी और स्वावलम्बी लोग अल्पमत में हैं। वे परिस्थितियों से पलायन कर रहे हैं। इस विषय पर रामविलास शर्मा विस्तारपूर्वक कहते हैं कि-तुलसीदास की यह स्थापना साहित्य के प्रति सामन्ती विचारधारा से ही लड़ने में मदद नहीं करती, वह पूँजीवादी, साहित्यिक सिद्धान्तों से भी लड़ने में मार्गदर्शन करती है।[32]

तुलसी की भक्ति का प्रथम उद्देश्य दीनता को समाप्त कर आत्मगौरव

की प्राप्ति कराना है। तुलसी की विनयपत्रिका के पद आज भी प्रासंगिक हैं। तुलसी ने समाज में 'अभय' को पुनः स्थापित किया है। अभय को उद्घोषित करते हुए तुलसी कहते हैं—

तुलसीदास रघुबीर बाहुबल सदा अभय काहू न डरै॥

वस्तुतः वही साहित्यकार महान साहित्य की रचना करता है जो किसी शासक, राजा अथवा सामन्त के अधीन न हो। वह राजसत्ता से अनुदान न प्राप्त कर रहा हो। तुलसी सामाजिक, राजनीतिक और आर्थिक तीनों ही सामन्तवाद के घोर निन्दक हैं। वे घोर समरसतावादी हैं। तुलसी जनजागरण के सर्वश्रेष्ठ कवि हैं। सामाजिक स्वतन्त्रता एवं सामाजिक संगठन इनके साहित्य के मूलभूत तत्त्व है।

तुलसी के समय का सामाजिक यथार्थ जर्जर होती हुई सामन्ती व्यवस्था है। तुलसीदास इस व्यवस्था के रक्षक नहीं हैं। सामन्तों के उत्पीड़न के विरुद्ध उनकी सहानुभूति साधारण जनों और स्त्रियों के साथ है।[33]

तुलसी का साहित्य अपनी समग्रता के कारण अपने विस्तृत फलक पर सार्वकालिक और सार्वदेशिक बन गया है। यह हमें सामन्तवादी जटिलताओं से मुक्ति का मार्ग दिखाता है। तुलसी के साहित्य का महत्त्व साम्प्रदायिकता, संघर्षों को मिटाने, समाज को संगठित करने, भारतीय संस्कृति की रक्षा करने, भारतीय जनता में स्वतः स्वतन्त्र चेतना के साथ आत्मविश्वास जगाने आदि के लिए उल्लेखनीय है। तुलसी की स्वतन्त्र चेतना का उपयोग इनके अनेक परवर्त्ती कवियों ने किया है। इनकी महान स्वाधीनता की परम्परा का अनुसरण कर निराला, प्रसाद, प्रेमचन्द, महादेवी, नागार्जुन, मुक्तिबोध, जैनेन्द्र, रामविलास शर्मा ने अपने पूर्ववर्ती महान साहित्यकार की गौरवशाली चेतना को जीवित रखा है।

नारीविषयक धारणा और नारी स्वतन्त्रता—वस्तुतः किसी कवि अथवा उसकी रचनाओं का अवलोकन सम्यक दृष्टियों से किया जाना चाहिए, जिसमें आधुनिकता के दृष्टिकोण से उसके सामाजिक मानवीय सन्दर्भों के परिवेश का अवलोकन प्रमुख है। कवि एवं उसके साहित्यिक आयामों के प्रति व्यापक दृष्टि रखकर ही उसके साथ न्याय किया जा सकता है।

आलोचना के निष्कर्ष पर दृष्टि जितनी व्यापक, निर्मल एवं पूर्वाग्रहहीन होगी तो विषय का उतना ही अधिक आलोक होगा। तुलसी के नारीविषयक विषय पर विद्वानों के मत दो भागों में विभाजित हो गए हैं। एकमत तुलसीदास को नारी के अनुदार भाव को इंगित करता हुआ कवि को नारी निन्दक सिद्ध करता है। वह इसके अनेक उदाहरण भी प्रस्तुत करता है। साथ ही दूसरा मत नारी के स्वरूप के व्यापक दृष्टिकोण को प्रस्तुत करता है। उसका तर्क है कि नारी के जितने विधिक स्वरूपों को तुलसी ने चित्रित किया है, और नारी चित्रण में तुलसी ने जितनी सहानुभूति नारी पात्रों को दी है उतनी, मध्यकाल के किसी अन्य कवि ने नहीं दी है। डॉ. माताप्रसाद गुप्त नारी-चित्रण में तुलसी को अनुदार सिद्ध करते हुए लिखते हैं—प्रत्येक युग के कलाकार नारी-चित्रण में प्रायः उदार पाए जाते हैं। किन्तु नारी-चित्रण में तुलसीदास बेहद अनुदार हैं। यद्यपि उनकी इस अनुदारता का कारण अब तक रहस्य के गर्भ में छुपा है, पर नारीविषयक उनकी अनुदारता एक ऐसा तथ्य है जिसको अस्वीकार नहीं किया जा सकता।[34] वस्तुतः माताप्रसाद गुप्त जी ने तुलसी कृतित्व, व्यक्तित्व और उनके युग की समेकित, ऐतिहासिक रूप में समीक्षा नहीं की है, बल्कि उनकी समीक्षा एकांगी थी। यही कारण है कि श्री गुप्त को तुलसीदास नारी-निन्दक प्रतीत होते हैं। आचार्य शुक्ल का मत है कि युग व्यापक विराग तथा तप की भावना के कारण तुलसी ने नारी के उस रूप का विरोध किया है जो तप और निवृत्ति में बाधक है।[35] शुक्ल जी के मत का समर्थन कई विद्वानों ने किया है। शुक्ल जी नारी निन्दा के प्रसंगों को अपवाद मानते हैं, और तुलसी पर लगाए जानेवाले आरोप नारी निन्दक को गलत सिद्ध करते हैं। इनकी विचारधारा का समर्थन करते हुए डॉ. रामकुमार वर्मा का मत है, "तुलसी ने नारी जाति के लिए बहुत आदर भाव प्रकट किया है। पार्वती, अनसूया, कौशल्या, सीता, ग्रामवधू आदि की चरित्र रेखा पवित्र और धर्मपूर्ण विचारों से निर्मित हुई है। कुछ आलोचकों का कथन है कि तुलसी ने नारी जाति की निन्दा और उन्हें ढोल गँवार की कोटि में रखा है। परन्तु यदि 'मानस' पर निष्पक्ष दृष्टि डाली जाए तो विदित होगा कि नारी के प्रति भर्त्सना के ऐसे प्रमाण उसी समय उपस्थित किए गए, जब कि नारी ने धर्म-विरोधी आचरण किए।"[36]

यद्यपि औचित्यहीन, अनैतिक, अतार्किक और स्वार्थसम्पन्न नारी आचरण

को तो आज के परिवेश में आधुनिक माने जानेवाले कवियों एवं लेखकों ने भी नकारा है। उदाहरण स्वरूप जयशंकर प्रसाद जैसी नारी के शुभचिन्तक भी ऐसी परिस्थितियों में छलना, मागन्धी, अनन्तदेवी, विजया जैसे नारी पात्रों की घोर भर्त्सना करते हैं। कामायनी में भी वह बुद्धि की प्रतीक इड़ा की उपेक्षा करते हैं, क्योंकि उनके अनुसार अपेक्षित गुणों का अभाव दिखाई देता है। यहाँ गोस्वामी तुलसीदास के नारी निष्कर्ष पर चर्चा करने से पूर्व उनके काव्यादर्शों को समझना अत्यन्त आवश्यक है। इन परिस्थितियों में तुलसी के पूर्व एवं पश्चात् दोनों ही कवियों ने अपने आश्रयदाताओं को प्रसन्न करने में ही अपनी समस्त ऊर्जा लगा रखी थी। वहीं गोस्वामी जी बिना किसी लाग-लपेट के कहते हैं—

कीन्हें प्राकृत जन गुन गाना।
सिर धुनि गिरा लगत पछिताना॥
हृदय सिन्धु मति सीप समाना।
स्वाति सारदा कहहिं सुजाना॥

सांसारिक मनुष्यों का गुणगान करने से सरस्वती जी सिर धुनकर पछताने लगती हैं (कि मैं क्यों इनके बुलाने पर आई)। बुद्धिमान लोग हृदय को समुद्र, बुद्धि को सीप और सरस्वती को स्वाति नक्षत्र के समान कहते हैं।[37]

महात्मा, समाजसेवी यदि किसी कुकृत्य अथवा समाज विरोधी कार्य पर चाहे स्त्री हो या पुरुष हो, तो उसकी भर्त्सना को राग-द्वेष से प्रेरित न मानकर, उसके सकारात्मक प्रभाव को मानना चाहिए। यदि कुलटा-व्यभिचारिणी, स्वार्थान्ध स्त्री की निन्दा गोस्वामी जी करते हैं—तो इसे लोकमांगलिक दृष्टि से देखा जाना उचित होगा। तुलसी अपने मानस में कई स्थानों पर नारी की निन्दा सम्बन्धी उक्तियाँ प्रस्तुत करते हैं, किन्तु प्रसंग एवं सन्दर्भ को समझे बिना ही उन पर नारी निन्दक का आरोप लगाना उचित नहीं होगा।

अनेक साहित्यालोचकों का कथन है, तुलसीदास ने नारी के साथ न्याय नहीं किया है। तुलसीदास के 'रामचरितमानस' तथा अन्य ग्रन्थों के विभिन्न प्रसंगों में, ऐसी अनेक उक्तियाँ हैं जो किसी भी देश-काल की नारी, के प्रति किसी रूप में भी न्याय नहीं करती है। उन्होंने नारी की प्रकृति, उसके चरित्र, बुद्धि-विवेक, आचार-व्यवहार सभी की निन्दा की है।[38] यह भी कहा जाता

है कि उन्होंने नारी को पशुओं की श्रेणी में रखा है किन्तु ये सभी कथन हमारे अध्ययन की गम्भीरता को सूचित नहीं करते। वास्तविकता तो यह है कि नारी को सम्मान, प्रतिष्ठा और महत्ता के जिस आलीशान प्रसाद को उन्होंने प्राप्त किया है, वह अपने आप में सर्वोत्कृष्ट है। यदि हम विचारपूर्वक देखेंगे तो नारी तुलसी के जीवन की प्रेरणास्त्रोत रही है। उसी के प्रति अपमान और उसका तिरस्कार की भावना तुलसी जैसा विनम्र कृतज्ञ व्यक्ति कैसे रख सकता है? सीता, अनसूया आदि बीसों नारियों के उज्जवल चरित्र से अपनी लेखनी को पवित्र करते हुए तुलसीदास नारी के अधिकार का नारा बुलन्द करते हैं। तुसलीदास अपने समाज में व्याप्त नारी की पराधीनता के प्रति अत्यन्त द्रवित होते हैं और यह देखकर कराह उठते हैं—

"कतबिधि सृजी, नारि जग माही।
पराधीन सपनेहु सुख नाही॥"

भारतीय नारी की यह व्यथा मूलतः बड़ी ही कारुणिक है। नारी जीवन भर कष्ट झेलती है, नारी जाति के लिए इतना बड़ा सहानुभूतिपूर्वक दृष्टिकोण और क्या हो सकता है।[39] वाल्मीकि आदि के द्वारा चलाई जा रही परम्परा को तोड़ते हुए तुलसीदास ने बहुविवाह की कुप्रथा को समाप्त करते हुए दशरथ की केवल तीन रानियाँ बताई हैं, न कि तीन सौ पचास। तुलसी पुरुष को नारी के प्रति निष्ठावान एवं नारी को पुरुष के प्रति निष्ठावान बनाने का प्रयत्न करते हैं। इन स्थितियों को देखकर तुलसीदास अति प्रसन्न होते हैं—

धन्य सो डारि देष जहाँ सुरधारी
धन्य सो डारि पतिव्रत अनुसारी॥

इसलिए जो महात्मा सहृदयता का भंडार है और वह सम्पूर्ण सृष्टि को रामसियामय नहीं अपितु सियाराममय देखता है। अर्थात् जो राम से पहले सीता, शंकर से पहले भवानी का नाम लेता है, माता कौशिल्या को प्राची दिशा के समान मधुर आलोकमयी मानता है, अनसूया, ऋषितुल्या, सुमित्रा, मन्दोदरी को शुभचरित्र सिद्ध करता है, भला वह नारी का निन्दक कैसे हो सकता है? यहाँ यह तर्क देना कि उक्त सभी नारी चरित्र राम की प्रशंसिका है, उनसे निकट सम्बन्ध है, इसीलिए तुलसी ने उन पात्रों की प्रशंसा की है, तो इससे भी कोई अन्तर नहीं पड़ता। राम तो मर्यादा के, सत्य के, सौन्दर्य के, पवित्रता के प्रतिरूप हैं। राम मानवीय कल्पना के प्रत्येक अवयव के

सगुण साकार स्वरूप हैं। इन परिस्थितियों में तुलसी यदि राम की और राम से विमुख की प्रशंसा करते हैं और राम से विमुख पात्रों की निन्दा करते हैं तो यह कहीं भी, कभी भी अनुचित नहीं है। तुलसी नारी की मर्यादा तथा पवित्रता के कितने बड़े रक्षक हैं, यह तो मात्र इसी बात से सिद्ध हो जाता है कि उनके राम बालि का वध नारी का अपमान करने के कारण ही कर दते हैं। उनकी स्पष्ट उक्ति है—

"अनुज बधू भगिनी सुत नारी।
सुनु सठ कन्या सम ये चारी॥
इन्हई कुदृष्टि बिलोकइ जोई।
ताहि बधे कछु पाप न होई॥
मूढ़ तोहि अतिसय अभिमाना।
नारि सिखावन करसि न काना॥"

तुलसी के मानस प्रसंगों में यदि कौशल्या दशरथ के आदेश को निरस्त करती है तो यहीं पर तुलसी के समाज में स्त्रियों के सम्मानित होने का प्रमाण प्राप्त हो जाता है। पार्वती और सीता अपार शक्तियों को धारित करनेवाली नारी तुलसीदास के इन सभी साक्ष्यों पर विचार करने पर किस प्रकार इनको नारी निन्दक की संज्ञा दी जा सकती है। इस सन्दर्भ में बहुआयामी दृष्टिकोण के साथ सोचने की आवश्यकता है। तुलसी के विचारों पर व्यापक दृष्टि डालने पर नारी के प्रति गहरे सम्मान का भाव है। वे नारी की सामाजिक भूमिका का विस्तृत अध्ययन करते हैं। उन्होंने अपने साहित्य में अनेक नारी पात्रों के उत्कृष्टतम चरित्र को आलोकित किया है।

अनेक तर्कों एवं मतों से यह स्पष्ट होता है कि तुलसी ने नारी जाति को आदर और श्रद्धा का पात्र माना है। उनके काव्य में नारी के सच्चरित्रों का सुन्दर अंकन हुआ है। उनके काव्य में नारी की निन्दा वहीं पर हुई है जहाँ नारी ने धर्मविरुद्ध अन्यायपूर्ण आचरण किया है।

कलियुग की विसगंतियों से स्वतन्त्रता—तुलसी अपनी युगीन विसंगतियों के कारण अपने समाज का नामकरण कलियुग करते हैं। भारतीय जनजीवन में मूल्यों का पतन कलियुग की ही देन है। यह समाज साम्प्रदायिक विद्वेष, जातिगत कट्टरता और सांस्कृतिक संघर्ष से पीड़ित था। यही कारण है कि तुलसी का तत्कालीन समाज के प्रति निराशावादी दृष्टिकोण है। इस काल में

अकबर का दरबार सामन्तीय जीवन और सामन्तीय संस्कृति का प्रतीक था और वहीं तुलसी का साहित्य सामाजिक समरसता का द्योतक था। इन परिस्थितियों में यहाँ की सामाजिक व्यवस्था में अनेक द्वन्द्व गतिमान थे। सामाजिक अस्थिरता के ऐसे वातावरण में शासन के पदाधिकारी सामान्य जनता के प्रति निरंकुश, भ्रष्टाचारी और क्रूर थे। वे किसानों का शोषण करते थे क्योंकि राजा को सामन्तों से एक-तिहाई कर लेना अनिवार्य था। सामन्तों को भी अपनी शान-शौकत एवं विलासितापूर्ण जीवनयापन के लिए धन की आवश्यकता थी। इन सभी आवश्यकता की पूर्ति के लिए किसान ही सबसे बड़ा स्रोत था। किसानों के द्वारा भूमि का उपयोग कर कृषि की जाती थी। अतः कृषि योग्य भूमि ही इस कलियुग की सामन्तीव्यवस्था की धुरी है। राजाओं और बड़े सामन्तों ने इस भूमि पर अपना स्वामित्व बना रखा था, और किसानों का इस पर अस्थायी स्वामित्व था।

तुलसी ने अपने विकृत, विसंगत एवं अभावग्रस्त समाज को बड़े समीप से देखा था और गहनता से इसका अध्ययन किया था। उन्होंने उपेक्षित और अभावग्रस्त लोकजीवन की व्यथा व्यक्त करते हुए लिखा है—

किसबी किसान कुल बनिक भिखारी भाट,
चाकर चपल नट चोर चार चेटकी।
पेट को पटत गुन गढ़त चढ़त गिरी,
अट्त वाहन-गन अहन अखेट की।
ऊँचे नीचे करम धरम अधरम करि,
पेट ही को पचत बेचत बेटा बेट की।
तुलसी बुझाइ एक राम घनस्याम ही तें
आगि बड़वागि तें बड़ी है आगि पेट की।

किसान, मजदूर, भिखारी, भाट, चाकर, नट, चोर, दूत, जादूगर सभीअपने पेट के लिए ही विभिन्न विद्या सीखते हैं। पहाड़ चढ़ते हैं, जंगलों में घूम-घूमकर शिकार करते हैं। लोग बड़े-बड़े करम-धरम करते हैं यहाँ तक कि वे पेट के लिए अपना बेटा-बेटी भी बेच देते हैं। कलियुग में व्याप्त यह पेट की आग जंगल की आग से भी भयंकर है। तुलसी स्पष्ट करते हैं कि इस आग को केवल रामरूपी घनश्याम (बरसनेवाला बादल) ही बुझा सकते हैं। तुलसी कलियुग

अर्थात् अपने ऐतिहासिक काल की जनता की पीड़ा और यातना की कविता तो लिखते ही हैं किन्तु साथ-साथ उसके सामाजिक आधार को तहस-नहस नहीं करते हैं। 'परिवार' एवं 'राज्य की नई धुरियों में उसका पवित्रीकरण एवं मर्यादीकरण कर डालते हैं। सामाजिक प्रगति के प्रति यही उनका द्वन्द्वात्मक नजरिया रहा।[40]

सम्पूर्ण साहित्य जगत में तुलसी का शासनव्यवस्था के प्रति अलग दृष्टिकोण है। यह दृष्टिकोण भिन्न और जटिल भी है। तुलसी ने राम और रामभक्त को केवल प्रतिसत्ता के रूप में नहीं प्रस्तुत किया बल्कि प्रतिचिन्तन के रूप में निरूपित किया। इतिहास और राजनीति में सत्ता पर पूर्ण अधिकार ही राजा का एकमात्र लक्ष्य होता है। प्रायः यह कहा जाता है कि भक्ति आन्दोलन एक धार्मिक आन्दोलनमात्र था। यदि यह केवल धार्मिक आन्दोलन होता तो यहाँ तत्कालीन सृजनात्मकता का इतना गहरा प्रभाव नहीं दिखाई देता। न तो ऐसे रचनाकार हमें प्राप्त होते। तुलसी ने अपने राज्य के उपयुक्त 'काल' दृष्टि का निर्माण किया है। तुलसी ने साम्राज्य के उपयुक्त रंगमंच में 'काल' की दृष्टि से प्रतिभाग लिया लेकिन देश की दृष्टि से उन्होंने हिन्दू प्रजा के समाज का भावनात्मक इतिहास लिखा जो धार्मिक, आर्थिक, नैतिक, आध्यामिक संस्थाओं में मुखर हो रहा है।[41]

श्रीरामचरितमानस के उत्तरकांड में तुलसी अपनी युगीन समस्याओं को कलियुग के रूप में प्रस्तुत करते हुए उसका सर्वग्राही समाधान दिया है। सम्पूर्ण भक्तिकाल की प्रमुख समस्याएँ ज्ञान, वैराग्य, योग, विज्ञान, जप, तप यज्ञ की हैं। मानवीय दृष्टि से यह सभी अवयव सकारात्मक हैं किन्तु एक सामान्य मनुष्य के दृष्टिकोण से यहाँ जो संकल्पबद्धता, अनवरता, निष्ठा, शुचिता आदि जीवन-शैली के लिए सब आवश्यक भी नहीं हैं।

भक्ति के लिए केवल आराध्य के प्रति भावनात्मक एवं रागात्मक समर्पण आवश्यक है और इस भावनात्मक व रागात्मक समर्पण के लिए केवल मन की निर्मलता चाहिए जाति-पाँति, धर्म, व्रत, संयम आदि कुछ भी नहीं।

जदपि रहेऊँ रघुपति राजधानी।
तदपि न कुछ महिमा तब जानी॥
अवध प्रभाव जान तब प्रानी।

जब उर बसहिं रामुधनुपानी॥
सो कलिकाल कीन्ह उरगारी।
पाप परायन सब नर नारी॥

तुलसी का कलियुग वर्णन रघुपति अर्थात् श्रीराम की राजधानी 'अयोध्या' का है। यह राजधानी अयोध्या उच्च आध्यात्मिकता तथा श्रेष्ठतम आर्य मूल्यों का केन्द्र है। उसकी आध्यात्मिक विपन्नता और वहाँ कलियुग का कुप्रभाव तुलसी के युग एवं तत्कालीन समाज के अध:पतन का प्रतीक है। अयोध्या के समान ही देश के अन्य धार्मिक स्थलों की दुर्दश का वर्णन तुलसी ने कलिकाल वर्णन में किया है। कलि वर्णन के अन्तर्गत तुलसी जिन मानवीय मूल्यों के पतन की ओर संकेत करते हैं, उनमें उनके युगीन यथार्थ अधिक सम्पृक्त हैं। स्वर्ण आभूषणों से अलंकृत साधु समाज तथा अनेक अभियुक्तियों को धारण किए हुए कनफटे योगी, नाना प्रकार के पन्थों को स्थापित करनेवाले साधुजन, विषाल जटाओं से युक्त साधु समाज यह सब तुलसी के युग का धार्मिक पाखंड था। इन्हीं को समाज का पथ-प्रदर्शक माना जाता था। इनके पाखंडपूर्ण आचरण से समाज पद भ्रष्ट होता जा रहा था। सभी अपनी इच्छा के अनुसार जीवन आचरण की विधियाँ तैयार करने में लगे हुए थे।

तुलसी अपने रचनाकर्म के माध्यम से इन सभी कलियुगीन विसंगतियों से समाज को मुक्त कराने का संकल्प धारण करते हैं। श्रीरामचरितमानस के उत्तरकांड का कलि वर्णन समाज द्वारा परम्परावाद के प्रति हो रहे विद्रोह को भी इंगित करता है। तुलसी के अनुसार उनका समाज घोर कलयुग में स्थित है।[42]

भक्ति आन्दोलन मुख्यत: जन आन्दोलन है और पुराणों की रचना इस जन आन्दोलन की स्वीकृति के लिए हुई है। पुराणों के साथ-साथ भक्ति भाव की सार्थकता समाज के लिए और अधिक उपयोगी सिद्ध होती है। कलिकाल वर्णन की सार्थकता, लोकयथार्थ के सही एवं सटीक वर्णन में है। तुलसी अपने कलि वर्णन में परम्परा में कथित यथार्थ के कुत्सित तथा वीभत्स स्वरूप को प्रस्तुत करते हैं।

लोक मर्यादा का उल्लंघन, समाज की व्यवस्था का तिरस्कार,

अनाधिकार चर्चा, भक्ति और साधुता का मिथ्या दम्भ, मूर्खता छिपाने के लिए वेदशास्त्र की निन्दा आदि बातें थीं जिनसे गोस्वामी जी की अन्तरामा बहुत व्यथित हुई।[43]

अपने समाज की यथार्थयुक्त मानवीय संवेदनाओं से जुड़ा उनका कलिकाल वर्णन उनकी सामाजिक प्रतिबद्धता को और अधिक शक्तिशाली बना देता है। यह यथार्थवादी वर्णन तुलसी को लोक कवि बना देता है। तुलसी अपने सामाजिक, नैतिक सत्य को प्रस्तुत करते हैं। वह मानवीय पीड़ा का अन्त करने का मार्ग दिखाते हैं। तुलसी अपने समाज के समकालीन संकट को अनेक रूपों में व्यक्त करते हुए लिखते हैं—

ब्रह्म ग्यान बिनु नारि नर कहहिं न दूसरि बात।
कौड़ी लागि लोभ बस करहिं बिप्र गुरु घात॥

गोस्वामी तुलसीदास के कलि वर्णन में सामाजिक विषमता को दूर करने का एकमात्र साधन भक्ति था। भक्तिकाल के कवियों खासकर तुलसी ने भक्ति का एक ऐसा मंच तैयार किया है जहाँ पहुँचने पर सामाजिक विषमता पूर्णतः समाप्त हो जाती है। तुलसी कलियुग के वर्णन के द्वारा समाज की धार्मिक-सामाजिक विसंगतियों को दूर करने का एक सर्वसुलभ एवं लोकप्रिय माध्यम खोजते हैं—वह है भक्ति।

कलियुग की सबसे बड़ी विसंगति है कि यहाँ बार-बार अकाल पड़ता है। लोग अन्न के अभाव में मर रहे हैं। धर्म, कर्म, यज्ञ करने के बाद भी देव जल वर्षा नहीं करते हैं, बीज बोने पर भी धरती पर धान नहीं उगता है। लोग धनहीन, दुखी और रोगों से पीड़ित हैं—

कलि बारहिं बार दुकाल परै।
बिनु अन्न दुखी सब लोग मरैं॥
नर पीड़ित रोग न भोग कहीं।
अभिमान विरोध अकारनहीं॥

स्वयं आँखों देखे कलियुगीन समाज का वर्णन तुलसी ने जमकर किया है। कवितावली में 'कलियुग वर्णन' नाम से जो अंश है वह तो है ही, अकाल वर्णन, महामारी वर्णन भी है। इन प्रभावों में तुलसी का समाज विषमताग्रस्त हो जाता है। तुलसी के सामाजिक समाज में सिर्फ कलियुग ही नहीं था, रामराज्य की स्थापना करनेवाले तत्त्व भी थे। तुलसी ने रामराज्य की संकल्पना के

द्वारा समाज में व्याप्त दुखों एवं विसंगतियों को समाप्त करने का प्रयास किया है।[44]

सन्दर्भ

1. हिन्दी साहित्य का वृहत इतिहास—पंचम भाग—भक्तिकाल (सगुण भक्ति) नागरी प्रचारिणी सभा, वाराणसी, पृष्ठ 303
2. रामविलास शर्मा—परम्परा का मूल्यांकन—तुलसी के सामन्त विरोधी मूल्य, राजकमल प्रकाशन, नई दिल्ली, पृष्ठ 82
3. हिन्दी साहित्य का वृहत इतिहास—पंचम भाग—भक्तिकाल (सगुण भक्ति) नागरी प्रचारिणी सभा, वाराणसी, पृष्ठ 302
4. वही पृष्ठ 303
5. मोहन अवस्थी—हिन्दी साहित्य का विवेचनापरक इतिहास, वाणी प्रकाशन, नई दिल्ली, पृष्ठ 127
6. आचार्य रामचन्द्र शुक्ल तुलसीदास, प्रकाशन संस्थान, नई दिल्ली, पृष्ठ 29
7. डॉ. रामकुमार वर्मा हिन्दी साहित्य का आलोचनात्मक इतिहास, लोकभारती प्रकाशन, इलाहाबाद, पृष्ठ 425
8. आचार्य हजारी प्रसाद द्विवेदी हिन्दी साहित्य का उद्‌भव और विकास, राजकमल प्रकाशन, नई दिल्ली, पृष्ठ 125
9. डॉ. नगेन्द्र – तुलसी संदर्भ, वाणी प्रकाशन, नई दिल्ली, पृष्ठ 17
10. वहीं पृष्ठ 14
11. योगेन्द्र प्रताप सिंह जन-जन के कवि तुलसीदास, वाणी प्रकाशन, नई (दिल्ली, पृष्ठ-39 व 40
12 आचार्य हजारीप्रसाद द्विवेदी—अजस्त्र प्रेरणा का स्त्रोत श्रीरामचरितमानस (निबन्ध), लोकभारती प्रकाशन, इलाहाबाद, पृष्ठ 90
13. विजयेन्द्र स्नातक हिन्दी साहित्य का इतिहास, साहित्य अकादमी, नई दिल्ली, पृष्ठ 68
14. रमेश कुन्तल मेघ तुलसी आधुनिक वातायन से, राधाकृष्ण प्रकाशन नई दिल्ली, पृष्ठ 154
15. विजयेन्द्र स्नातक—हिन्दी साहित्य का इतिहास, साहित्य अकादमी, नई दिल्ली, पृष्ठ 68
16. हिन्दी साहित्य का वृहत इतिहास—पंचम भाग, भक्तिकाल (सगुण भक्ति) नागरी प्रचारिणी सभा, वाराणसी, पृष्ठ 307

17. रमेश कुन्तल मेघ—तुलसी आधुनिक वातायन से राधाकृष्ण प्रकाशन, नई दिल्ली, पृष्ठ 152
18. हिन्दी साहित्य का वृहत इतिहास पंचम भाग—भक्तिकाल सगुण भक्ति) नागरी प्रचा रिणी सभा, वाराणसी, पृष्ठ 306
19. वही पृष्ठ 307
20. तुलसीदास—उ0 प्र0 हिन्दी संस्थान, पृष्ठ 42
21. रमेश कुन्तल मेघ—तुलसी आधुनिक वातायन से राधाकृष्ण प्रकाशन, नई दिल्ली, पृष्ठ 160
22. डॉ. रामकुमार वर्मा हिन्दी साहित्य का आलोचनात्मक इतिहास, लोकभारती प्रकाशन, इलाहाबाद, पृष्ठ 418
23. रमेश कुन्तल मेघ—तुलसी आधुनिक वातायन से राधाकृष्ण प्रकाशन (नई दिल्ली, पृष्ठ 108
24. विश्वनाथ त्रिपाठी—लोकवादी तुलसीदास, राधाकृष्ण प्रकाशन, नई दिल्ली, पृष्ठ 101
25. वही पृष्ठ 104
26. रामविलास शर्मा परंपरा का मूल्यांकन—तुलसी के सामन्त विरोधी मूल्य, राजकमल प्रकाशन, नई दिल्ली, पृष्ठ 75
27. वही पृष्ठ 88
28. रमेश कुन्तल मेघ तुलसी आधुनिक वातायन से राधाकृष्ण प्रकाशन नई दिल्ली, पृष्ठ 112
29. रामविलास शर्मा परंपरा का मूल्यांकन तुलसी के सामन्त विरोधी मूल्य, राजकमल प्रकाशन, नई दिल्ली, पृष्ठ 87
30. आचार्य रामचन्द्र शुक्ल—हिन्दी साहित्य का इतिहास, लोकभारती प्रकाशन, इलाहाबाद, पृष्ठ 39
31. रामविलास शर्मा परंपरा का मूल्यांकन—तुलसी के सामन्त विरोधी मूल्य, राजकमल प्रकाशन, नई दिल्ली, पृष्ठ 87
32. वही, पृष्ठ 87
33. वही, पृष्ठ 88
34. डॉ. माताप्रसाद गुप्त—तुलसीदास, लोकभारती प्रकाशन, इलाहाबाद पृष्ठ—307
35. आचार्य रामचन्द्र शुक्ल—तुलसीदास, प्रकाशन संस्थान, नई दिल्ली. पृष्ठ 31
36. डॉ. रामकुमार वर्मा—हिन्दी साहित्य का आलोचनात्मक इतिहास, लोकभारती प्रकाशन, इलाहाबाद, पृष्ठ 494
37. हनुमान प्रसाद पोद्दार—श्रीरामचरितमानस टीका, गीता प्रेस, गोरखपुर,—पृष्ठ 15
38. डॉ. नगेन्द्र—तुलसी संदर्भ, वाणी प्रकाशन, नई दिल्ली, पृष्ठ 17

39. योगेन्द्र प्रताप सिंह—श्रीरामचरितमानस प्रथम सोपान—बालकाण्ड, लोकभारती प्रकाशन इलाहाबाद, पृष्ठ 162
40. रमेश कुन्तल मेघ—तुलसी आधुनिक वातायन से, राधाकृष्ण प्रकाशन नई दिल्ली, पृष्ठ 111
41. वही, पृष्ठ 100
42. वही, पृष्ठ 111
43. आचार्य रामचन्द्र शुक्ल—तुलसीदास, प्रकाशन संस्थान, नई दिल्ली, पृष्ठ 28
44. विश्वनाथ त्रिपाठी—लोकवादी तुलसीदास, राधाकृष्ण प्रकाशन, नई दिल्ली,—पृष्ठ 94

भक्तिकालीन अन्य कवि और रीतिकालीन साहित्य में देशज आधुनिक मूल्य

सूरदास के काव्य में देशज आधुनिक मूल्य

हिन्दी साहित्य के भक्तिकाल में सन्तकाव्य, रामभक्ति काव्य के साथ-साथ कृष्णभक्ति काव्य में आधुनिकता का भाव लोकजीवन के रूप में अवश्य दिखाई देता है। सूरदास के पदों में विसंगतियों साथ टकराहट युक्त ब्रज की लोकसंस्कृति के सजीव चित्र दिखाई देते हैं। इस लोक-संस्कृति के वर्णन में अनेक मानवीय मूल्यों का समावेशन द्रष्टव्य होता है। सूर के पदों का प्रतिपाद्य प्रत्यक्ष न होकर अप्रत्यक्ष था। भाक्तिकाल में प्रेमभक्ति धारा प्रवाहित हुई जिससे प्रेरणा लेकर भारतीय जनता ने अपने कष्टों को दूर किया। साहित्य का यह स्वरूप गौरवाशाली है और यह भारतीय साहित्य विशेषकर हिन्दी साहित्य इसी गौरव की परिपाटी को प्रदर्शित करता है।

सूरदास के काव्य का वर्ण्यविषय भगवान श्रीकृष्ण की रसवतीलीला, ब्रज की लोकसंस्कृति एवं गोपियों का जीवन है। कवि ने ऐसे कालजयी साहित्य का सृजन किया है जो सम्पूर्ण साहित्य जगत की अमूल्य निधि है। सूरदास भारतीय साहित्य के सर्वाधिक महत्त्वपूर्ण रत्नों में हैं। जिस प्रसंग को उन्होंने अपने वक्तव्य का विषय बनाया उसके साथ पूर्ण न्याय किया है।[1]

सूरदास के काव्य का विषय ब्रज की लोकसंस्कृति है। किसी भी समर्थ और संवेदनशील समाज के अस्तित्व का सर्वाधिक पुष्ट प्रमाण वहाँ की लोकसंस्कृति होती है जो लोकसाहित्य के माध्यम से अभिव्यक्त होती है। ब्रज की समृद्ध लोकसंस्कृति इसी तथ्य को अभिप्रमाणित करती है। ब्रज-लोक साहित्य की दो मुख्य विशेषताएँ हैं जो इसे गौरवशाली बनाने का कार्य करती हैं। पहली विशेषता स्वयं ब्रजभाषा है और दूसरी इसमें व्याख्यायित योगेश्वर श्रीकृष्ण का जीवन-चरित्र एवं उनकी लीलाओं का विवेचन है।

यही विशेषताएँ ब्रज के लोकसाहित्य को विशिष्ट श्रेणी प्रदान करती है। ब्रज-वासियों का सम्पूर्ण जीवन कृष्णमय होने के कारण उनकी हर सोच में श्रीकृष्ण सहज और स्वाभाविक रूप से उपस्थित रहते हैं।

सूर के कृष्ण निर्गुण-सगुण के अतिरिक्त लोकरंजक हैं। इसका सर्वप्रमुख कारण है कि सूर के साहित्य में महाभारत प्रसंग गौण है , श्रीकृष्ण की लीलाओं की प्रधानता है। सूर साहित्य का गोवर्धन प्रसंग लोकरंजक के साथ-साथ लोकरक्षक भी है। सूर ने श्रीकृष्ण के नए व्यक्तित्व का उद्घाटन किया है। सम्पूर्ण भक्तिकाल ही लोकजीवन के धरातल पर उपजा है। यह तत्कालीन सामन्ती समाजों से टकराकर भी अपने पथ से विचलित नहीं होता है। अलग-अलग कवियों ने अपनी संवेदना और सामाजिक चेतना के आधार पर इसे ढाला है।

अनेक कवियों द्वारा अलग-अलग मार्ग पर चलने के बाद भी सभी का गन्तव्य मानव कल्याण ही है। सूर के कृष्ण के भी कई अलग-अलग रूप हैं किन्तु सराहनीय यह है कि सौन्दर्य चित्रण, रूपांकन, प्रेमभाव, लीला के साथ-साथ सामाजिकता को भी प्रमुख स्थान दिया है। इसी सामाजिक चेतना को लोकधर्म भी कहा जाता है। सूर की सामाजिकता और लोकरंजकता को स्पष्ट करते हुए प्रो. मैनेजर पांडेय लिखते हैं—सूर की कविता अपने समय के समाज के पीछे चलने या उसकी आलोचना करने के स्थान पर उस सामन्ती समाज की व्यवस्थाओं, संस्थाओं और रूढ़ियों के दमनकारी प्रभावों का निषेध करती हुई एक ऐसे समाज की रचना करती है जिसमें लोक और शास्त्र के बन्धन से स्वतन्त्र मानवीय भावों और मानवीय सम्बन्धों का सहज स्वाभाविक विकास हुआ है।[2]

अन्य भक्तिकालीन कवियों की अपेक्षा सूर की सामाजिकता का स्वर भिन्न है। वे सामन्ती मान्यताओं नियमों एवं मूल्यों का विरोध बिलकुल अलग ढंग से करते हैं। सूर के व्यक्तित्व में आक्रामकता ढूँढ़ना तो बेईमानी है, क्योंकि सामाजिक कुरीतियों एवं विसंगतियों का वे प्रत्येक्ष (सीधा) विरोध नहीं करते दिखाई देते हैं। वे निषेध के द्वारा सांकेतिक (अप्रत्यक्ष) विरोध की पद्धति का अनुसरण करते हैं। समाज में दीर्घकाल से चली आ रही राजवंशी नायक परम्परा को वे तोड़ते अथवा अस्वीकार करते हैं, साथ ही अपने साहित्य में गौचारक, पशुपालक, यदुवंशी श्रीकृष्ण को अपना नायकत्व

सौंपते हैं। सूर साहित्य का यह तथ्य स्पष्ट करता है कि समाज में व्याप्त ऊँच-नीच युक्त सामन्तवाद का विरोध यहाँ विद्यमान है। यह साहित्य में सामन्ती वर्चस्व को कदापि स्वीकार नहीं करता है। यही कारण है कृष्ण जब प्रजा को पीड़ा पहुँचानेवाले कंस का वध करते हैं और मथुरा के राजा बन जाते है तो सूर की गोपियों का उनके प्रति स्नेह भी कम हो जाता है। सूरदास इस स्थिति को स्पष्ट रूप से गाते हैं—

"हमसौं उनसौ कौन सगाई
हम अहीर अबला वै जदुपति जदुराई।
ऐसे भए उहाँ जादौपति गए गोप बिसराई॥"

सूरदास के साहित्य में लोकतान्त्रिक व्यवस्था के लिए संघर्ष नहीं दिखाई देता है, क्योंकि तत्कालीन सामाजिक अवधारणा में यह अकल्पनीय था लेकिन यहाँ जनतान्त्रिक मूल्यों के निरूपण का प्रयास अवश्य किया गया है। सूर का भ्रमरगीत ज्ञान और भक्ति की प्रतिस्पर्धा का काव्य है। साथ ही उसमें एक और अनेक के प्रति भी स्पर्धा दिखाई देती है जिसमें एक उद्धव को अनेक गोपियों से पराजित होते भी देखा गया है। यहाँ गोपियों के रूप में सूरदास लोकतान्त्रिक व्यवस्था को स्थापित करने का कार्य करते हैं। बहुसंख्यक गोपियाँ अकेले उद्धव को संवाद में हरा देती हैं। यहाँ गोपियों की स्वतन्त्रता के द्वारा यह मूल्य स्थापित किया गया है। गोपियाँ स्वतन्त्र हैं, अत: वह समता की उपभोग करती हैं। यहाँ जो स्वतन्त्रता पुरुषों को प्राप्त है वही स्त्रियों को भी प्राप्त है। यह स्वतन्त्रता और समानता केवल साहित्य का विषय नहीं है अपितु इसे गोपियों के आचरण एवं व्यवहार में देखा जा सकता है।

सूरदास के समाजदर्शन और भक्तिदर्शन को समेकित रूप में देखना उचित होगा। सूर का सामाजिक यथार्थ कोई वृत्तान्त नहीं है अपितु उनका ध्यान पूर्णरूप से ब्रज के लोकजीवन पर केन्द्रित है। कृष्ण, राधा, गोपिकाएँ एवं ग्वालबाल इस लोकजीवन की धुरी हैं। सूर ने सामन्ती, राजशाही व्यवस्था को तिरस्कृत करते हुए एक वैकल्पिक काव्य स्वप्न की परिकल्पना की जो उनके समाजदर्शन को स्वरूप प्रदान करती है। इस समाजदर्शन का उच्चतम धरातल भक्तिदर्शन है। सूरदास ने बल्लभ सम्प्रदाय में दीक्षित होकर रागानुरागी भक्ति का पालन किया है, किन्तु शास्त्र की सीमाओं को लाँघकर

इन्होंने अपने काव्य को संवेदनात्मक स्वरूप प्रदान किया है। साथ ही अपने चरित्रों के माध्यम से उन्हें प्रमाणित भी किया है। सूर ने श्रीमद्‌भागत की प्रेरणा को स्वीकार किया है। उन्होंने राधा की जो प्रेममयी व करुणामयी प्रतिमा गढ़ी वह हर दृष्टि से अप्रतिम है। वह रूपभाकर्षण निर्मल मन, समर्पण और त्याग से युक्त है। वह कृष्ण की नित्य प्रिया हैं, चिरन्तन प्रिया हैं, राधा को कृष्ण की आह्लादिनी शक्ति कहा जाता है। वियोग में राधा का व्यक्तित्व अपनी पूर्ण दीप्ति पर पहुँचता है। सूरदास के उद्धव कहते हैं—

उमंगि चले दोऊ नैन विशाल,
सुनि सुनि यह सन्देस स्यामघन।
सुमिरि तुम्हारे गुन गोपाल॥

सूर साहित्य में राधा प्रेम की सर्वोत्तम प्रतिमान हैं जो मध्यकाल के भौतिक प्रेम का पूर्ण निषेध करती हैं। इसीलिए राधाकृष्ण एक साथ स्वीकृत हुए और राधावल्लभ नामक सम्प्रदाय का निर्माण हुआ। राधा गोपिकाओं की परिकल्पना सूर ने उदात्त प्रेम रूप में की है और यशोदा को वात्सल्य की प्रतिमूर्ति बनाया है। यहाँ यह प्रेम राधा और गोपियों की ओर से एकपक्षीय नहीं है अपितु श्रीकृष्ण भी इसमें बराबर के सहयोगी और साझीदार हैं।, सूर की कृष्णकथा का पूरा वृत्त सार्थकता प्राप्त करता है। गोवर्धन पूजा से यह प्रमाणित होता है कि बैकुंठ यहीं है, जहाँ श्रीकृष्ण मनुष्य के रूप में लीलाएँ करते हैं। समस्त ब्रजसमाज, ब्रजसभ्यता भयरहित एवं पूर्ण सुरक्षित है। जिस सहजता और अकुंठित भाव से सूर अपने मन्तव्य को उदात्त प्रेम-भाव के माध्यम से प्रतिपादित करने में सक्षम होते हैं, उसे वे यहाँ अपार जन समुदाय का समर्थन भी पा गए हैं। इनके पद जन-जन के कंठ में प्रवेश पा गए हैं। श्रीकृष्ण की जनप्रयिता के विषय में प्रो. मैनेजर पांडेय लिखते हैं। कृष्ण का मानवीय रूप इतना विकसित है कि उसका ईश्वरत्व से भेद दिखाई देता है। कृष्ण का मानव व्यक्तित्व अत्यन्त वैविध्यपूर्ण, समृद्ध और आकर्षक है, वे अपने युग के सम्पूर्ण मानस लोक के आकर्षण के केन्द्रबिन्दु सिद्ध होते हैं।[3]

पुष्टिमार्गीय भक्ति की सारी विशेषताएँ सूरदास के काव्य में पाई जाती हैं। प्रेमलक्षणा भक्ति को अभिव्यक्ति प्रदान करने में सूरदास अष्टछाप के अन्य कवियों से बहुत आगे हैं। सूरदास की अखिल भारतीय लोकप्रियता

इसका प्रत्यक्ष प्रमाण है। नि:सन्देह इस बात का पूर्ण श्रेय सूर को जाता है कि उन्होंने कृष्णभक्त काव्य परम्परा को समृद्ध करते हुए जन-जन तक पहुँचाया। ब्रज क्षेत्र में इसका प्रसार हुआ ही साथ ही सूर ने ब्रजेतर क्षेत्रों तक भी इसे पहुँचाया। श्रीकृष्ण की लीला वर्णन के क्रम में वे खुद को यौवन लीला वर्णन तक सीमित नहीं रखते, अपितु उन्होंने उससे भी अधिक तन्मयता से कृष्ण की बाललीलाओं का वर्णन किया है। इस क्रम में कृष्ण के लोकरंजक के साथ लोकरक्षक रूपी की प्रतिष्ठा का श्रेय भी सूरदास को ही जाता है। उन्हें इस बात का भी श्रेय जाता है कि उन्होंने प्रेम के ऐसे विशिष्ट स्वरूप का वर्णन किया जिसमें लोक और वेद विहित अनेक मर्यादाएँ एक-एक कर ध्वस्त होती चली गईं। इसी पृष्ठभूमि के द्वारा आधुनिक मानी जानेवाली प्रगतिशील सामाजिक चेतना और विशेषकर प्रगतिशील नारी-चेतना का पूर्ण उत्कर्ष सूर साहित्य में द्रष्टव्य होता है।

पुष्टिमार्गी अन्य भक्त कवियों की तरह उन्होंने भी विशिष्टता का निषेध करते हुए सामान्यता को महत्त्व प्रदान किया है। उसमें जटिलता के स्थान पर सरलता है। सूर की भक्ति भावना शास्त्रोन्मुखी न होकर लोकोन्मुखी है। इस लोक से प्राप्त शक्ति के द्वारा सूरदास निर्गुण के बदले सगुण की श्रेष्ठता को सिद्ध करते हैं। अपनी प्रेमलक्षणा भक्ति को दास्य भाव की पृष्ठभूमि भी प्रदान करते हैं।

हिन्दी साहित्य में कृष्णभक्ति काव्य की समृद्धशाली एवं गौरवशाली काव्य-परम्परा विद्यापति की पदावली से आरम्भ होती है। यह कृष्णकाव्य परम्परा 15वीं-16वीं शताब्दी में अपने चरम पर पहुँचती है और 20वीं शताब्दी में रत्नाकर तक इसके विस्तार को देखा जा सकता है। वर्तमान आधुनिकता के सन्दर्भ में इसका महत्त्व न केवल इसकी प्रगतिशील नारी-चेतना के कारण है बल्कि इसे इस बात का भी श्रेय मिलता है कि इस देशज साहित्य में इन्होंने वर्ण, जाति, धर्म, सम्प्रदाय की विभाजनकारी भूमिका को निरस्त करते हुए भक्ति को सामान्य जनमानस तक पहुँचाया है। सूरदास अप्रत्यक्ष रूप से जातिव्यवस्था वर्णव्यवस्था, और सम्प्रदायवाद के साथ लैगिंक विभेद का विरोध करते हैं। सूर साहित्य की यही विशेषता इसे भी कबीर व तुलसी की भाँति आधुनिक सिद्ध करती है। यही मुख्य कारण है कि सूर के समकालीन रसखान जैसे मुस्लिम व्यक्ति एवं मीरा जैसी विद्रोही

को भी कृष्णभक्ति काव्य-परम्परा में स्थान मिला। सूरदास ने ज्ञानयोग और निर्गुण की शुष्कता के दबाव में जीवनयापन कर रही सामान्य जनता के हृदय को प्रेम और भक्ति के रस से सिंचित करने का कार्य किया।

प्रेम व भक्ति के प्रसार के क्रम में इनका जुड़ाव लोकसंवेदना से होता है। काव्यात्मक स्तर पर कृष्णकवियों में चाहे जितनी असमानताएँ हों किन्तु संवदेनागत स्तर पर वे एक-दूसरे से गहरी साम्यता रखते हैं। ब्रजभाषा, ब्रज के जीवन और ब्रज की लोकसंस्कृति के प्रति इनमें गहरा आकर्षण देखा जाता है। यही कारण है कृष्ण काव्य ब्रज क्षेत्र तक ही सीमित न रहकर अन्य क्षेत्रों में भी अपनी विशिष्ट पहचान बनाने में सक्षम रहा है। संवेदना के साथ-साथ शिल्प के धरातल पर भी कृष्णकाव्य महत्वपूर्ण एवं गौरवशाली है। भावपक्ष का जो सूक्ष्म सन्तुलन हमें यहाँ मिलता है। वह कहीं अन्यत्र दुर्लभ है।

हिन्दी साहित्य का भक्तिकाल पतनशील सामन्ती मूल्यों के निषेध का काल है। यह तत्कालीन समाज में व्याप्त सामन्ती व्यवस्था के विरोध एवं समाज में व्याप्त सामाजिक-सांस्कृतिक कुरीतियों, विसंगतियों की आलोचना करता है। यह राजाओं, रईसों की भोगवादी, शारीरिक सुखवादी जीवनशैली को नकारता है। समाज में प्रचलित सामन्ती व्यवस्था का प्रत्येक पहलू अनीति और अत्याचार में संलिप्त था। सूर ने उसके अमानवीनय स्वरूप को बेहद करीब से अनुभव किया था यही कारण है कि शोषण, व्यभिचार पर उनका सांस्कृतिक प्रहार अत्यन्त तीव्र है। सूर की आध्यात्मिकता इसके प्रभाव को कम करने की अपेक्षा इसे बढ़ाने का कार्य करती है—

जनम साहिबी करत गयौ।
काया नगर बड़ी गुंजाइस नाहिन कुछ बढ़यौ।
हरि कौ नाम, दाम खोटे लौ,
झकि-झकि डारि दयौ।
विषया गाँव अमल कौ टौटौ
हाँसि-हँसि कै उमयौ।
नैन अमीन अधमिनी कै,
बस जहँ कौ तहाँ छयौ।
दागबाज कोतवाल काम रिपु

सरबस लूटि लयौ।
पाप उजीर कह्यौ सोइ मान्यौ
धर्म-सुधन लुटयौ॥

सूर अपने जर्जर समाज को भोग-विलास की संकीर्णता की गलियों से निकालकर वृन्दावन के उन्मुख वातावरण में ले आते हैं। यहाँ न कोई अमीन है, न कोतवाल है न वजीर है और न ही कष्ट देनेवाला कोई नियम कानून है। यहाँ बड़े-छोटे का राजा और प्रजा का भेद ही समाप्त हो गया है। वृन्दावन ही सभी का क्रीडा संसार है। यहाँ हर ओर समता का साम्राज्य व्याप्त है। गोपियों का प्रेम असमानता के विरुद्ध एक विद्रोह है। इसमें स्त्री-पुरुष का सामाजिक भेद ही खत्म हो गया है।

वस्तुत: भक्ति आन्दोलन के कवियों का संघर्ष सामन्तवादी पुरोहितवादी वर्चस्व के साथ था और इस संघर्ष में ये कवि रचनाकार अपने को जनसंवेदनाओं से जोड़कर अपनी पक्षधरता को प्रमाणित करता है। कृष्णभक्त कवियों की सामन्त विरोधी संचेतना ही है जो इन्हें आश्रयत्व की उपेक्षा करने के लिए प्रेरित करती है। कृष्णभक्त कवि कुम्भनदास अकबर के समक्ष यह कहने का साहस दिखाते हैं—

संतन को सीकरी सो का काम,
आवत जात पन्हैया टूटी,
बिसरि गयो हरिनाम॥

कवि कहते हैं भला सन्तों की सीकरी से क्या काम? इसके उल्टे सीकरी आने-जाने से जूतियाँ भी घिस गयी और ईश्वर का नाम भी भूल गया। सूरदास भी एक ओर कृष्ण के प्रति अत्यन्त विनयशील हैं वहीं अकबर के अनुरोध ठुकराते हुए यह कहने का हौसला दिखाते हैं—

उर में रह्यो नाहिन ठौर।
नन्द नन्दन अछत कैसे
आनिए उर और।

सम्पूर्ण भक्तिकाल खासकर कृष्ण भक्तिकाल सामूहिकता की प्रतिष्ठा करता है। इसका प्रमाण हमें गोवर्धन प्रसंग में मिलता है। जब कृष्ण गोवर्धन पर्वत को धारण करते हैं तब सभी ग्वालबाल अपनी लाठियाँ टेक देते हैं। इसी

सामूहिकता का वर्णन सूर ने अपने काव्य में कृषक और गोचारण संस्कृति के रूप में किया है। इस प्रकार लोकसंस्कृति के वर्णन में कृष्णभक्ति काव्य को स्थान मिला है। लोक संस्कृति में जहाँ एक ओर प्रबल रागात्मकता होती है तो दूसरी ओर समता की भावना का प्रबल विकास होता है। कृष्ण के प्रति समस्त ब्रजवासियों का अनुराग और कृष्ण की अनुपस्थिति में मानव के साथ-साथ मानवेतर प्राणियों में विरह की अभिव्यक्ति लोकसंस्कृति के चित्रण को एक नया आयाम देता है। कृष्णभक्त कवियों के यहाँ कदम्ब और बाँसुरी लोकजीवन के प्रतीक के रूप में प्रस्तुत की जाती है।

भक्ति आन्दोलन काव्य में स्त्री-चेतना केन्द्र में रही है। भक्तिकाल की सभी शाखाओं में नारी की स्थिति अलग-अलग स्वरूपों में रही है। ज्ञानमार्गी स्त्री की पवित्रता को स्वीकार करते हुए उसका सम्मान तो करते हैं किन्तु सामान्य नारी को माया कहकर दुत्कारते भी हैं। रामभक्ति काव्यधारा में तुलसी नारी की पराधीनता को अपने मन की व्यथा के रूप में व्यक्त करते हैं—'पराधीन सपनेहुँ सुख नहीं।' और कभी उसकी स्वतन्त्रता पर ही प्रश्नचिन्ह लगाते हैं—'ज्यों स्वतन्त्र होइ बिगड़हि नारी' कह स्त्री को मर्यादा के बन्धन में बाँधने का प्रयास करते हैं। यह विरोधाभास, तुलसीके साहित्य में विद्यमान है।

जायसी जैसे प्रेममार्गियों के दृष्टिकोण में तो स्त्री केवल सौन्दर्य का प्रतीक है। स्त्री को केवल देवी का स्थान प्राप्त है। आशय यह है कि नारी के प्रति इन सभी कवियों का कोई निश्चित दृष्टिकोण नहीं था बल्कि नारी को लेकर द्वन्द्ध, दुविधा और अन्तर्विरोध व्याप्त था। भक्तिकाव्य में सूर ही मात्र एक ऐसे कवि है जो इन सभी द्वन्द्धों से मुक्त हैं और वे स्त्री-पुरुष की समानता को सर्वाधिक महत्त्व देते हुए प्रेम की भावना का विकास करते हैं। सूर के समय, में नारी को समता एवं समानता प्रदान करना गर्व की बात थी। यही दृष्टिकोण सूर की लोकप्रियता का कारण है जो वर्तमान की आधुनिकता की विचारधारा के सन्निकट है। नारी सूर साहित्य का केन्द्रबिन्दु है। भक्तिकाल की जिस चौखट पर खड़े कबीर 'जो घर जारै अपना चलै हमारे साथ' की हाँक लगा रहे थे, उसी के आँगन में बैठे सूर यशोदा की पारिवारिक चिन्ताओं के जरिये बिखरे घर को सहेजने और सँवारने में जुटे थे। घर बसता है पत्नी से, परिवार बढ़ता है नारी के मातृत्व से।

सूर की यशोदा पत्नी व माँ दोनों ही रूपों में स्वतन्त्र सत्ता के रूप में दिखाई देती हैं। वे पारिवारिक संलग्नता के बोध से जिस विशेषाधिकार को प्राप्त करती है उसके नीचे नन्द दब जाते हैं। यशोदा का व्यक्तित्व पुरुष वर्चस्ववाले एकाधिकारवादी पारिवारिक ढाँचे में फँसता नहीं है, बल्कि वह तो परिवार में नारी के सर्वोच्च स्थान को प्रमाणित करता है।

सूर ने जिस प्रेम-भाव का वर्णन किया है उसकी सबसे बड़ी विशेषता यह भी है कि वह प्रेम सहसा यौवन उन्माद से नहीं उत्पन्न हुआ है, बल्कि वह बाल्यकाल से ही सहज रूप में चले आ रहे सतत सम्पर्क के उत्तरोत्तर विकास से उपजा है। यह प्रेम आलम्बन और आश्रय के सहचरण से उत्पन्न हुआ है। इसीलिए इसे सहचरी प्रेम भी कहा जाता है। कवि के अनुसार लरिकाई का प्रेम अटूट होता है। लरिकाई में विकसित प्रेम के विषय में सूरदास लिखते हैं—

लरिकाई कौ प्रेम कहौ अलि! कैसे छुटै?

यही कारण है कि हम स्थायी अनुराग को प्रेम भी कह सकते हैं। आचार्य शुक्ल इस प्रेम की विशिष्टता को रेखांकित करते हुए लिखा है। इस प्रेम को हम जीवनोत्सव के रूप में पाते हैं। सहसा खड़े हो उठे तूफान या विप्लव के रूप में नहीं जिसमें अनेक प्रकार के प्रतिबन्धों और विघ्न-बाधाओं को पार करने की लम्बी-चौड़ी कथा खड़ी होती है।[4] कृष्ण के बचपन की साथी राधा और गोपियाँ उनके यौवनकाल में प्रेमिकाएँ बन जाती हैं। फिर तो राधा, कृष्ण और गोपियों का यह प्रेम अनन्य रूप धारण कर लेता है। अपने इन प्रेमियों के लिए कृष्ण संसार से समस्त सुखों के मूर्तिमान स्वरूप बन जाते हैं।

अपनी युवावस्था के आरम्भिक समय में गोपियाँ कृष्ण की मुरली से ईर्ष्या करती हैं, उसे सपत्नी जैसी इसीलिए मानती हैं कि श्रीकृष्ण हर समय उसके अधिकार में रहते हैं। वह सतत उनके अधरों का पान करती है। श्रीकृष्ण सदैव मुरली को अपने होंठों से संलग्न रखते हैं। ये गोपियाँ सब मिलकर इसे चुराने का विचार करती हुई कहती हैं—

सखी री, मुरली लीजै चोरि।
जिनि गोपाल कीन्हे अपने बस,
प्रीति सबनि की तोरि॥

छिन इक घर भीतर, निसिबासर,
धरत न कबहूँ छोरि।
कबहूँ कर, कबहूँ अधरानि,
कटि कबहूँ खोसल जोरि।
न जानौ कछु मोल मोहिनी,
राखे अंग अंग भोरि।
सूरदास प्रभु को मनसजनी,
बँध्यौ राग की डोरि॥

इस मुरली ने कृष्ण के अंग-अंग को अपने वश में कर रखा है। वही मुरली जब श्रीकृष्ण मथुरा चले जाते हैं तो गोपियों की विरह अवस्था में वह उसकी सखी बन जाती है। यह मुरली (बाँसुरी) कृष्ण और गोपियों को आपस में जोड़ने की कड़ी के रूप में दिखाई देती है। श्री कृष्ण के मथुरा जाने पर गोपियां और मुरली दोनों ही कृष्ण की ओर से परित्यक्ता हो गयी हैं तो पुरानी ईष्या की पात्र मुरली पुन: गोपियों के स्नेह व सहानुभूति को प्राप्त कर रही है। सूरदास देशज भाषा को व्यापक धरातल पर अवतरित करते हैं। भक्ति को भव्य एवं उदात्त रूप में चित्रित करते समय शृंगार और माधुर्य का ऐसा सम्मिश्रण इनसे पूर्व किसी के द्वारा लोकभाषा में नहीं किया गया। तत्कालीन सामाजिक विसंगतियाँ सूरदास को संकीर्णता में बाँध नहीं पायी हैं। जनमानस को विमुग्ध करने वाला उनका काव्य भक्ति का नवगीत है। सूर साहित्य में भक्ति और काव्य का जैसा अपूर्व सम्मिश्रण हुआ है वैसा विश्व साहित्य में कहीं देखने को नहीं मिलता है। सूर ने अपनी दिव्य दृष्टि से देख—लिया था कि ज्ञान की सार्थकता भक्ति में है और भक्ति को रसमय बनाने के लिए काव्य का आश्रय भी अनिवार्य है।[5]

सूरदास कृत सूरसागर ब्रज की भूमि पर प्रकृति के मध्य विकसित एक—प्रेमगाथा है। यहाँ बाल श्री कृष्ण की आयु वृद्धि का क्रमिक वर्णन प्राप्त होता है। आरम्भ में कृष्ण की बाललीला एवं युवा कृष्ण की रासलीला अथवा प्रेमलीला को सूरसागर में मुक्तक रूप में देखा जाता है। यहाँ राधा-कृष्ण के प्रेम की विविध स्थितियों का सूक्ष्म व संवेदनशील विवेचन किया गया है।

सूरसागर में चारागाही संस्कृति से जुड़े अनेक चित्रों को एक क्रम

से रखा गया है। गोकुल, वृन्दावन, यमुना, कदम्ब, बाँसुरी, ग्वाल-बाल, गोचारण, गोदोहन आदि से सम्बन्धित सभी विशिष्टता प्रदान करते है। इन चित्रों में निरूपित भाव संसार से कवि के आत्मीय लगाव को स्पष्ट करते हैं। यही कारण है कि सूरसागर इस संस्कृति से जुड़े लोकविश्वासों, व्यवहारों का प्रमाणिक सन्दर्भ-ग्रन्थ लगता है। सूरदास ही मात्र एक ऐसे कवि हैं जिन्होंने गोचारण को अपने काव्य का विषय बनाते हुए वृन्दावन की वन्य प्रकृति को अपनी काव्यभूमि बनाया है।

गोचारण गोकुल के गोप बालकों के लिए कुल-परम्परा से जुड़ा एक प्रमुख कर्म है। वे गाएँ लेकर सुबह वन में निकल लेते हैं और शाम को गाएँ लेकर वापस घर लौटते हैं। थोड़ा बड़ा होने पर श्रीकृष्ण को भी नन्द का भवन सीमित और छोटा लगने लगता है। उनके मन में भी वृन्दावन के खुले प्रांगण, मधुर फलों और गोप सखाओं के साथ वार्ता का आकर्षण भर उठता है। वे गोचारण के लिए मचलने लगते हैं। माँ यशोदा से जिद करते हुए कहते हैं—

आजु मैं गाइ चरावन जैहौं।
वृन्दावन के भाँति भाँति फल,
अपने कर मैं खैहौं।

यशोदा के बार-बार मना करने पर भी वह हठपूर्वक ग्वालों के साथ गाय चराने जाते हैं। यशोदा से भागकर गायों और गोचारकों के झुंड में घुस जाते हैं। यशोदा को देख-देखकर भागते हैं और इधर-उधर भागकर छिपने का प्रयास करते हैं। यशोदा के लिए बालक श्रीकृष्ण की रक्षा प्रमुख है, किन्तु बलराम द्वारा अपने संरक्षण में कृष्ण को जाने देने का आग्रह वह टाल नहीं पाती हैं। यहाँ सूर ने यशोदा, बलराम और कृष्ण के बीच एकाधिकारवादी पारिवारिकता को दबाकर परस्पर विश्वासपरक संरक्षणमूलक पारिवारिकता के मानवीय आधार की तलाश की है। चरवाहा क्षेत्र वृन्दावन कृष्ण के लिए स्वच्छदता, प्रेम, कर्तव्य एवं संघर्ष का क्षेत्र है। उनके जीवन की मुख्य घटनाएँ-बालक्रीडा, संयोग शृंगार एवं असुर संहार आदि यहीं घटती हैं। कृष्ण गायों के साथ सर्वप्रथम जैसे ही वृन्दावन पहुँचते हैं इस वृन्दावन से इनका प्रथम परिचय होता है। वे इसे देखकर मन्त्रमुग्ध को जाते हैं। मन ही मन इसे उपयुक्त लीलाभूमि के रूप में देखते हैं। गाय और गोपियों दोनों

से ही कृष्ण को प्रेम है और वृन्दावन ही दोनों की प्रणयभूमि है। सूरदास ने गोचारण संस्कृति के प्रत्येक प्रस्थान-बिन्दु को तन्मयता के साथ चित्रित किया है। लोकजीवन और लोकव्यवस्था की गहरी पहचान उसी कवि को हो सकती है जो लोकजीवन का सूक्ष्म द्रष्टा के साथ उसका भोक्ता भी हो।

आचार्य रामचन्द्र शुक्ल की आलोचना के द्वारा सूरदास की कविता को विशेष पहचान प्राप्त होती है। आचार्य शुक्ल मानते हैं—सूर की कविता में लोकसंग्रह का अभाव है, फिर भी उनकी आलोचना में अनेक ऐसे सूत्र व संकेत हैं, जिनके सहारे उस काव्य में कहीं प्रत्यक्ष रूप से कहीं परोक्ष रूप से व्याप्त लोक-चिन्ता की खोज सम्भव है।[6]

साहित्य में तीव्र संवेदनशीलता एवं समृद्ध कल्पनाशीलता ही साहित्य को महान बनाती है। केवल भावानुभूति में रमना या बह जाना ही साहित्यकार के लिए पर्याप्त नहीं होता अपितु उसे उन रसमग्न करनेवाले मार्मिक क्षणों को पकड़ना भी होता है। सूरदास इन संवेदनात्मक मूल्यों को पकड़ने, चित्रित करने की अपार क्षमता रखते हैं। उनके जीवन का अनुभव सबल हृदय को प्रदर्शित करता है। वह प्रसंग चाहे श्रीकृष्ण के बाल स्वरूप का हो या यशोदा के वात्सल्य के प्रदर्शन का हो, प्रत्येक स्थान पर सूर की सहृदयता मन को छूती है। गोपियों का हृदय विरह में डूबा है, परन्तु वह कभी भी कृष्ण को कोसती नहीं हैं, यही सोचकर सन्तोष कर लेती हैं कि प्रेम तो दर्द, पीर और प्रतीक्षा का विषय है। कृष्ण के प्रेम में ये अपना सबकुछ लुटा देने के बाद भी उसके बदले में कुछ पाने की अपेक्षा नहीं रखती हैं। यही तो सच्चे प्रेम की परिणति है। गोपियों को वह मधुवन बिलकुल भी रास नहीं आता है जो कृष्ण के वियोग के उपरान्त भी हरा-भरा हो। उसे तो खड़े-खड़े राख हो जाना चाहिए। इस मधुवन से कहीं भली तो ये यमुना हैं जो विरह का ताप सहते-सहते स्वयं काली हो गई हैं—

देखियत कालिंदी अति कारी।
कहियो पथिक जाय हरि सौं
ज्यों भई बिरह जुर जारी।

यमुना के साथ अपने दुःख के परिवेश को देखकर गोपियों को सुकून-सा मिलता है। दूसरी बात यह है कि कि उद्धव के समक्ष कृष्ण के वियोग में पीड़ित यमुना व गायों के दुःखों का उपस्थापन गोपियों के लिए अपने विरह

ज्वार की तीव्रता को व्यंजित करने का एक माध्यम है। गोपियाँ कहती हैं—

सूरदास प्रभु जो जमुना गति,
से गति भई हमारी॥

गोपियों की सहृदयता उनके संबेनात्मक स्तर को इंगित करती है। वह उनकी आत्मा का स्वाभाविक उद्‌गार है। वह कहती है कि जो दशा यमुना की हो गई है वही दशा हमारी भी हो गई है।

मानव-जीवन को प्रत्येक परिस्थिति में सुख व दुःख दोनों का ही सामना करना पड़ता है। सूर इन दोनों की स्थितियों को समान रूप से ग्रहण नहीं करते हैं। यही कारण है। कि वर्तमान के कुछ आलोचक उन्हें पलायनवादी की भी संज्ञा दे देते हैं। सूर कि साहित्य में जीवन का निषेध तो नहीं है किन्तु उसकी पूर्ण स्वीकृति भी नहीं है। सूर के समय का वास्तविक समाज तो राक्षस कंस द्वारा शासित था। आरोप यह लगता है कि सूर निरन्तर इस समाज को उपेक्षित कर आनन्द की अनुभूति में रहते हैं। कृष्ण जैसे ही अत्याचारी कंस का वध कर एक नवीन व्यक्तित्व धारण करते हैं, सूर का मन उचट जाता है। वे गोपियों के साथ विरह-वेदना में स्वयं को भी डूबा देते हैं। परमविरह की स्थिति में कृष्ण की प्रतीक्षा करते हैं। इससे सूर का महत्व कम नहीं होता है। अपितु जिस समय समाज विचारक और दार्शनिक जीवन की क्षण भंगुरता और नैराश्य भाव का उपदेश देकर समाज में भ्रान्तियों को प्रसार कर रहे थे, उसी समय पूरी शक्ति से प्रेम की प्रतिष्ठा कर सूरदास कुंठारहित समाज का निर्माण कर रहे थे।

सूर की दृष्टि में प्रेम सत्य है और इस प्रेम को समाज में ही प्रतिष्ठित किया जा सकता है। सामाजिक सम्बन्धों को बनाये रखने में भी प्रेमत्व की अनिवार्यता को सूर सिद्ध करते हैं। आचार्य रामचन्द्र शुक्ल मानते हैं कि पारिवारिक और सामाजिक जीवन के साथ सूरदास द्वारा वर्णित कृष्णचरित का जो थोड़ा-बहुत सम्बन्ध दिखाई देता है उसका सम्यक स्फुरण नहीं हुआ है, रहा प्रेम पक्ष वह ऐकान्तिक है। सूर का प्रेम पक्ष लोक से न्यारा है। गोपियों के प्रेमभाव की गम्भीरता आगे चलकर उद्धव का ज्ञान-गर्व मिटाती हुई दिखाई पड़ती है।[7] वस्तुतः राधाकृष्ण का सम्बन्ध प्रेमी-प्रेमिका का है और कृष्ण गोपियों का सम्बन्ध भक्त व भगवान का है, जो एक प्रकार से सामाजिक प्रेम का प्रतीक है। सूर के साहित्य में पर्याप्त सामाजिक तत्व

प्राप्त होते हैं किन्तु सूर ने जिस सामाजिक परिवेश को दिखाया है वह एक भिन्न प्रकार का समाज है। उसका केन्द्रीय तत्व प्रेम है। वहाँ प्रेमत्व की ही प्रधानता है। सूरदास के व्यक्तित्व की एक प्रधान विशेषता रही है कि सूर समाज के यथावत स्वरूप को ही स्वीकार नहीं करते बल्कि वे अपने स्वभाव के अनुरूप एक नई समाज का निर्माण कर लेते हैं। उनकी साहित्यिक भूमि यथार्थ समाज से भिन्न आनन्द की भूमि है। इस भूमि में सौन्दर्य, प्रेम, वात्सल्य, माधुर्य और आनन्द की प्रधानता है। रास स्थल है जहाँ प्रेमी-प्रेमिका का सम्बन्ध समाज व्यापी होकर रहस्यमयी भक्ति में परिणत हो जाता है। यह व्यक्तिगत सम्बन्ध का पूर्ण समाजीकरण है, जिसे हम भक्ति कहते हैं।[8] सूरदास का साहित्य भावनात्मक रूप से लोकभूमि पर आधारित है।

भक्ति के प्रचार-प्रसार में श्रीमद्भागवत का बहुत बड़ा योगदान है। इसकी सबसे बड़ी विशेषता यह है कि इसने भक्ति शास्त्र से मुक्त कराकर लोकधर्मी बनाया है। भागवत के व्यापक प्रभाव के फलस्वरूप भक्ति साहित्य खासकर कृष्ण भक्ति साहित्य के सृजन को लोकसन्दर्भ में सर्वाधिक महत्व मिला। यहाँ रचे गए साहित्य को भावनात्मक आधार भूमि का जनवादी स्वरूप प्राप्त हुआ। सूर की कविता भागवत पुराण से आरम्भ न होकर गोपाल श्रीकृष्ण की कथा से आरम्भ होती है।

निर्विवाद रूप में यह कहा जा सकता है कि सूरदास सहित सम्पूर्ण भक्ति साहित्य की मूल चेतना मानवतावादी एवं जनचेतनावादी है। इन्हें जनचेतनावादी प्रवृत्तियों से अलग कर भक्ति आन्दोलन या भक्तिकाव्य व सूरदास की कविता को नहीं पहचाना जा सकता है। भक्तिकालीन सूर साहित्य अपनी समग्रता में मानवतावादी काव्य है। यह मानवतावाद मूलरूप से मानवीय संवेदना एवं मानवीय मूल्यों पर आधारित है। यही कारण है कि सूर के साहित्य में आधुनिकता की खोज की आवश्यकता पड़ती है। इन सभी तथ्यों के समेकित अध्ययन से यह सिद्ध होता है कि सूरदास का साहित्य वर्तमान परिदृश्य में अपनी देशज आधुनिकता के साथ आज भी प्रासंगिक है।

हिन्दी साहित्य के भक्तिकालीन उन्नायक कवि तुलसी, सूर, जायसी, कबीर, मीराँ, आदि सन्तों और भक्तों ने साहित्य को आदिकालीन सामन्ती मानसिकता एवं परिवेश से बाहर निकालकर लोकजीवन और लोकसंस्कृति

से सम्बद्ध किया। सत्रहवीं शताब्दी के आरम्भ तक आते-आते सामन्तवाद के पुनरुत्थान ने हिन्दी साहित्य को एक बार फिर से लोकजीवन और लोक संस्कृति से विमुख कर दरबारी जीवन और दरबारी परिवेश व संस्कृति तक सीमित कर दिया।

दरबारी संस्कृति के प्रभाव ने 17वीं शताब्दी से लेकर 19वीं शताब्दी के मध्य तक के साहित्य के स्वरूप के निर्धारण में अहम भूमिका निभाई। दरबारी परिवेश के दौर में साहित्य में रीति निरूपण और शृंगारिकता की प्रवृत्ति की प्रधानता है। इसका सम्बन्ध सीधा-सीधा सामन्ती जीवन और सामन्ती परिवेश से है। साथ ही इसके अतिरिक्त वीर, भक्ति और नीति से सम्बन्धित रचनाएँ लिखी गईं, जिसे लोकजीवन से जोड़कर देखा जाना चाहिए। नीतिपरक लोकजीवन से जुड़ी संवेदनात्मक रचनाएँ भी रीतिकालीन साहित्य में रची गई हैं। अनेक साहित्यिक आलोचकों द्वारा रीतिकालीन कविता पर सामान्य जनजीवन से कटे होने का आरोप लगाया जाता है, किन्तु इस तथ्य को भी अस्वीकार नहीं किया जा सकता है कि इस दौर की रचनाओं में वीर भक्ति के साथ नीति और प्रेम के मनोहर संवेदनात्मक मनोभावों को लोकजीवन में प्रतिबिम्बित किया गया है।

तत्कालीन सामाजिक परिस्थितियों में हिन्दुओं की पराजय ने उनके जातीय संगठन को सर्वथा छिन्न-भिन्न कर दिया था। किसी दृढ़ आधार के अभाव में हिन्दुओं में जाति भेद की भावना प्रबल हो उठी। शासन मुसलमानों का था तो स्वाभाविक है कि उनकी सामाजिक स्थिति बेहतर थी। हिन्दू मन्दिरों को तोड़वाना उनके विद्यालयों एवं पुस्तकालयों को बन्द कराना, मेलों को प्रतिबन्धित करना आदि इनके प्रमुख कार्य थे। इन्हीं परिस्थितियों में हिन्दू-मुस्लिम के मध्य एक आपसी मतभेद ने जन्म ले लिया किन्तु, जैसे-जैसे मुगल शासन का अन्त होने लगा देश विपत्तियों से घिरता चला गया। उनके सामाजिक सम्पर्क गहरे होने लगे। निर्गुण सन्तों एवं सूफी सन्तों के प्रभावों से हिन्दू व मुस्लिम दोनों की ही धार्मिक भावनाओं का थोड़ा बहुत समन्वय हुआ। इनके उत्सवों, संस्कारों, रीति-रिवाजों आदि में भेद करना कठिन हो गया। इन्हीं परिस्थितियों में साहित्य के क्षेत्र में रीतिकालीन कवियों का उदय होता है।

आधुनिकता के मापदंडों का स्थूल निरीक्षण करने पर रीतिकालीन

साहित्य पिछड़ा हुआ दिखाई देता है। इसका सर्वप्रमुख कारण रीतिकाल के उदय की पृष्ठभूमि है। रीतिकाल का आरम्भ उस युग में हुआ जब राजनीतिक दृष्टि से मुगल सत्ता भारत की केन्द्रीय सत्ता के रूप में प्रतिष्ठित थी। छोटे राज्यों रजवाड़ों पर नियन्त्रण के कारण युद्ध प्राय: नहीं हो रहे थे। इस स्थिति में सत्ता का चरित्र शोषण पर आधारित हो चुका था। कविता का चरित्र भी दरबार द्वारा ही निर्धारित होता था। दरबार की विलासिता को शृंगारिक कविताओं के द्वारा ही सन्तुष्टि प्राप्त होती थी। अत: शृंगार ही कविता के केन्द्र में था।

यद्यपि स्थूल अध्ययन करने पर रीतिकालीन कविता में देशज आधुनिक मूल्यों एवं सामाजिक मूल्यों के प्रति तटस्थता दिखाई देती है, परन्तु सूक्ष्म निरीक्षण करने पर रीतिकालीन साहित्य में आधुनिक चेतना के उदाहरण यत्र-तत्र दिखाई देते हैं। उल्लेखनीय है कि यह आधुनिक चेतना देशज परम्परा से निकली हुई प्रतीत होती है। इसके उदाहरण प्राय: दरबारों से इतर लिखे जानेवाले साहित्य में तो पाए ही जाते हैं, साथ ही बिहारी, घनानन्द जैसे दरबारी कवियों के साहित्य में भी पाए जाते हैं। हिन्दी साहित्य के उद्‌भव और विकास के सन्दर्भ में आचार्य हजारीप्रसाद द्विवेदी लिखते हैं— "शृंगारी रचनाओं के समान ही इस काल में नीतिविषयक रचनाओं की अधिकता है।"[9]

राजनीतिक दृष्टिकोण से इस काल के आरम्भ तक मुगल साम्राज्य अपने चरमोत्कर्ष तक पहुँचकर निरन्तर पतन की ओर अग्रसर हो चुका था। दृढ़ केन्द्रीय सत्ता के अभाव में अनेक हिन्दू व मुसलमान राजाओं, जागीरदारों आदि ने स्वयं को स्वतन्त्र घोषित कर दिया था। लेकिन अपनी इस स्वतन्त्रता का उपयोग उन्होंने विलासिता में डूबकर किया। राजनीति के स्तर में गिरावट के कारण यह समाज भी पतनशीलता की ओर अग्रसर था। सामन्ती सामाजिक व्यवस्था का यह समय ह्रासग्रस्तता की उस सीमा तक पहुँच गया था, जहाँ उसके विकास की समस्त सम्भावनाएँ समाप्त हो चुकी थीं। इन परिस्थितियों में राजा और उनके आसपास रहनेवाले लोगों तक ही आचार-विचार, रीति-नीति सीमित हो जाती है। इनकी विपन्न सामान्य जनता में कोई रुचि नहीं थी। ऐसी विषमताग्रस्त परिस्थितियों में साहित्य भी इन्हीं के चतुर्दिक घूमता है।

साहित्यकार व्यापक लोकजीवन और उसकी वास्तविक आशा-आकांक्षा से शून्य होकर रूढ़िबद्ध ऊपरी ढाँचे को अधिक महत्त्वपूर्ण मान लेता है। रीतिकाल जिस पतनग्रस्त सामन्ती समाज की देन था, उसमें श्रृंगारप्रधान साहित्य के लिए ही अधिक अवकाश था। रीतिकालीन कवि घनानन्द ने अपने युग के सामाजिक विधि-निषेधों के प्रति विद्रोह के साथ ही काव्यगत रीतियों का विरोध भी किया। कहीं-कहीं घनानन्द सामन्ती मानवीय व सामाजिक सम्बन्धों में रूढ़िबद्ध नैतिकता का भी विरोध करते हैं। यही कारण है कि घनानन्द को रीतिकाल का विद्रोही कवि कहा जाता है। तत्कालीन प्रवृत्ति को देखते हुए कवि ने श्रृंगार को ही अपना काव्य विषय बनाया है। घनानन्द का काव्य उनकी जीवन की अनुभूति का सहज स्वच्छन्द प्रकाशन है।

मूलतः अपने सम्पूर्ण साहित्य में घनानन्द ने आरम्भ से अन्त तक अपने और सुजान के सम्बन्धों को ही दुहराया है। इसीलिए वे अपने युगीन कवियों से अलग प्रतीत होते हैं। घनानन्द ने युग की भावधारा से बँधकर परम्पग का अन्धानुकरण नहीं किया है। जहाँ उन्हें आवश्यक लगा वहाँ रूढ़ परम्परा को उन्होंने तोड़ा भी है चाहे वह सामाजिक परम्परा हो अथवा साहित्यिक परम्परा। घनानन्द तथा अन्य रीतिमुक्त कवि भी रीतिबद्ध लक्षणकार कवियों की भाँति ही तत्कालीन युग-चेतना से जुड़े हुए थे। तत्युगीन ह्रासोन्मुख सामन्ती समाज के मानवीय सामाजिक सम्बन्धों के अन्तर्गत रहकर ही इन कवियों को स्वच्छन्दता और मुक्ति की कल्पना को आकार मिला था।[10]

रीतिकालीन अनेक कवियों की विशेषता रही है कि उन्होंने समाज में व्याप्त धर्म व सम्प्रदायवाद को तोड़ते हुए एक विशेष आदर्श प्रस्तुत किया है। इस क्रम में कायस्थ घनानन्द ने सुजान नामक मुसलमान वेश्या से प्रेम किया, जिसके लिए उन्हें राजदरबार और अपनी नौकरी से भी हाथ धोना पड़ा। ब्राह्मण वंश में पैदा हुए बोधा ने सुभान नामक मुसलमान वेश्या को जीवनसंगिनी बनाया। ब्राह्मण आलम शेख नामक मुसलमान रँगरेजिन से प्रेम विवाह किया। इस प्रकार इन सभी कवियों ने सामाजिक रूढ़ियों, विसंगतियों को तोड़ने का कार्य किया है। साथ ही समाज में प्रचलित सामाजिक विधि-निषेधों का उल्लंघन करने का साहस दिखाया है।

तत्कालीन दरबारी वातावरण में यह सम्भव नहीं था कि सामाजिक

आचार-विचार और उनकी परम्पराओं को तोड़कर कोई कवि, कलाकार या व्यक्ति समाज में रह सके किन्तु उक्त कवियों ने ऐसा कर दिखाया है। यह अन्तर्जातीय प्रेम एवं प्रेमविवाह वर्तमान की स्वातन्त्र्य चेतना के अत्यन्त निकट है जिसमें प्रेम व विवाह के लिए किसी धर्म अथवा जाति का बन्धन नहीं होता है। यह स्वातन्त्र्यपूर्ण चेतना इस साहित्य को आधुनिकता से जोड़ती है। वस्तुतः यही हमारी देशज आधुनिकता है जो साहित्य के आरम्भिक काल से लेकर आज तक के साहित्य में किसी-न-किसी रूप में विद्यमान पाई जाती है।

घनानन्द निःसन्देह दरबारी कवि थे, किन्तु उन्हें इस बात का आलोक था कि दरबार में उनकी स्वतन्त्रता कुंठित हो जाती है। रीतिकाल के उत्तरार्द्ध में सामाजिक, आर्थिक स्थिति में बदलाव आ रहे थे। ऐसी स्थिति में कवियों में भी वैयक्तिक स्वतन्त्रता की मूल चेतना जागरित हो गई। स्वच्छन्द काव्यधारा के कवि घनानन्द ने मुक्त कंठ से कहा—

अति सूधो सनेह का मारग है
जहाँ नेकु सयापन बाँक नहीं।
तहँ साँचे चलै तजि आपन पौं झिझकै
कपटी जे निसाँक नहीं॥

स्नेह का मार्ग अत्यन्त सीधा है। यहाँ चतुराई और होशियारी के लिए कोई स्थान नहीं है। इस मार्ग पर लोग अपनापन (स्वयं की सत्ता) को छोड़कर चलते हैं। वे छल और कपट से मुक्त लोग जो निश्शंक नहीं हैं, वे इस मार्ग पर चलने में झिझक अनुभव करते हैं। यह रीतिकालीन कवियों पर करारा प्रहार था। घनानन्द भी दरबारी कवि थे। किन्तु घनानन्द को यह अनुभव होता था कि दरबार में उनकी स्वतन्त्रता बाधित हो रही है। रीतिकाल के उत्तरार्द्ध में सामाजिक-आर्थिक परिस्थितियाँ बदल रही थीं। इन परिस्थितियों में कवियों की वैयक्तिक स्वतन्त्रता एवं मूल्यबोधी चेतना का विकास आरम्भ हो गया था। यह चेतना रीतिकालीन साहित्य को देशज आधुनिकता से जोड़ती है।

समग्र हिन्दी साहित्य जगत में बिहारी कृत 'बिहारी सतसई' को अपार लोकप्रियता प्राप्त हुई है। बिहारी मूलतः शृंगार के कवि हैं। यह परम्परा कवि को विरासत से प्राप्त हुई है। वस्तुतः बिहारी का सामाजिक वातावरण

विलासिता से ओत-प्रोत था। सामन्तों की वंचितों के प्रति हेय दृष्टि थी। इनसे नारी के प्रति स्वस्थ दृष्टिकोण की अपेक्षा भी नहीं की जा सकती थी। मुगलों की छत्रछाया में ये विलासी सामन्त निर्भय विलास का सुख लूट रहे थे। कवियों की सभ्यता और संस्कृति, आचार-विचार दरबारों के अधीन हो गए थे। बिहारी के परिवेश के सन्दर्भ में बच्चन सिंह लिखते हैं—"तत्कालीन कवियों ने भी जो विशिष्ट ढंग की साहित्यिक रूढ़ियाँ अपनायीं उसके लिए बहुत कुछ उसका वातावरण दायी है। वातावरण सामन्ती था और कवि सामन्तों के आश्रित थे। इसलिए उन्हें उनकी रुचियों का बहुत अधिक ख्याल रखना पड़ता था।"

यद्यपि बिहारी की कविता में आधुनिकता की चेतना कुछ जगहों पर तीव्रता के साथ मुखर हुई है। राजनीतिक, सामाजिक और पारिवारिक मुद्दों पर बिहारी ने अपनी लेखनी चलाई है। मध्यकालीन दरबारी कवि होते हुए भी वे अपने प्रश्रयदाता की चाटुकारिता में लीन नहीं थे। यत्र-तत्र उनकी नीतियों के विरुद्ध आवाज भी उठाई। राजा जयसिंह जब एक किशोरी नायिका के प्रेम में उलझकर अपने राजकीय दायित्वों के निर्वहन से विमुख हो गए थे तो बिहारी ने इस स्थिति के समाधान के लिए राजा जयसिंह को एक दोहा लिखकर भेजा जिससे राजा का हृदय परिवर्तन हुआ। साथ ही वह अपने राजनीतिक उत्तरदायित्वों के प्रति उन्मुख हुआ-

'नहिं पराग नहिं मधुर मधु,
नहिं विकास इहिं काल,
अली कली ही सो बँध्यो,
आगे कौन हवाल॥

आज के आधुनिक समाज में प्रेम संकटग्रस्त है, क्योंकि यह मनुष्य और मनुष्य के बीच का सम्बन्ध है, और आज का समाज उससे अधिक महत्त्व मनुष्य और उपभोक्ता वस्तुओं को देने लगा है। इसी दृष्टिकोण में बिहारी के प्रेम के महत्त्व को समझा जा सकता है। बिहारी की सामाजिक चेतना का एक महत्त्वपूर्ण पक्ष धार्मिक, सामाजिक व पारिवारिक सन्दर्भों में नजर आता है। चाहे वे सामन्ती जीवन से बाहर कम निकल रहे हों, किन्तु कहीं-न-कहीं उन्होंने सामाजिक समस्याओं एवं सामाजिक विसंगतियों की ओर रुख अवश्य किया है। साथ ही सामाजिक कुरीतियों

पर गहरी चोट भी की है। निम्न उदाहरण से वे धार्मिक आडम्बरों पर चोट करते हैं—

जप माला छापा तिलक,
सरै न एकौ काम।
मन काँचै नाचै वृथा,
साँचै राँचै राम॥

रीतिकालीन साहित्यिक पृष्ठभूमि के सन्दर्भ में बच्चन सिंह लिखते हैं— हिन्दी साहित्य के भक्तिकाल में भक्त कवियों ने भक्ति की जो मन्दाकिनी बहाई उसके प्रखर स्रोत में मत-मतान्तरों के क्षुद्र तृण ठहर न सके। तुलसी सर्वधर्म समन्वय की धारणा तथा अन्य सन्तों की स्वच्छ असाम्प्रदायिक दृष्टि ने इस दिशा में जो स्तुत्य कार्य किया उसका इतना गम्भीर और व्यापक प्रभाव पड़ा कि साम्प्रदायिक विद्वेष की खाईं सर्वदा के लिए पट गई। विभिन्न सम्प्रदायों में दीक्षित होने पर भी रीतिबद्ध और रीतिमुक्त कवियों ने किसी विशेष मत के प्रति आग्रह व्यक्त नहीं किया, प्रत्युत अपने पूर्ववर्त्ती भक्त कवियों द्वारा निर्दिष्ट सामान्य भक्ति मार्ग का ही अनुसरण किया।[12] बिहारी ने अपने समय के सभी कवियों का प्रतिनिधित्व करते हुए लिखा है—

अपनैं-अपनैं मत लगे,
बादि मचावत सोरु।
ज्यों-त्यों सबही सेइबों,
एकै नन्दकिसोरु॥

रीतिकालीन कविता ने समाज में प्रचलित अन्धविश्वासों पर भी व्यंग्य किया है। इन कवियों ने ज्योतिषियों एवं वैद्यों द्वारा प्रचारित अन्धविश्वासों पर आक्रमण किया है—

चित पितु मारग जोग गुनि,
भयो भये सुत सोग।
फिर हुलस्यो जिथ जोइसी
समुझै जारज जोग॥

रीतिकालीन कवि पद्माकर ने प्राय: बाह्याडम्बरों को व्यर्थ बताया है। साथ ही आन्तरिक प्रतीति में अपनी आस्था प्रकट की है। रीतिकाल के अनेक कवियों ने इस विषय पर कुछ-न-कुछ लिखा है—

काहे को बघम्बर को ओढ़ि करो आडम्बर,
काहे को दिगम्बर ह्वै दूब खाइ रहिए।
कहै पद्माकर त्यों काय के कलेस हित,
सीकर सभीत सीत बात ताप सहिए।
काहे को जपोगे जप काहे को तपोगे तप,
को को प्रपंच पंच पावक में दहिए॥

बिहारी, घनानन्द, पद्माकर के अतिरिक्त रीतिकालीन-नीतिकाव्य, भक्तिकाव्य और वीरकाव्य में भी आधुनिक मूल्यों के प्रति यत्र-तत्र जागरूकता दिखाई देती है। वृन्द, गिरिधर कविराय और दीनदयाल गिरि जैसे कवियों ने लोकजीवन की समस्याओं को अपनी कविताओं में स्थान दिया है। रीतिकालीन कवियों के कटु-मधुर वैयक्तिक अनुभव भी समय-समय पर नीतिपरक रचनाओं के रूप में व्यक्त होते रहे हैं। अतः नीति को इनकी कविता का मुख्य अंग कहा जा सकता है।[13]

स्पष्ट है कि रीतिकालीन पृष्ठभूमि कवियों को दरबारी और सामन्ती परिवेश से बाहर जाने का बहुत कम अवसर देती थी, तथापि कहीं-कहीं पर कवियों ने अपनी सीमाओं का अतिक्रमण करके अपनी स्वाभाविक देशज आधुनिकता प्रदर्शित की है। रीतिकालीन कवियों की सामाजिक चेतना और आधुनिकता की चेतना की तुलना कबीर और तुलसी की आधुनिक चेतना से करना बेईमानी होगी, क्योंकि भक्ति की भावना से रचित स्वाभाविक साहित्य दरबारी दबावों से युक्त साहित्य से भिन्न होना स्वाभाविक है।[14]

संदर्भ

1. आचार्य हजारीप्रसाद द्विवेदी—सूर साहित्य, राजकमल प्रकाशन, नई दिल्ली, पृष्ठ 16
2. मैनेजर पांण्डेय भक्ति आन्दोलन और सूरदास का काव्य वाणी प्रकाशन, नई दिल्ली, पृष्ठ 52
3. मैनेजर पाण्डेय—सूरदास, साहित्य अकादमी, नई दिल्ली, पृष्ठ 08
4. आचार्य रामचन्द्र शुक्ल—सूरदास
5. हरवंश लाल शर्मा—सूरदास, राधाकृष्ण मूल्यांकन माला, पृष्ठ 63
6. मैनेजर पांण्डेय—भक्ति आन्दोलन और सूरदास का काव्य, वाणी प्रकाशन, नई दिल्ली, पृष्ठ 09
7. आचार्य रामचन्द्र शुक्ल—भ्रमरगीत सार, लोकभारती प्रकाशन, प्रयागराज, पृष्ठ 19

8. पं. नन्ददुलारे वाजपेई महाकवि सूरदास, लोकभारती प्रकाशन, प्रयागराज, पृष्ठ 152
9. आचार्य हजारीप्रसाद द्विवेदी—हिन्दी साहित्य का उद्‌भव और विकास, राजकमल प्रकाशन, नई दिल्ली, पृष्ठ 188
10. आचार्य रामचन्द्र शुक्ल—हिन्दी साहित्य का इतिहास, लोकभारती, पृष्ठ 262
11. बच्चन सिंह—बिहारी का नया मूल्यांकन, हिन्दी प्रचार संस्थान, पृष्ठ 06
12. बच्चन सिंह—बिहारी, साहित्य अकादमी, नई दिल्ली, पृष्ठ 41
13. डॉ. नगेन्द्र, डॉ. हरदयाल—हिन्दी साहित्य का इतिहास, मयूरबुक्स, नई दिल्ली, पृष्ठ 281
14. नन्द किशोर नवल—रीतिकाव्य, राजकमल प्रकाशन, नई दिल्ली, पृष्ठ 40

आधुनिक साहित्य और देशज आधुनिकता

आधुनिक पद्य साहित्य और देशज आधुनिकता

हिन्दी साहित्य में आधुनिक काल, कालविभाजन के उस चरण को व्यक्त करता है जहाँ साहित्यिक एवं भाषाई प्रवृत्तियों में आमूलचूल परिवर्तन दिखाई देने लगता है। आधुनिक काल के प्रारम्भिक चरण में साहित्यिक प्रवृत्तियों में नवजागरण और पुनर्जागरण का स्पष्ट प्रभाव दिखाई देने लगता है। दूसरी ओर साहित्यिक भाषा के रूप में खड़ीबोली का प्रयोग प्रारम्भ होता है। यद्यपि पद्य की भाषा के रूप में ब्रजभाषा का प्रयोग आधुनिक काल के आरम्भिक चरण में दिखाई देता है परन्तु खड़ीबोली के मानकीकरण के साथ-साथ हिन्दी साहित्य में भाषाई द्वैत समाप्ति की ओर अग्रसर हो जाता है।

19वीं शताब्दी में अंग्रेजी शिक्षा का प्रसार, भारतीय जनमानस एवं साहित्यकारों की विषयवस्तु में आधुनिक मूल्यों के प्रक्षेपण का कारण बन जाता है। फोर्टविलियम कॉलेज की स्थापना और ईसाई मिशनरियों के अभियानों के परिणामस्वरूप हिन्दी साहित्य में गद्य का प्रचलन बढ़ता है और गद्य की विधाओं के वाहक के रूप में खड़ीबोली हिन्दी का एकाधिकार स्थापित हो जाता है। गद्य की विधाओं ने साहित्यकारों को अपने विचारों के सम्प्रेषण का प्रमुख माध्यम बना दिया है।

आधुनिक काल में आधुनिकता के स्वरूप निर्धारण तथा देशज और पाश्चात्य के बीच सीमांकन सर्वाधिक चुनौतीपूर्ण कार्य है क्योंकि यहाँ आधुनिक काल के प्रारम्भिक चरण अर्थात् भारतेन्दु युग और द्विवेदी-युग में नवजागरण और पुनर्जागरण दोनों तत्त्वों का सम्मिलित प्रभाव दिखाई देता है।

19वीं शताब्दी में भारतीय समाज संक्रमण के जिस तीव्र दौर से गुजरा उसे कुछ चिन्तक पुनर्जागरण कहते हैं, कुछ पुनरुत्थान तो कुछ अन्य

नवजागरण। ये सभी शब्द इतिहास के प्रति विशेष दृष्टिकोण को प्रकट करते हैं। पुनरुत्थान और पुनर्जागरण का दृष्टिकोण देशज आधुनिकता का समर्थन करता है क्योंकि यह दृष्टिकोण मानता है कि जो आधुनिक मूल्य हमें समाज में स्थापित करने हैं वे हमारी सांस्कृतिक विरासत में पूर्व अवस्थाओं में विद्यमान थे। इन मूल्यों को दोबारा स्थापित करके आधुनिक समाज का निर्माण किया जा सकता है।

दूसरी ओर नवजागरण का दृष्टिकोण आधुनिक मूल्यों की उत्पत्ति को दो जातीय संस्कृतियों की टकराहट से उत्पन्न रचनात्मक ऊर्जा का परिणाम मानती है। यह टकराहट मनुष्य के सम्पूर्ण और संश्लिष्ट रूप की खोज व उसका परिष्कार करना चाहती थी। सम्पूर्ण मनुष्य की यह परिकल्पना भारतीय नवजागरण का केन्द्र बनी।

यद्यपि नवजागरण, भारतीय और पाश्चात्य जातीय संस्कृतियों की टकराहट से उपजी संकल्पना है और आधुनिक साहित्य में आधुनिकता की वाहक है तथापि यह निष्कर्ष निकालना कि आधुनिकता के सभी मूल्य पाश्चात्य जातीय संस्कृति की देन है, समीचीन नहीं होगा। आधुनिकता की इस व्याख्या को आगे बढ़ाने के पूर्व हमें औपनिवेशिक शासन में भारतीय जनमानस के प्रति ब्रिटिश शासकों के व्यवहार की तुलना ब्रिटेन की जनता के प्रति वहाँ की सरकार के व्यवहार से की जानी चाहिए।

उपर्युक्त विषयक तुलना में यह निष्कर्ष प्रतिपादित किया जा सकता है कि ब्रिटिश शासन ब्रिटिश नागरिकों के अधिकारों, उनकी स्वतन्त्रता और समानता के प्रति सजग था तथा वहाँ उदारवादी लोकतान्त्रिक मूल्यों को पर्याप्त सम्मान प्राप्त था। दूसरी ओर भारतीय जनता के प्रति वही ब्रिटिश सरकार शोषणकारी और दमनकारी उपकरणों को स्वीकार कर रही थी। ब्रिटिश शासन की इसी प्रवृत्ति को दादाभाई नौरोजी ने 'अनब्रिटिश रूल' की संज्ञा दी।

इस तुलना के माध्यम से निष्कर्ष निकाला जा सकता है कि पाश्चात्य संस्कृति में आधुनिक मूल्य निरपेक्ष रूप से नहीं उपस्थित थे बल्कि स्थान सापेक्ष थे जो एक स्थान पर समानता, स्वतन्त्रता तथा न्याय जैसी संकल्पनाओं का पोषण कर रहे थे तथा दूसरी ओर यातना, शोषण और दमनचक्र के द्वारा उपनिवेशों में अपने हितों को साधने का उपकरण बन रहे थे। अतः हम

आधुनिकतावादी आधुनिकता के चक्र को अस्वीकार करते हैं जिसमें परम्परा और इतिहास मानवीय अस्तित्व तथा स्वतन्त्रता के विपरीत हैं। हमारी इस आधुनिकता की नियति पुनश्च प्राथमिक आधुनिकता के नवजागरण अथवा पुनर्जागरण से जुड़ने की है ताकि इतिहास एवं समाज के अक्षों में गतिशील आम भारतीय को यथार्थ जीवन की समूची आधुनिक अभिव्यंजना आयत्त हो।[1]

आधुनिकता के आगमन का सम्यक मूल्यांकन एक संश्लिष्ट दृष्टिकोण से किया जाना चाहिए जहाँ नवजागरण के मूल्यों को केवल पाश्चात्य मूल्यों से न जोड़कर अपनी पारम्परिक न्यायप्रियता और स्वतन्त्रता सम्बन्धी विचारों से भी जोड़ा जाना आवश्यक हैं। भारतीय परम्परा में 'सर्वे भवन्तु सुखिनः' के द्वारा सामाजिक न्याय की संकल्पना प्राचीनकाल से ही विद्यमान है। 'वसुधैव कुटुम्बकम्' 'भूमंडलीकरण' के रचनात्मक एवं सकारात्मक स्वरूप को प्रकट करता है। 'स्वदेशी मूल्यों' की एक लम्बी शृंखला भारतीय परम्परा में विद्यमान है जो वर्तमान आधुनिक मूल्यों के लिए बीज का कार्य करती है।

स्वदेशी में जिन ऐतिहासिक आदर्शों तथा अभिवृत्तियों को स्वीकार किया गया है 'वे' नवजागरण की धुरी से उभरी हैं। उनमें शोषण व अन्याय का विरोध है तथा उनका मानववाद कबीर-रैदास-तुलसी-जायसी की विरासत को लिए है। इस नवजागरणवाली आधुनिकता ने हमारे आधुनिक भारत के लिए आधुनिकता की ऐसी कसौटियाँ दीं—आशावाद (तिलक), गरीबी और अज्ञानता से संघर्ष (विवेकानन्द), इहलौकिकता और राष्ट्रीयता (गाँधी तिलक), प्रकृतिवाद और वैज्ञानिकता (दयानन्द), व्यक्तिवाद एवं मानववाद (रवीन्द्रनाथ टैगोर), सामाजिक सुधार और कुटीर आर्थिक जीविका (गाँधी)। इन्हें हम एशियाई आधुनिकता के तत्त्व या मूल्य कहकर सम्बोधित करें तो भी असंगत नहीं है। दैवी के बजाय मानवीय विकास, धार्मिक रूढ़ियों के बजाय तर्क की वरीयता, सामूहिक भेड़ियाधसान की बजाय वैयक्तिकता की पहचान तथा गरिमा, सामन्तीय व्यवस्था के बजाय जन-सामाजिकतावाली व्यवस्था आदि ही परम्परा से आधुनिकता के अपने संक्रमण पन्थ हुए हैं।[2]

उपर्युक्त सभी विचारक भारतीय दर्शन की वेदान्त और नव्यवेदान्त की धाराओं से प्रभावित हैं। इन पारम्परिक भारतीय धाराओं में मानववाद

एवं मानवतावाद जैसे आधुनिक विचारों को पर्याप्त अन्तर्निवेश प्राप्त होता है। स्वामी विवेकानन्द की नव्यवेदान्तवादी दर्शन पर पर्याप्त आस्था थी और यही दर्शन इन्हें मानवमात्र की सेवा करने और उनकी समस्याओं को सुलझाने के लिए प्रेरित करता है। महात्मा गाँधी की अन्त्योदय और रामराज्य की अवधारणा पारम्परिक नव्यवेदान्त से ही समर्थन प्राप्त करती है।

आधुनिकता के वैचारिक और दार्शनिक आधारों की विवेचना के उपरान्त आधुनिक हिन्दी साहित्य में आधुनिकता के स्वरूप का निर्धारण अपेक्षाकृत सरल हो जाता है। यहाँ से आधुनिकता के देशज और विदेशज (पाश्चात्य) तत्त्वों के बीच द्वैत का निर्धारण तथा उनके बीच एक सीमा रेखा की कल्पना की जा सकती है। इस द्वैत और सीमा-रेखा के निर्धारण हेतु आधुनिक हिन्दी साहित्य की दोनों शैलियों पद्य और गद्य को अलग-अलग रखकर उनकी प्रवृत्तियों का विश्लेषण करना समीचीन होगा। शैलियों के विभाजन के उपरान्त आधुनिक काल का उपविभाजन करके विशेषीकृत कालविभाजनों के अन्तर्गत साहित्यिक प्रवृत्तियों का विश्लेषण करना प्रासंगिक होगा।

भारतेन्दु-युग में देशज आधुनिकता के प्रतिमान

साहित्य के इतिहास में किसी युग का नामकरण दो आधारों पर किया जा सकता है। पहला आधार तो यह है कि उस युग की प्रमुख प्रवृत्तियों के आधार पर युग का नामकरण किया जाए जैसे-भक्तिकाल, रीतिकाल, छायावाद, प्रगतिवाद, प्रयोगवाद आदि। दूसरा आधार यह हो सकता है कि उस युग का नाम किसी ऐसे व्यक्तित्व के नाम पर रखा जाए जिसने उस युग के निर्माण में महत्त्वपूर्ण भूमिका निभाई हो। 'भारतेन्दु-युग' नामकरण से यह सिद्ध होता है कि भारतेन्द्र हरिश्चन्द्र हिन्दी साहित्य में एक युगप्रवर्तक की भूमिका में रहे हैं।

भारतेन्दु ने हिन्दी साहित्य में आधुनिक जीवनदर्शन की प्रतिष्ठा की। उन्होंने हिन्दी कविता में एक नई चेतना का संचार किया। शैली और भाषाओं में परिवर्तन करके हिन्दी काव्यप्रवाह को भारतेन्दु ने एक नई दिशा प्रदान की। संवेदना के विकास और परिवर्तन के लिए, भारतेन्दु ने पद्य के साथ गद्य माध्यमों को भी चुना था।[3] हिन्दी कविता जो रीतिकालीन दरबारी शृंगारिक भावनाओं में ही उलझी हुई थी, वह इस युग में भारतेन्दु के प्रयत्नों से

सामान्य मानव हृदय और मस्तिष्क के साथ तादात्म्य स्थापित करने लगी। वह नायक-नायिकाओं के दरबारी प्रेमजाल से मुक्त होकर मानव हृदय में उठनेवाले सुख-दुःख, हर्ष और विषाद को व्यक्त करने लगी। भारतेन्दु ने साहित्य का रूप ही बदल दिया। सबसे पहले उनके साहित्य में ही उस गुलाम राष्ट्र की विकल आत्मा झंकृत हुई जिसे राष्ट्र की पीड़ा या दासता की वेदना सोचने पर मजबूर करती थी।[4]

भारतेन्दु-युग की प्रवृत्तियों में आधुनिकता के तत्त्व नवजागरण की लहर से उत्पन्न हुए थे। नवजागरण की इस लहर को पाश्चात्य ज्ञान-विज्ञान के परिचय का परिणाम मान लेने पर भारतेन्दु के साहित्य में देशज आधुनिकता की उपस्थिति का मत खारिज होने लगता है। साम्राज्यवादी सरकार के स्वार्थ को स्पष्ट रूप से समझ न पाने के कारण ब्रिटिश सत्ता की राजभक्ति इस तथ्य को और अधिक प्रबल करती है कि भारतेन्दु ब्रिटिश सरकार की शासनपद्धति और पाश्चात्य सामाजिक मूल्यों के प्रति अधिक आकृष्ट थे। ब्रिटिश सत्ता के वास्तविक स्वरूप की पहचान के बाद भारतेन्दु की यह राजभक्ति, राष्ट्रभक्ति के रूप में परिवर्तित होने लगती है। 'धन निष्कासन का सिद्धान्त' प्रतिपादित होने के पश्चात् वे ब्रिटिश शासन की कार्यप्रणाली से व्यथित होते हुए दिखाई देते हैं।

"अंगरेज राज सुख साज सजे सब भारी
पै धन विदेश चलि जात है अति ख्वारी॥"

समस्याओं पर आधुनिक चिन्तन करने के बाद उनके पास तत्कालीन समस्याओं और तनावपूर्ण स्थितियों से उबरने का कोई साधन नहीं है। इसलिए वे भारत की दुर्दशा पर आँसू बहाने के लिए विवश हैं -

"रोवहु सब मिलिकै आवहु भारत भाई
हा हा ! भारत दुर्दशा देखी न जाई॥"

भारतेन्दु के साहित्यिक सृजन के आरम्भिक दौर में ब्रिटिश शासन के प्रति राजभक्ति के साथ-साथ अंग्रेजी शिक्षा और अंग्रेजी भाषा के प्रति सकारात्मक आग्रह दिखाई देता है। कालान्तर में वे अंग्रेजी भाषा में व्याप्त कमियों को स्पष्ट करते हुए मातृभाषा की उन्नति की बात करने लगते हैं। अंग्रेजी भाषा के प्रति उनके दृष्टिकोण को निम्नलिखित उदाहरण से समझा जा सकता है—

"सब गुरुजन को बुरा बतावै, अपनी खिचड़ी आप पकावै।
भीतर तत्त्व न झूठी तेजी, क्यों सखि, साजन ! नहि अंग्रेजी॥"

अंग्रेजी भाषा की सीमाओं को बताने के बाद भारतेन्दुयुगीन कविता ने मातृभाषा के गौरव को पुनः स्थापित करने का प्रयास किया। उन्होंने निजभाषा गौरव सम्बन्धी विचारों से लोगों में हिन्दी कि प्रति अनुराग उत्पन्न कर मातृभाषा का उद्धार किया। भारतेन्दु के दोहे इसका प्रमाण हैं -

"निज भाषा उन्नति अहै, सब उन्नति को मूल
बिन निज भाषा ज्ञान के, मिटत न हिय को शूल।
अंग्रेजी पढ़िकै यदपि, सब गुन होत प्रवीन।
पै निज भाषा ज्ञान बिन, रहत हीन के हीन।
और एक अति लाभ यह, यामें प्रकट लखात।
निज भाषा में कीजिए जो विद्या की बात॥"

उपर्युक्त विश्लेषण द्वारा आधुनिकता के स्वरूप के निर्धारण में भारतेन्दु-युग की प्रवृत्तियों को दो दृष्टिकोणों से देखा जा सकता है। प्रथम दृष्टिकोण के अन्तर्गत भारतेन्दु हरिश्चन्द्र जैसे कवियों ने प्रारम्भिक चरण में ब्रिटिश सत्ता के प्रति राजभक्ति का प्रदर्शन करते हुए अंग्रेजी शिक्षा तथा पाश्चात्य आधुनिक मूल्यों का गुणगान किया। वहीं दूसरा दृष्टिकोण इन कवियों का ब्रिटिश सत्ता की चालबाजियों को पहचानकर राष्ट्रवाद एवं राष्ट्रभक्ति का प्रदर्शन किया गया और अपने देशज मूल्यों और देशज भाषाओं के प्रति गौरव का अनुभव कराकर देशवासियों में राष्ट्रप्रेम के भाव को उद्वेलित करने का प्रयास किया गया।

साहित्य में आधुनिकता और गैर-आधुनिकता को इस प्रकार विभक्त किया जा सकता है कि राजा शिवप्रसाद और भारतेन्दु हरिश्चन्द्र में मुख्य अन्तर यह है कि पहला टकसाली हिन्दी लिखता है और दूसरा लोकोपयोगी हिन्दी।[5] भारतेन्दु राष्ट्रवादी चेतना के प्रथम हस्ताक्षर कहे जाते हैं। वे वल्लभ सम्प्रदाय में दीक्षित वैष्णव थे, किन्तु बाह्य आडम्बरों में बिलकुल भी विश्वास नहीं करते थे। उनका व्यक्तित्व उदार गुणग्राही और आकर्षक होने के साथ लोकप्रिय था। कवि ने सामान्य जनमानस में जनचेतना का जागरण किया है। साहित्य में मातृभूमि एवं स्वदेश प्रेम, स्वदेशी की संकल्पना, बालविवाह निषेध, शिक्षा का अधिकाधिक प्रसार, मद्यनिषेध आदि विषयों

का समावेशन था।

भारतेन्दु ने अपने साहित्य में सामाजिक जीवन के प्रति उपेक्षा का भाव न रखकर सामान्य जनमानस की समस्याओं की ओर ध्यानाकृष्ट किया है। कवि ने साहित्य को रीतिकालीन, दरबारी एवं सामन्ती परिवेश से बाहर निकालकर लोकोपयोगी सिद्ध किया है। सामाजिक, सांस्कृतिक जागरण के साथ-ही-साथ अपने राष्ट्र के प्रति ममत्व की भावना का स्फुरण हुआ। देश के गौरव के गीत गाए गए।[6] भारतेन्दु ने अपनी देशज प्रवृत्ति एवं भावाभिव्यक्ति के माध्यम से आधुनिक मूल्यों का समावेश साहित्य में किया है। साथ ही इनकी साहित्यिक आधुनिकता पूर्णतया देशज मूल्यों पर आधारित है।

द्विवेदी-युग और देशज आधुनिकता का स्वरूप

हिन्दी साहित्य के आधुनिक काल में 1900 ई. से 1918 ई. तक के कालखंड का नामकरण आचार्य महावीरप्रसाद द्विवेदी के नाम पर 'द्विवेदी-युग' किया गया। यह नामकरण हिन्दी भाषा और साहित्य के विकास में नया दृष्टिकोण प्रदान करने में आचार्य महावीरप्रसाद द्विवेदी के योगदान की अविस्मरणीय भूमिका को देखते हुए उनका सम्मान प्रकट करता है। साहित्यिक सोद्‌देश्यता के साथ-साथ भाषाई परिष्करण की प्रक्रिया द्वारा इस युग में भाषा और साहित्य के विकास को नई दिशा मिली।

द्विवेदीयुगीन कविता में आधुनिकता के स्वरूप का निर्धारण करने के लिए इस युग की कविता के दार्शनिक आधारों की समीक्षा आवश्यक है। द्विवेदी-युग की कविता के दार्शनिक आधार बहुआयामी हैं। इस युग की सोद्‌देश्य कविता में सामाजिक पक्षों की उपस्थिति ब्रह्मसमाज, आर्यसमाज तथा विभिन्न सामाजिक-धार्मिक सुधार आन्दोलनों पर आधारित है। कविता में राष्ट्रवाद की भावना को राष्ट्रीय आन्दोलन की उग्रवादी शाखा ने आधार प्रदान किया है। उल्लेखनीय है कि इसी कालखंड में लाल-बाल-पाल की तिकड़ी और अरविन्द घोष के नव्यवेदान्तवादी दार्शनिक विचार राष्ट्रीय आन्दोलन को उग्र स्वरूप प्रदान कर रहे थे। अतः यह निष्कर्ष निकाला जा सकता है कि इस युग की कविता में पाए जानेवाले आधुनिक मूल्य पाश्चात्य परम्परा की अपेक्षा भारतीय सांस्कृतिक मूल्यों पर अधिक निर्भर थे।

द्विवेदी-युग के अन्त तक महात्मा गाँधी का आगमन भारतीय राष्ट्रीय आन्दोलन की एक मुख्य विभाजक रेखा बना। महात्मा गाँधी नव्य वेदान्तवाद के समर्थक थे जिसके अन्तर्गत सम्पूर्ण मानव जाति एवं अन्य प्राणियों के कल्याण की बात कही जाती थी। स्वामी विवेकानन्द का दृष्टिकोण भी वेदान्त पर आधारित था उनके अनुसार धर्म, अध्यात्म आदि सभी विचार मानव केन्द्रित होने चाहिए और मानव कल्याण ही ईश्वर की सबसे बड़ी सेवा है। स्पष्ट है कि मानव कल्याण के उपर्युक्त दृष्टिकोण वेदान्त और नव्यवेदान्त पर आधारित रहे हैं। अत: इनसे प्रभावित द्विवेदीयुगीन साहित्य में पाए जानेवाले आधुनिक मूल्य भारतीय सांस्कृतिक परम्परा पर आधारित हैं।

द्विवेदी-युग में नवजागरण की चेतना अपने विकास के दूसरे चरण में पहुँचती है और नवजागरण के साथ-साथ हिन्दी साहित्य को भारतेन्दुयुगीन अन्तर्विरोध से मुक्ति दिलाती है। इस परिप्रेक्ष्य में देखा जाए तो जहाँ भारतेन्दुयुगीन कविता में राष्ट्रीय चेतना का स्वरूप आलोचनात्मक था वहीं द्विवेदी-युग में राष्ट्रीय चेतना आक्रामक स्वरूप ग्रहण करती है। अपनी संस्कृति के प्रति महत्वबोध तक आकर बात रूक गई थी। इस महत्वबोध के साथ 'सारे हिन्दुस्तान की एक इकाई है जो हमारे लिए है। यह भावना आयी जिससे राजनीतिक चेतना प्रबल हुई। फलत: सांस्कृतिक महत्वबोध और इस राजनीतिक चेतना के संघात से राष्ट्रीयता का विकास हुआ जो द्विवेदीयुगीन कविता में प्रतिफलित हो सकी। धीरे-धीरे इस राष्ट्रीयता ने स्वतन्त्रता के मूल्य को जन्म दिया। इस तत्कालीन चेतना को गाँधी जी का नेतृत्व मिला जिसमें अपने युग के पहचान की पूरी क्षमता थी। उस समय तक देश का अधिकांश जनमानस जागृत हो रहा था और प्रत्येक व्यक्ति चेतना के अनुरूप प्रबुद्ध हो रहा था।[7]

आधुनिक हिन्दी साहित्य के इस द्वितीय चरण में कवियों में आधुनिकता के मूल्य नितान्त मौलिक और देशज स्वरूप में दिखाई देते हैं। विदेशी दासता से मुक्ति, नारी मुक्ति तथा आधुनिक सामाजिक चेतना स्पष्ट एवं अभिधात्मक रूप में द्विवेदीयुगीन कविता में प्रकट होती है। पहली बार राष्ट्रीय चेतना को समग्रता में अभिव्यक्ति भी इसी युग में आकर मिलती है।

इस युग के रचनाकारों ने अतीत, वर्तमान और भविष्य को एक नैरन्तर्य में देखा है जिसका प्रमाण गुप्त जी की 'भारत-भारती' में है। इसी प्रकार सन्दर्भ

चाहे सामाजिक चेतना का हो या नारी चेतना का द्विवेदी-युग भारतेन्दु युग की अगली कड़ी है। यह द्विवेदीयुगीन रचनाकारों की प्रगतिशील सामाजिक चेतना ही है जिसने उन्हें साहित्य की सामाजिक सोद्‌देश्यता की घोषणा करने के लिए बाध्य किया। इसी प्रगतिशीलता की पृष्ठभूमि में जब नारी का प्रश्न उठता है, तो द्विवेदीयुगीन रचनाकार अपनी सारी संवेदना-सहानुभूति नारी पर उँड़ेल देते हैं, जिसके कारण नामवर सिंह द्विवेदीयुगीन रचनाकारों की कविता को 'नारियों का अनाथालय' की संज्ञा देते हैं।[8]

यहाँ रचनाकारों का वैशिष्ट्य इस रूप में है कि उन्होंने भारतीयों की पराधीनता के कारणों को उनके चरित्र में तलाशते हुए उनके अविवेक को जिम्मेदार ठहराया है और विवेक पर जोर देते हुए नवजागरण के बाधक तत्त्व को दूर करने की कोशिश की। इस क्रम में द्विवेदीयुगीन रचनाकारों की साहित्यिक चेतना भारतेन्दु-युग की तुलना में आधुनिकता की कसौटी पर कही अधिक खरी उतरती है। गुप्त जी इस आधुनिकता का परिचय संवेदना के साथ-साथ 'साकेत' के नामकरण में देते हैं, क्योंकि कथा चित्रकूट में चल रही है लेकिन ऐसा लगता है—मानो पूरी-की-पूरी अयोध्या चित्रकूट चली आई है। हरिऔध के 'प्रियप्रवास' में कृष्ण इन्द्र के प्रकोप से ब्रजवासियों को बचाने के लिए गोवर्धन पर्वत को अपनी कानी उँगली पर धारण नहीं करते, बल्कि उन्हें गुफाओं और कन्दराओं में ले जाकर छुपाते हैं। आशय यह है कि जहाँ द्विवेदीयुगीन रचनाकारों ने रचना सन्दर्भ पौराणिक आख्यानों से उठाए हैं, वहाँ भी उनकी चेतना आधुनिक रही है।[9]

द्विवेदीयुगीन रचनाकारों ने देशज मूल्यों को इतने प्रभावी ढंग से आत्मसात किया है कि वे पश्चिम के अन्धानुकरण पर बहुत व्यथित दिखाई देते हैं। मैथिलीशरण गुप्त ने भारतीयों की परवशता की प्रवृत्ति का विरोध किया है और भारतीयों की सांस्कृतिक अस्मिता को पहचाना है—

"वे चूड़ियाँ तक हैं विदेशी देख लो, बस हो चुका।
भारत स्वकीय सुहाग भी परकीय करके खो चुका।
गुण मात्र छोड़ विदेशियों के हम उन्हीं में सन गए
कैसी नकल की वाह ! हम नक्काल पूरे बन गए॥"

किसानों और मजदूरों के प्रति देशी मानववादी चेतना भारतीय राष्ट्रीयता की संकल्पना को पाश्चात्य राष्ट्रीयता की संकल्पना से विलग करती है। यहाँ

पर किसानों की दुर्दशा, अकाल, महामारियों आदि के प्रति चिन्ता साहित्य के जनवादी स्वरूप को प्रदर्शित करती है

"पानी बनाकर रक्त का, कृषि कृष करते हैं यहाँ
फिर भी अभागे भूख से, दिन रात मरते हैं यहाँ॥

× × ×

अन्न नहीं अब विपुल देश में अकाल पड़ा है।
पानी पाँवर प्लेग पसारे पाँव खड़ा है।"

नारी की दयनीय स्थिति के प्रति द्विवेदीयुगीन कविता में विद्रोह के तीव्र स्वर दिखाई देते हैं। मैथिलीशरण गुप्त की यह पंक्तियाँ समकालीन नारीवादी आन्दोलनों में पाई जानेवाली विद्रोह की तीव्रता के समकक्ष तीव्रता धारण करती हैं -

नारी पर नर का कितना अत्याचार है
लगता है विद्रोह मात्र ही इसका प्रतिकार है।

आचार्य द्विवेदी के 'उर्मिला विषयक उदासीनता' निबन्ध से प्रेरित होकर गुप्त जी ने उर्मिला और यशोधरा जैसी उपेक्षित नारी चरित्रों को क्रमश: 'साकेत' और 'यशोधरा' के जरिये साहित्य के केन्द्र में स्थापित किया। बुद्ध के महाभिनिष्क्रमण पर बुद्ध का ऐसा जाना यशोधरा को अखरता है। उसे वह नारी जाति पर कलंक के रूप में देखती है। बुद्ध के महाभिनिष्क्रमण पर यशोधरा की प्रतिक्रिया है—

"सिद्धि हेतु स्वामी गए, यह गौरव की बात
पर चोरी-चोरी गए, यही बड़ा व्याघात।

× × ×

स्वयं सुसज्जित करके क्षण में, प्रियतम को प्राणों के पण में,
हमीं भेज देती हैं रण में क्षात्र धर्म के नाते,
सखि ! वे मुझसे कहकर जाते॥"

द्विवेदीयुगीन साहित्य में आधुनिक लोकतान्त्रिक मूल्यों के प्रति भी आग्रह दिखाई देता है। विधि के समक्ष समानता जैसा संवैधानिक मूल्य उन्हें भारतीय परम्परा में दिखाई देता है। निष्पक्ष न्याय और अन्याय के प्रति असहिष्णुता पर वे बल देते हैं। राजनीतिक सत्ता में न्याय के मूल्य को स्थापित करते हुए वे परिवारवाद और भाई-भतीजावाद का विरोध करते नजर

आते हैं। गुप्त जी के शब्दों में ही—

"अन्याय सहकर मौन रहना यह महा दुष्कर्म है,
न्यायार्थ अपने बन्धुओं को दंड देना धर्म है॥"

इसके अतिरिक्त द्विवेदी-युग में नाथूराम शर्मा 'शंकर' ने आर्यसमाजी प्रभाव के कारण बाल-विवाह पर व्यंग्य और विरोध किया। श्रीधर पाठक ने विधवाओं के पुनर्विवाह का समर्थन किया। स्त्री-शिक्षा, दहेज-प्रथा की आलोचना और अतीत के गौरवगान से सम्बद्ध द्विवेदीयुगीन कविताएँ समाज को आज भी प्रभावित करती हैं। यहाँ पर अधिकांश कवियों ने जन्म और वंश की अपेक्षा कर्म पर अधिक बल दिया है। अतः स्पष्ट रूप से कहा जा सकता है कि द्विवेदीयुगीन कविता ने अपने युग में तो आधुनिक मूल्यों का प्रसार किया ही साथ-ही-साथ परवर्ती साहित्य के लिए भी आधुनिक मूल्यों का अन्तर्निवेश प्रदान किया।

छायावादी काव्य में देशज आधुनिक मूल्य

द्विवेदी-युग की अभिधात्मकता, इतिवृत्तात्मकता और गद्यात्मकता की शैली युक्त काव्य प्रवृत्तियों के विरुद्ध संवेदना तथा शिल्प दोनों स्तर पर एक नया काव्यान्दोलन प्रारम्भ होता है, जिसमें अभिधात्मकता के स्थान पर लाक्षणिक भाषा का प्रयोग करते हुए काव्यभाषा को एक नया कलेवर प्रदान किया जाता है। छायावाद के उद्‌भव के दो दृष्टिकोण प्रचलित हैं, पहला दृष्टिकोण छायावादी काव्यान्दोलन को पश्चिमी रोमांटिन्ज़्म का भारतीय साहित्य पर पड़े प्रभाव की देन मानता है, वहीं दूसरा दृष्टिकोण द्विवेदीयुगीन इतिवृत्तात्मकता और अभिधात्मकता के विरुद्ध भारतीय सांस्कृतिक नैरन्तर्य के अन्तर्गत ही नया आन्दोलन मानता है।

पहला दृष्टिकोण छायावाद को एक आयातित दर्शन का प्रतिफल मानता है। इस दृष्टिकोण के समर्थकों में आचार्य रामचन्द्र शुक्ल सर्वप्रमुख हैं। आचार्य शुक्ल के अनुसार छायावादी आन्दोलन एक आध्यात्मिक रहस्यवादी साहित्य है, जिस पर ईसाइयत या पश्चिम का प्रभाव अधिक दिखाई देता है। उनके अनुसार ईसाइयत का प्रभाव ब्रह्मसमाज आन्दोलन के माध्यम से बाँग्ला साहित्य तक जा पहुँचा, जिसकी परिणति छायावाद के रूप में हुई।

आचार्य शुक्ल के इस दृष्टिकोण को कसौटी मान लेने पर छायावादी आन्दोलन में देशज तत्त्वों की खोज कर पाना असम्भव हो जाता है। आचार्य

शुक्ल के इस मत से सहमत नहीं हुआ जा सकता है क्योंकि जिस आध्यात्मिक रहस्यवाद को वे पश्चिम या ईसाइयत के परिप्रेक्ष्य में व्याख्यायित करते हैं उसकी जड़ें भारतीय परम्परा में गहराई से विद्यमान हैं। साथ ही उस रहस्यवाद का दार्शनिक आधार ईसाई धर्म का तात्विक चिन्तन नहीं तैयार करता। निराला के यहाँ उस रहस्यवाद को वेदान्ती रहस्यवाद के रूप में अभिव्यक्ति मिली है और उसका आधार है—प्राकृतिक अद्वैतवादी चिन्तन। प्रसाद के रहस्यवाद का आधार शैवागम अद्वैतवाद है तो पन्त का रहस्यवाद अरविन्द के सर्वात्मवादी दर्शन पर आधारित है।

वस्तुतः छायावाद पर विदेशी प्रभाव उतना ही है जितना भारतीय नवजागरण पर और छायावाद की जड़ें भारत की साहित्यिक परम्पराओं में उसी तरह फैली हुई हैं जिस तरह नवजागरण की। जिस प्रकार नवजागरण के चिन्तकों ने पश्चिम के उस प्रभाव को भारतीय परिस्थितियों के अनुरूप ढालते हुए स्वीकार किया और उसी के अनुरूप भारतीय नवजागरण के विशिष्ट रूप का निर्धारण हुआ, उसी प्रकार छायावादी कवियों ने भी स्वच्छन्दतावाद के प्रभाव को स्वीकारते हुए उसे स्थानीय परिस्थितियों के अनुरूप ढाला और उसका भारतीय संस्करण प्रस्तुत किया।[10]

छायावादी साहित्य के 'आयातित दर्शन' वाले दृष्टिकोण का खंडन होने के बाद छायावादी साहित्य में देशज आधुनिक मूल्यों की पड़ताल गहनता से अध्ययन करने पर की जा सकती है। वस्तुतः छायावादी साहित्य को स्थूल के प्रति सूक्ष्म के विद्रोह के रूप में देखा जाता है। अतः यहाँ पर स्पष्ट सपाटबयानी के रूप में सोद्देश्य रचनाएँ विद्यमान नहीं हैं और न ही सामाजिक विद्रूपताओं के अभिधात्मक भाषा में विद्रोह। छायावादी रचनाओं के उद्देश्य को समझने के लिए उसकी प्रतीकात्मकता को समझना होगा।

वस्तुतः आधुनिक मूल्यों की पड़ताल हेतु छायावादी रचनाओं का गहन सूक्ष्म विश्लेषण अनिवार्य हो जाता है, क्योंकि यहाँ किसी उद्देश्य को लाक्षणिक शैली एवं प्रतीकात्मक भाषा में ही प्रस्तुत किया जाता है। सामान्यतया छायावादी प्रवृत्तियों के अन्तर्गत निजता एवं वैयक्तिकता, आत्मविस्तार, प्रकृति के प्रति प्रेम, नारी के प्रति कोमलतापूर्ण दृष्टिकोण, अज्ञात के प्रति जिज्ञासा, अतिशय अनुभूतिशीलता देशप्रेम, सांस्कृतिक जागरण की अभिव्यक्ति आदि को सम्मिलित किया जाता है परन्तु सूक्ष्म

विश्लेषण के उपरान्त इसके अन्तर्गत सामाजिक सोद्देश्यता भी दिखाई देती है।

जयशंकार प्रसाद: उपनिषदों की आस्था से आधुनिकता के देशज मूल्यों के संस्थापक

छायावादी साहित्यकारों में जयशंकर प्रसाद एक ऐसे साहित्यकार है जिन्होंने अपनी रचनाओं के केन्द्र में दर्शन को सबसे प्रमुखता से रखा। उनकी रचनाओं में उपनिषदों से निकले दर्शन जगह-जगह पर अभिव्यक्त हुए हैं। समकालीन कवियों और रचनाकारों की अपेक्षा उनकी कविताएँ एक भिन्न दार्शनिक धरातल पर खड़ी हैं। जहाँ निराला ने नव्य वेदान्तवादी दर्शन को आत्मसात किया था वहीं जयशंकर प्रसाद ने शैवागम अद्वैतवाद का दर्शन आत्मसात किया। इसी धरातल पर वे कामायनी में भारतीय सांस्कृतिक चिन्तन-परम्परा की दु:खवादी और आनन्दवादी धाराओं को एक-दूसरे से सम्बद्ध करते हुए समरसतावादी दर्शन की प्रतिष्ठा करते हैं—

"समरस थे जड़ या चेतन, सुन्दर साकार बना था,
चेतनता एक विलसती आनन्द अखंड घना था॥"

प्रसाद की रचनाओं का दार्शनिक धरातल सिर्फ उपनिषदों या शैवागम अद्वैतवाद जिसे प्रत्यभिज्ञा दर्शन के रूप में प्रतिष्ठा मिली, तक ही सीमित नहीं था, उनकी रचनाओं में विभिन्न दार्शनिक धाराओं का संश्लिष्ट प्रभाव दिखाई देता है।

प्रसाद की नारी-चेतना पर जहाँ एक ओर मध्ययुगीन नारी आदर्शों का प्रभाव दिखाई देता है जिसका सम्बन्ध तद्युगीन सन्दर्भ में गाँधीवाद से जाकर जुड़ता है तो दूसरी ओर पश्चिम के उदारवादी नारीवादी चिन्तन से भी। कामायनी में तो प्रसाद डार्विन के विकासवाद के प्रभाव को भी स्वीकार करते हैं और मार्क्सवाद को भी। श्रद्धा अन्ततः इसे मानवतावाद के उपकरण में तब्दील कर देती है। इस प्रकार प्रसाद की रचनाओं के दार्शनिक आधार बहुआयामी प्रवृत्ति के जरूर हैं परन्तु उनका सर्वाधिक झुकाव समरसतावाद, आनन्दवाद और मानवतावाद की ओर है।

दर्शनों के प्रति अधिक झुकाव के कारण प्रसाद पर यह आक्षेप लगाना स्वाभाविक है कि वे आधुनिकता के मूल्यों के प्रति अधिक प्रतिबद्ध नहीं थे।

प्रसाद की रचनाओं का सतही तौर पर अध्ययन करने पर यह आक्षेप सही भी लगता है परन्तु गहन अध्ययन करने पर उनकी रचनाओं में आधुनिकता के तत्त्व स्पष्ट होने लगते हैं। इन रचनाओं से आधुनिकता के मूल्यों का निष्कर्षण दो रूपों में किया जा सकता है। पहली भारतीय दर्शन आधारित आधुनिकता है वहीं दूसरी ओर पाश्चात्य दर्शनों पर आधारित आधुनिक मूल्य हैं। स्पष्ट है कि जयशंकर प्रसाद के सृजन कार्य में आधुनिक मूल्य दर्शनों से निकलकर आए हैं।

जयशंकर प्रसाद की रचनाओं में आधुनिकता के स्वर मानवतावाद की वीणा द्वारा झंकृत होते हैं। मानवतावाद का मूल्य लगभग सभी आधुनिक मूल्यों को आत्मसात करता है। उल्लेखनीय है कि प्रसाद का मानवतावाद उनके समरसतावादी दर्शन की मौलिक उपज है। यह समरसतावादी दर्शन प्रत्यभिज्ञा दर्शन का ही एक स्वरूप है, वहीं दूसरी ओर मानवतावादी विचारों पर वेदान्त और नव्यवेदान्त की विचारधारा का स्पष्ट प्रभाव दिखाई देता है। 'कामायनी' की रचना का उद्‌देश्य इसी मानवतावाद की स्थापना है। कामायनी की 'श्रद्धा' संसार की सभी शक्तियों का समन्वय करके मानवता को विजयी करने की इच्छा रखती है—

"शक्ति के विद्युत्तकण जो व्यस्त, विकल बिखरे हैं हो निरुपाय
समन्वय उसका करे समस्त, विजयिनी मानवता हो जाय॥"

'कामायनी' में जयशंकर प्रसाद ने संसार की मूल समस्या विषमता को माना है। यहाँ पर विषमता का अर्थ व्यापक रूपों में लिया जा सकता है। विषमता के प्रस्तुत विधान में प्रसाद ने इच्छा, क्रिया और ज्ञान के मध्य विषमता को रखा है परन्तु प्रतीकात्मक रूप में यह विषमता सामाजिक और आर्थिक विषमता को भी आत्मसात करती है—

विशमता की पीड़ा से व्यस्त, हो रहा स्पन्दित विश्व महान।

यहाँ पर 'विषमता' की व्याख्या मार्क्सवादी नजरिये से भी की जा सकती है परन्तु प्रसाद के उपनिषदों के प्रति झुकाव तथा इच्छा, क्रिया एवं ज्ञान के मध्य संसार द्वारा समन्वय न कर पाने का उनका कथन यह सिद्ध करता है यह 'विषमता' उनके मौलिक दर्शन की उपज है।

अनुभूतिशीलता की अधिकता और रोमांटिसिज्म के प्रभाव के साथ-साथ प्रसाद की रचनाओं में नारी के प्रति मध्यकालीन धारणाएँ अधिक प्रबल

दिखाई देती हैं, और उनके नारी चिन्तन में आधुनिक मूल्यों के प्रति विशेष आग्रह नहीं दिखाई देता है। कामायनी में गाँधीवादी दर्शन का भी स्पष्ट प्रभाव दिखाई देता है। श्रद्धा का चरित्र मूलतः गाँधीवादी मानसिकता का ही प्रतीक है। प्रसाद ने अहिंसा के आधुनिक मूल्य का भी समर्थन किया है जो जैनदर्शन और गाँधीवाद के दर्शन के संश्लिष्ट प्रभाव को दिखाता है। मनु के हिंसा यज्ञ में श्रद्धा ने पशुओं के हित में तर्क दिया है—

"ये प्राणी जो बचे हुए हैं, इस अचला जगती के।
इनके कुछ अधिकार नहीं क्या, ये सब ही हैं फीके॥" 18

सूर्यकान्त त्रिपाठी निराला: वेदान्त एवं नव्यवेदान्त दर्शन से आधुनिक विचारों के सृजनकर्ता

छायावादी साहित्य के अन्तर्गत सूर्यकान्त त्रिपाठी निराला की छवि आत्मसंघर्ष के विवेचक, शक्ति के उपासक परम्परा से विद्रोहकर्ता, मुक्ति एवं स्वातन्त्र्य चेतना के प्रस्तावक के रूप में रही है। निराला के काव्य में स्वतन्त्रता की चेतना बहुत ही देशी अन्दाज में अभिव्यक्त हुई है। वे स्वतन्त्रता जैसे मूल्यों का उद्घोष अपने राष्ट्रीय प्रतीकों के माध्यम से करते हैं—

तोड़ो, तोड़ो, तोड़ो कारा
पत्थर की फिर
गंगा जल-धारा !
पुनः सत्य-सुन्दर-शिव को सँवारती
उर-उर की बनो आरती !
भ्रान्तों की निश्चल ध्रुवतारा
तोड़ो, तोड़ो, तोड़ो कारा॥

वेदान्त और नव्यवेदान्त का प्रभाव उनकी साहित्य साधना पर स्पष्ट रूप से दिखाई देता है। यही कारण है कि उनकी कविताओं में आधुनिक मूल्यों का प्रभाव उसी दर्शन से उद्धत होता हुआ प्रतीत होता है। प्रतीकात्मक रूप से वेदान्तवाद का समावेश उनकी रचनाओं में तो होता ही है। कहीं-कहीं वे अपने देशज मूल्यों की श्रेष्ठता का उद्घोष सीधे सपाट रूप में करते हुए दिखाई देते हैं—पश्चिम की यह उक्ति नहीं गीता है गीता है।

स्पष्टतः जिस छायावादी काल में निराला की साहित्य साधना चल रही थी उस समय पाश्चात्य रोमांटिसिज़्म की विचारधारा की छाप हिन्दी समेत

अधिकतर भारतीय साहित्य पर स्पष्ट रूप से दिखाई देती है। समकालीन के आग्रह से स्वयं को तटस्थ रखने में अधिक सफल रहे हैं। समकालीन कवियों की अपेक्षा निराला का व्यक्तित्व सर्वाधिक संश्लिष्ट रहा है। उनके व्यक्तित्व के निर्धारण में बहुआयामी प्रभाव दिखाई देते हैं।

निराला राग विराग के कवि हैं उनकी प्रतिनिधि कविताओं के अन्तर्गत राम की शक्ति-पूजा, सरोजस्मृति, तुलसीदास, कुकुरमुत्ता आदि रही हैं। इन सभी कविताओं के माध्यम से निराला ने स्वयं को अलग-अलग व्यक्तित्त्वों के रूप में प्रकट किया है। इन सभी रचनाओं में निराला की सबसे प्रमुख विशेषता यह रही है कि वे किसी विचारधारा और उसके जड़ सिद्धान्तों के प्रति प्रतिबद्धता नहीं दिखाते हैं। लम्बी कविता के रूप में राम की शक्ति पूजा निराला की साहित्य साधना की चरम अभिव्यक्ति है। राम की शक्ति-पूजा शक्ति सन्धान की कविता है। उल्लेखनीय है कि यहाँ पर शक्ति सन्धान का उद्देश्य सीता मुक्ति के रूप में प्रतीकात्मक रूप से नारी की मुक्ति है। अन्याय का प्रतिकार करने की शक्ति का स्रोत भारतीय परम्परा में ढूँढ़ते हैं जिसकी परिणति शक्ति की साधना के रूप में राम की शक्ति-पूजा के रूप में होती है।

सरोजस्मृति और राम की शक्ति पूजा निराला के आत्मसंघर्ष को प्रकट करने के लिए दो अलग-अलग शैलियों में लिखे गए आख्यान हैं। सरोजस्मृति में निराला की वैयक्तिकता सीधे-सीधे 'मैं' की शैली में प्रकट हुई है। वहीं दूसरी ओर राम की शक्ति-पूजा में उनका अपना व्यक्तित्व प्रक्षेपित हुआ है परन्तु प्रतीकात्मक रूप में।

निराला इस सन्दर्भ में भी आधुनिक दिखाई देते हैं कि वे पौराणिक मिथकों को मानव के रूप में प्रकट करते हैं। राम की शक्ति-पूजा के माध्यम से उन्होंने ईश्वर 'राम' को मानव 'राम' के रूप में स्थापित कर उसकी वेदना और पीड़ा को सामान्य मानव से साधारणीकृत कर दिया है। सीता की मुक्ति के प्रयास में असफलता को सामने देखकर विचलित हो जाना और उसके बाद शक्ति का सन्धान करके पुनः आत्मविश्वास प्राप्त करना सामान्य मानव स्वभाव के रूप में राम के स्वभाव का प्रकटीकरण उन्हें आधुनिक बनाता है।

राम की शक्ति-पूजा के राम में सीता के प्रति जो गहरा और एकनिष्ठ प्रेम दिखाई देता है, वह भी निराला के एकनिष्ठ प्रेम का ही प्रक्षेपण है।

मनोहरा देवी के प्रति निराला के प्रेम की एकनिष्ठता का ही परिणाम था कि वे अपनी जन्म-कुंडली में लिखे दो विवाहों की घोषणा को भी दृढ़ संकल्प से खंडित करते हैं। यही एकनिष्ठता राम में भी है जो सीता की मुक्ति का आधार रही है—

जानकी ! हाय, उद्धार प्रिया का हो न सका।

—राम की शक्ति पूजा

खंडित करने को भाग्य अंक,
देखा भविष्य के प्रति अशंक।

—सरोज स्मृति

यहाँ पर 'प्रिया' शब्द का प्रयोग करके निराला ने राम और सीता के प्रेम को अधिक स्वाभाविक बना दिया है। वे ईश्वर 'राम' को मानव 'राम' के रूप में रूपान्तरित करने के क्रम में उनकी भावनाओं को भी आधुनिकता के परिप्रेक्ष्य में प्रकट करते हैं। शक्ति-पूजा का अन्तिम इन्दीवर माँ दुर्गा उठाकर ले गई हैं, और रिक्त स्थान को देखकर राम आत्मधिक्कार की अवस्था में पहुँच गए हैं। व कहते हैं—

"धिक् जीवन को जो पाता ही आया विरोध,
धिक् साधन जिसके लिए सदा ही किया शोध।
जानकी! हाय उद्धार प्रिया का हो न सका
वह एक और मन रहा राम का जो न थका॥"

प्रश्न यह है कि यह आत्मधिक्कार किसलिए है? यह न तो विजय के लिए है, न साधना की सफलता के लिए है बल्कि सिर्फ सीता की मुक्ति के लिए है। घोर विफलता तथा आत्मधिक्कार की अवस्था में व्यक्ति सबसे पहले उसी लक्ष्य की बात करता है जो सबसे महत्त्वपूर्ण होते हुए भी पूरा नहीं हो पाता है। आत्मधिक्कार के तुरन्त बाद 'जानकी ! हाय उद्धार प्रिया का हो न सका' कथन राम के मुख से निकलना इस बात का प्रमाण है कि सीता की मुक्ति कविता का केन्द्रीय कथ्य है। निराला ने सीता की मुक्ति के लिए राम के हृदय में जिस प्रकार संवेदना जगाई है वह कहीं-न-कहीं तत्कालीन समाज में व्याप्त नारी की पराधीनता के प्रति भी जनमानस को संवेदनशील बनाती है। कुछ आलोचकों ने तो सीता मुक्ति को प्रतीक माना है और राम की शक्ति-पूजा का वास्ततिक उद्देश्य तत्कालीन समाज में नारी

को पराधीनता से मुक्त कराना माना है।

स्वाधीनता की यह आवाज निराला की मौलिक सोच को प्रतिबिम्बित करती है। यह आवाज उनके आत्मसंघर्षों तथा उनकी लोकपक्षीयता से उठती हुई प्रतीत होती है। विचारधाराओं की जड़ता से दूरी बनाकर रखनेवाले निराला की यही प्रवृत्ति उनको परम्परा से विद्रोह करनेवाले कवि के रूप में प्रस्तुत करती है।

निराला की साहित्य साधना का एक महत्त्वपूर्ण पक्ष यह है कि वे शक्ति की मौलिक कल्पना में लोकमंगल की भावना के प्रति प्रतिबद्धता प्रदर्शित करते हैं। राम को रावण से हारने का भय व्यक्तिगत स्तर से अधिक लोकजीवन के स्तर पर है——रह-रह उठता जग जीवन में रावण जय भय। इसी प्रकार शक्ति की मौलिक कल्पना वे सिंह के भाव से करते हैं किन्तु यह अनिवार्यतः लोकमंगल से सम्बद्ध है—जनरंजन-चरण-कमल-तल धन्य सिंह गर्जित। शक्ति की मौलिक कल्पना प्रकृति की गहराई से जुड़ी है। इसका एक कारण तो यह है कि छायावादी कवि प्रकृति के प्रति गहरा मोह रखते हैं। दूसरा कारण यह है कि निराला इसके माध्यम से अलौकिक शक्ति के स्थान पर लौकिक शक्ति की ओर संकेत कर रहे हैं जो तत्कालीन स्वधीनता संघर्ष के लिए अधिक प्रासंगिक थी। यह विचार नव्यवेदान्त दर्शन के अनुकूल भी है।

निराला की कविता में ये लोककल्याणकारी विचार नव्यवेदान्त की विचारधारा से आए हैं। स्पष्ट है कि उनकी लोकपक्षीयता और जनपक्षधरता भारतीय सांस्कृतिक परम्परा की देन है और उनकी आधुनिकता पर देशज मूल्यों का प्रभाव है।

निराला की रचनाएँ तत्कालीन स्वाधीनता संग्राम की परिस्थितियों को भी प्रतीकात्मक रूप से प्रतिबिम्बित करती हैं। शक्तिशाली ब्रिटिश साम्राज्य के सम्मुख विभिन्न भारतीय आन्दोलनों का कोई सकारात्मक परिणाम सामने नहीं आ रहा था। शक्ति सन्तुलन अन्यायकारी शक्तियों के पक्ष में जाने पर उनकी व्यथा स्पष्ट हो जाती है। राम की शक्ति-पूजा में शक्ति सन्तुलन रावण के पक्ष में देखकर विषादग्रस्त हो जाते हैं:-

"बोले रघुमणि-मित्रवर, विजय होगी न समर;
यह नहीं रहा नर वानर का राक्षस से रण।

उतरी पा महाशक्ति रावण से आमन्त्रण
अन्याय जिधर है, उधर शक्ति !
कहते छल-छल हो गए नयन,
कुछ बूँद पुनः छलके दृगजल॥"

"अन्याय जिधर है उधर शक्ति" निराला की यह समस्या कहीं-न-कहीं सार्वकालिक समस्या है। इस समस्या के समाधान के लिए निराला जो साधन चुनते हैं वह साधन भी न्याय के मार्ग को प्रशस्त करता है। वह रावण द्वारा शक्ति की आराधना से अर्जित बल का प्रतिरोध करने के लिए राम को और भी दृढ़ आराधना करने के लिए प्रेरित करते हैं—

"आराधन का दृढ़ आराधन से दो उत्तर।
तुम वरो विजय संयत प्राणों से प्राणों पर॥ "

राम की शक्ति-पूजा की रचना के मात्र छह वर्ष बाद जब निराला ने 'कुकुरमुत्ता' कविता लिखी तो हिन्दी समीक्षा में विचित्र कोलाहल की स्थिति पैदा हो गई। कुकुरमुत्ता की संवेदना के सम्बन्ध में कुछ आरम्भिक प्रगतिवादियों की राय थी कि यह प्रगतिवादी दृष्टिकोण से सम्पन्न कविता है। इसका नायक कुकुरमुत्ता सर्वहारा वर्ग का प्रतीक है तथा गुलाब पूँजीपति या शोषक वर्ग का। कविता में कुछ ऐसे प्रसंग हैं जिनसे सचमुच लगता है कि कविता में प्रगतिवादी चेतना हावी है, जैसे -

"अबे सुन बे, गुलाब
भूल मत जो पाई खुशबू रँगो आब,
खून चूसा खाद का तूने अशिष्ट
डाल पर इतरा रहा है कैपिटलिस्ट॥"

सामान्यतः अनेक विद्वान तारसप्तक से ही आधुनिकता का आरम्भ मानते हैं जो तर्कसंगत नहीं है। यह अवश्य कहा जा सकता है कि इस युग में कविता ने एक विशिष्ट धारा का निर्माण किया जो पूर्व में लिखी जा रही रचनाओं से भिन्न है। हिन्दी कविता में आधुनिकता का प्रवेश कभी आवेग के स्तर पर होता है तो कभी चिन्तन के स्तर पर। इस आधुनिकता पर संवदेना का गहरा प्रभाव है। यह साहित्य की संवेदना कालबोधी न होकर मूल्यबोधी है। अतः आधुनिकता को किसी समय में बाँधना उचित नहीं होगा।

आधुनिक गद्य साहित्य और देशज आधुनिकता

यद्यपि खड़ीबोली साहित्यिक भाषा के रूप में 19वीं शताब्दी में ही प्रमुखता से उभरी, किन्तु गद्य भाषा के रूप् में खड़ीबोली का विकास बीसवीं के पूर्वार्द्ध में महत्वपूर्ण रूप में हुआ। गद्य भाषा का यह महत्वपूर्ण विकास आचार्य महावीरप्रसाद द्विवेदी के द्वारा खड़ीबोली को मानक हिन्दी के रूप में विकसित करने के प्रयासों के बाद हुआ। उनकी प्रेरणा से कामतानाथ गुरु तथा आचार्य किशोरीदास वाजपेई ने खड़ीबोली हिन्दी के व्याकरण लिखे जो उसके परिष्कृत गद्य-भाषा बनने के लिए जरूरी थे। इस समय तक खड़ीबोली के माध्यम से नाटक, उपन्यास और निबन्ध की परम्पराएँ मजबूत हो चुकी थीं तथा खड़ीबोली पत्रकारिता का सफल माध्यम बन चुकी थी।

हिन्दी गद्य में आधुनिकता के स्वर भारतेन्दु हरिश्चन्द्र की पत्रकारिता तथा उनके नाटकों एवं प्रहसनों के माध्यम से सुनाई पड़ने लगे थे। उन्होंने हिन्दुस्तानी गद्य शैली में लिखे गए अपने नाटकों और प्रहसनों में व्यंग्यात्मक शैली का प्रयोग करते हुए तत्कालीन भारतीय समाज में व्याप्त सामाजिक कुरीतियों पर प्रहार किया। भारत दुर्दशा में उन्होंने नवजागरण की चेतना तथा राष्ट्रीय बोध को विस्तृत अभिव्यक्ति प्रदान की है। इस नाटक में उन्होंने बताया है कि वर्तमान भारत किस प्रकार विनाश के मार्ग पर चढ़ रहा है। इसकी आर्थिक, राजनीतिक और सामाजिक संरचनाएँ पूर्णतः खंडित हो गई है और सबसे अधिक चिन्ता की बात है कि भारत निवासी इस दुर्दशा को दूर करने को प्रतिबद्ध भी नहीं दिखते।

भारतेन्दु के अनुसार हमारी इस दुःखद स्थिति के लिए बाह्य और आन्तरिक दोनों कारण जिम्मेदार हैं। उन्होंने भारत दुर्दशा की कल्पना में संकेत दिया है कि वह अंग्रेजी सभ्यता का प्रतीक है जिससे स्पष्ट होता है कि अंग्रेजी राज और उसकी शोषणकारी नीतियाँ हमारी इस दशा के कारणों में शामिल हैं किन्तु भारतेन्दु उन लोगों में से नहीं हैं जो अपनी समस्याओं का ठीकरा दूसरों पर फोड़कर शान्त हो जाते। भारतेन्दु ने अंग्रेजी राज में भारत के आर्थिक ह्रास का जो विश्लेषण किया था, उससे स्वदेशी आन्दोलन की आवश्यकता प्रमाणित होती थी।

उन्होंने ऐसी सभा बनाई जिसके सदस्य स्वदेशी वस्तुओं का ही व्यवहार करें। भारत में आधुनिक उद्योग-धन्धों का विकास हो, उस उद्देश्य के

अनुरूप ही उनकी शिक्षा नीति थी।[16] उनका ईमानदार आत्ममूल्यांक इस तथ्य का साक्षी है कि हमारी दुर्दशा के ज्यादा बड़े कारण हमारे भीतर ही निहित हैं। ऐसे मुख्य कारण हैं—धर्म, सन्तोष, आलस्य मदिरा, अज्ञान तथा रोग आदि। भारत दुर्दशा में वे कर्म के माध्यम से कहते हैं। धर्म ने हमें ऐसा दर्शन दिया जिससे सब लोग स्वयं को ब्रह्म समझने लगे और स्नेह शून्य हो गए। इतना ही नहीं शैव शाक्त आदि मतों ने साम्प्रदायिकता पैदा की। जातीय संरचना ने जातिवाद को पैदा किया और बाल-विवाह तथा विधवा-विवाह निषेध जैसी स्थितियों ने सामाजिक गतिशीलता को भंग कर दिया। धार्मिक अन्धविश्वासों ने परदेस यात्रा से रोककर हमें कूप-मंडूक बना दिया। धर्म का कार्मकांडीय स्वरूप हमारी दुर्दशा का बड़ा कारण है, किन्तु सन्तोष और आलस्य भी कमतर नहीं। सन्तोष व्यक्ति को निष्क्रिय व प्रत्ययहीन बना देता है।

भारत दुर्दशा के अतिरिक्त अन्धर नगरी में भी उन्होंने अंग्रेजी शासन के शोषणकारी स्वरूप को चौपट राजा के रूप में व्यक्त किया है। साथ-ही तत्कालीन न्यायप्रणाली पर व्यंगयात्मक प्रहार किया है। इस प्रकार भारतेन्दु अभिव्यक्ति की देशज शैली और देशज स्त्रोतों के माध्यम से औपनिवेशिक शासनव्यवस्था और भारत की सामाजिक कुरीतियों पर प्रहार कर रहे थे। भारतेन्दु हरिश्चन्द्र के अन्तर्मन में जब स्वदेशी का विचार आया अब उन्होंने हिन्दुओं और मुसलमानों की एकता पर विशेष बल दिया। सामान्य जन से अछूतों के प्रति अपना व्यवाहार बदलने का आग्रह किया। उन्होंने स्पष्ट कहा है कि किसी की जाति को नहीं देखा जाना चाहिए अपितु सभी के प्रति आदर का भाव रखना चाहिए। स्वदेशी के साथ भारतेन्दु ने धार्मिक सहिष्णुता का मार्ग भी दिखाया है। देशोन्नति का उपाय बताते हुए उन्होंने सभी धर्मों एवं सम्प्रदाय के लोगों को एक होने की सलाह दी है। भारतेन्दु ने भारत में राष्ट्रीय संस्कृति की नींव डाली और उसी नींव पर हमारी संस्कृति का निर्माण हो रहा है।[17]

भारतेन्दु के गद्य साहित्य में अनेक स्थानों पर सामन्त विरोधी मूल्य देखे जा सकते है। वे भारतीय संस्कृति के समर्थक हैं किन्तु रूढ़ियों के विकास को सबसे बड़ा सिद्ध करते हैं। यह सभी तथ्य हिन्दी के आरम्भिक गद्य साहित्य को अधुनिक सिद्ध करते हैं। यह साहित्य यहाँ की देशज भाषाओं

का क्रमिक विकास है। अत: इस साहित्य को देशज आधुनिक कहा जाना तर्कसंगत है।

हजारीप्रसाद द्विवेदी : सांस्कृतिक नैरन्तर्य को साहित्य की आधुनिकता का कारण बतानेवाले विचारक

हिन्दी साहित्य में आचार्य हाजारीप्रसाद द्विवेदी एक सफल निबन्धकार समालोचक और साहित्य के इतिहासकार के रूप में प्रसिद्ध हुए। आचार्य द्विवेदी की ख्याति इस रूप में भी अधिक रही है कि उन्होंने हिन्दी साहित्य के इतिहास-लेखन और समालोचना के सबसे मजबूत स्तम्भ रहे आचार्य रामचन्द्र शुक्ल से विभिन्न मुद्दों पर मतभिन्नता जाहिर की।

अपभ्रंशकालीन सिद्ध और नाथ साहित्य को जहाँ आचार्य शुक्ल ने साहित्य की श्रेणी से बाहर रखते हुए उसे साम्प्रदायिक प्रचार मात्र माना वहीं आचार्य द्विवेदी ने इसे पूर्ण विकसित साहित्य का दर्जा दिया। भक्तिकाल के उदय के पीछे जहाँ आचार्य शुक्ल इस्लामी आक्रान्ताओं के आक्रमण से उपजी निराशा को कारण माना, वहीं आचार्य द्विवेदी ने उसके इस मत का खंडन करते हुए भक्ति साहित्य को सांस्कृतिक नैरन्तर्य का परिचायक बताया तथा उसकी उत्पत्ति के पीछे देशज कारणों को बताते हुए कहा कि यदि भक्ति साहित्य विदेशी आक्रमण की निराशा से उपजा है।

कबीर को एक कवि के रूप में स्थापित करने का सर्वाधिक श्रेय आचार्य द्विवेदी को ही जाता है। उन्होंने कबीर को न केवल सफल कवि बताया बल्कि उनकी भाषा-शैली को प्रौढ़ मानते हुए भाषा का डिक्टेटर सिद्ध किया। दूसरी ओर आचार्य द्विवेदी ने कबीर के साहित्य में व्याप्त सामाजिक चेतना और आधुनिकता के पक्ष को संसार के सामने रखा।

हजारी प्रसाद द्विवेदी ने भक्ति कवियों की भाषा और रचना में निहित जनतान्त्रिक स्वरूप को ठीक से पहचानते हुए अपने लोकवादी प्रतिमानों से हिन्दी आलोचना को भी लोकतान्त्रिक बनाने का प्रयास किया है। उत्तर आधुनिक विमर्शकारों की तरह द्विवेदी जी के लिए समालोचना निर्णय या फैसला नहीं है बल्कि विमर्श है, बातचीत है। वे आचार्य शुक्ल से बातचीत करते हैं, विमर्श करते हैं और कुछ प्रशन उठाते हैं। उनकी आलाचना की भाषा प्राय: विमर्श की भाषा है—मैं इसी रास्ते सोचने की शक्ति का प्रस्ताव

करता हूँ या फिर लोकचिन्ता की अपेक्षा में उन्हें देखने की सिफारिश कर रहा हूँ। जहाँ पर किंचित निर्णयात्मक स्वर सुनाई पड़ता है, वहाँ भी विमर्श की गुंजाइश बनी रहती है। इसीलिए आचार्य द्विवेदी मूलत: विमर्शकार आलोचक है सिद्धान्तकार नहीं।18

आचार्य द्विवेदी की साहित्यक दृष्टि में एक ओर नैरन्तर्य का महत्व है, तो दूसरी ओर अखंडता व संश्लिष्टता का। वे साहित्य का वैज्ञानिक अध्यय करने के लिए उसे खंडों में बाँटकर अध्ययन करना पसन्द नहीं करते। आचार्य द्विवेदी की आलोचना दृष्टि आधुनिक होने के साथ-साथ अपनी देशज परम्पराओं का मूल्यांकन एवं पुनर्मूल्यांकन भी करती है। यही पुनर्मूल्यांकन की पद्धति उनकी आलोचना और साहित्येतिहास-लेखन में देशज आधुनिकता के तत्वों को भी प्रभावित करती है।[19]

प्रेमचन्द : कथा-साहित्य में देशज प्रगतिशीलता के पोषक

हिन्दी ही नहीं वरन अखिल भारतीय कथा-साहित्य में प्रेमचन्द एक कालजयी रचनाकार के रूप में स्थापित हैं। हिन्दी उपन्यास पर सरसरी नजर भी डाली जाए तो लगता है कि आधुनिकता के बोध की शुरुआत गोदान से मानी जा सकती है। यद्यपि अपने आरम्भिक दौर में प्रेमचन्द ने आदर्श को स्थापित करनेवाली कहानियाँ एवं उपन्यास लिख रहे थे। कालान्तर में उनके कृतित्व पर गाँधीवादी दर्शन का प्रभाव दिखाई देने लगा और उन्होंने 'आदर्शोंन्मुख यथार्थवाद' की स्थापना की। इन रचनाओं में प्रेमचन्द गाँधीवादी मान्यताओं के अनुरूप शोषणकारी पात्रों का हृदय परिवर्तन कराकर उन्हें प्रगतिशीलता की ओर उन्मुख करते हैं। वे बुद्ध, गाँधी व भारतीय सरम्परा के उस विश्वास को बल देते हैं जिसके अनुसार बुरे से बुरे व्यक्ति में भी अच्छाई छिपी होती है; उचित परिस्थितियाँ देकर उस अच्छाई को उभारा जा सकता है। प्रेमचन्द एक ऐसे भारत की कल्पना करते हैं जो पश्चिम से तात्विक और बुनियादी रूप में भिन्न है।[20]

यद्यपि अपनी अन्तिम रचना गोदान के समय तक लगभग आदर्शवाद से विमुख होकर यथार्थवाद को अपना लिया था, तथापि गोदान के कुछ चरित्रों के द्वारा हृदय परिवर्तन कराकर उन्हें प्रगतिशील और आधुनिक बनाने का प्रयत्न किया है। इस उपन्यास में लेखक ने अपनी परम्परा को

तोड़ा है। इसको अन्त को खुला छोड़ दिया है, इसका अन्त उपन्यास से बाहर हो जाता है।[21] इस प्रकार आदर्शोन्मुख यथार्थवाद उनकी रचनाओं का प्रमुख सिद्धान्त रहा है। प्रेमचन्द की आधुनिकता एवं प्रगतिशीलता के केन्द्रबिन्दु तत्कालीक ग्रामीण जीवन में व्याप्त सामाजिक एवं आर्थिक विसंगतियाँ हैं। कृषक जीवन की त्रासदी, जमींदारों द्वारा शोषण दलित समस्या, नारी परतन्त्रता, समान्तवादी सामाजिक-आर्थिक व्यवस्था आदि सामाजिक-आर्थिक विद्रूपताएँ प्रेमचन्द की रचनाओं की कथावस्तु रही हैं। इन समस्याओं का जितना सजीव और यथार्थ चित्रण प्रेमचन्द ने प्रस्तुत रही हैं। इन समस्याओं का जितना सजीव और यथार्थ चित्रण प्रेमचन्द ने प्रस्तुत किया है उतना किसी भी साहित्यकार द्वारा सम्भव नहीं हो सका है। प्रेमचन्द भारतीय समाज की सामन्ती व्यवस्था के कटु आलोचक थे लेकिन वे पश्चिम के अन्धसमर्थक नहीं थे...प्रेमचन्द साम्राज्यवाद के विरोधी थे। वह पश्चिम की हर बात की आँख मूँदकर समर्थन नहीं करते थे।[22]

प्रेमचन्द की आधुनिकता इस रूप में भी निहित है कि उन्होंने जिस भाषा का चयन किया वह जनसामान्य की देशी भाषा थी। इसका प्रभाव यह हुआ कि अभिजात्य संस्कारों वाले आम जनमानस के लिए दुरूह प्रतीत होनेवाली साहित्यिक भाषा सर्वग्राही बन गई। भाषा का यह चयन उन्हें अधिक जनवादी, प्रगतिशील और आधुनिक बनाता है। यह कहना प्रासंगिक होगा कि प्रेमचन्द ने सहज एवं सरल देशी हिन्दुस्तानी भाषा में देशज आधुनिकता को हिन्दी कथा साहित्य में प्रतिस्थापित किया।

गोदान तक आते-आते प्रेमचन्द की चेतना में यथार्थ के साथ-साथ विद्रोह के भाव अधिक प्रबल हो जाते हैं। धनिया व गोबर सशक्त उदाहरण हैं। यहाँ तक कि ये पात्र स्वराज की अवधारणा को भी बहुत प्रासंगिक नहीं मानते हैं। यह प्रेमचन्द की दलित चेतना का प्रभाव ही है कि अम्बेडकर की ही तरह सामाजिक विद्रूपताओं से मुक्ति के बिना राजनीतिक स्वन्त्रता व्यर्थ है। प्रेमचन्द एक ऐसे गाँव की कल्पना करते थे जिसमें किसी भी प्रकार का शोषण और भेदभाव न हो।[23] गोदान में धनिया कहती है। ये हत्यारे गाँव के मुखिया हैं, गरीबों का खून चूसने वाले, सूद-ब्याज, डेढ़ी-सवाई, नजर-नजराना, घूस-घास जैसे भी हो गरीबों को लूटो। उस पर सुराज चाहिए। जेहल जाने से सुराज न मिलेगा। सुराज मिलेगा धरम से, न्याय से।"[24]

ध्यान देनेवाली बात है कि धनिया और देवीदीन बहुजन समाज से आते हैं जिनकी समस्या साम्राज्यवाद से उतनी अधिक नहीं है जितनी सामन्तवादी शोषण से है जो हजारों साल से चली आ रही है। प्रेमचन्द के कथा-साहित्य में इसी बहुजन समाज, किसानों, मजदूरों, अल्पसंख्यक पात्रों की केन्द्रयता है। प्रेमचन्द भलीभाँति समझते थे कि औपनिवेशिक आधुनिकता से किसानों का भला नहीं होनेवाला है। उन्होंने यह भी जान लिया था कि पश्चिमी तर्ज के औद्योगिकीकरण से किसानों के दिन नहीं फिरनेवाले हैं। इसीलिए उन्होंने एक ऐसे भारत कि कल्पना की जिसके केन्द्र में किसान और ग्रामीण जीवन था।[25]

स्पष्ट है कि प्रेमचन्द अपने कथा-साहित्य में जनवाद को सर्वाधिक महत्व देते हैं। उनके में राजनीतिक स्वतन्त्रता की अपेक्षा सामाजिक और समाजिक और आर्थिक दृष्टि से समाज के उत्थान के भाव अधिक प्रबल हैं। जनमानस की समस्याओं को जनसामान्य की भाषा में उठाकर प्रेमचन्द अपने जनवादी होने का प्रमाण देते हैं। भाषा के स्तर पर तद्भव और देशज शब्दावलियों का प्रयोग भी उन्हें कथा-साहित्य में देशज आधुनिकता के प्रस्तावक के रूप में स्थापित करता है।

सन्दर्भ

1. रमेश कुन्तल मेघ मिथक से आधुनिकता तक, वाणी प्रकाशन, नई दिल्ला पृष्ठ 81
2. वही, पृष्ठ 72
3. नित्यानन्द तिवारी आधुनिक हिन्दी साहित्य और इतिहास-बोध वाणी प्रकाशन, नई दिल्ली, पृष्ठ 39
4. हेमन्त कुकरेती—हिन्दी साहित्य का इतिहास, किताबघर प्रकाशन, नई दिल्ली, पृष्ठ 177 व 178
5. बच्चन सिंह-हिन्दी साहित्य का दूसरा इतिहास, राधाकृष्ण प्रकाशन, नई दिल्ली, पृष्ठ 293
6. नित्यानन्द तिवारी—आधुनिक हिन्दी साहित्य हिन्दी साहित्य और इतिहास-बोध, वाणी प्रकाशन, नई दिल्ली, पृष्ठ 38
7. वही, पृष्ठ 41
8. कुमार सर्वेश—हिन्दी साहित्य का इतिहास, सार्थक प्रकाशन, नई दिल्ली, पृष्ठ 184
9. वही, पृष्ठ 184
10. वही, पृष्ठ 199

11. बच्चन सिंह-हिन्दी साहित्य का दूसरा इतिहास, राधाकृष्ण प्रकाशन, नई नई दिल्ली, पृष्ठ 342
12. रामविलास शर्मा—परम्परा का मूल्यांकन, राजकमल प्रकाशन, नई दिल्ली, पृष्ठ 142
13. वही, पृष्ठ 142
14. रमेश कुन्तल मेघ—मिथक से आधुनिकता तक, वाणी प्रकाशन, नई दिल्ली, पृष्ठ 70
15. इन्द्रनाथ मदान-आधुनिकता और हिन्दी साहित्य, राजकमल प्रकाशन, नई दिल्ली, पृष्ठ 12
16. रामविलास शर्मा—भारतेन्दु और हिन्दी नवजागरण की समस्याएँ, राजकमल प्रकाशन, नई दिल्ली, पृष्ठ 19
17. वही, पृष्ठ 83
18. चौथीराम यादव—आधुनिकता का लोकपक्ष एवं साहित्य, अनामिका पब्लिशर्स, नई दिल्ली, पृष्ठ 38
19. इन्द्रनाथ मदान-आज का हिन्दी उपन्यास, राजकमल प्रकाशन, नई दिल्ली, पृष्ठ 57
20. डॉ. राजकुमार-हिन्दी की साहित्यिक संस्कृति और भारतीय आधुनिकता, राजकमल प्रकाशन, नई दिल्ली, पृष्ठ 55
21. इन्द्रनाथ मदान-आधुनिकता और हिन्दी साहित्य, राजकमल प्रकाशन, नई दिल्ली, पृष्ठ 146
22. डॉ. राजकुमार-हिन्दी की साहित्यिक संस्कृति और भारतीय आधुनिकता, राजकमल प्रकाशन, नई दिल्ली, पृष्ठ 46
23. वही पृष्ठ 82
24. वही, पृष्ठ 68
25. वही, पृष्ठ 85

उपसंहार

वर्तमान की आधुनिक विचारधारा एवं विचारकों की प्रवृत्ति यह है कि जो कुछ पुराना है अथवा परम्परा से प्राप्त है, उस पर वे प्रश्न चिन्ह लगा देते हैं। अनेक आधुनिकतावादी विद्वान इस अवधारणा को मूल्यबोधी ही स्वीकार करते हैं। यह तथ्य तर्कसंगत नहीं है।

हमारी भारतीय आधुनिकता को परिभाषित करते हुए रमेश कुन्तल मेघ कहते हैं—जातिप्रथा और आर्थिक पिछड़ेपन से मुक्ति, नारी की समानता और स्वतन्त्रता, राष्ट्रीयता और उदारता, नागरिक प्रशासन और राजनैतिक अधिकार तथा राष्ट्रीय (देशज) भाषाओं में लिखा गया मानवोद्धारक साहित्य ये सब प्रथम हमारे आधुनिक भारतीय जीवन शैली को परिष्कृत, परिमार्जित एवं व्याख्यायित करने वाले भक्त एवं संत तुलसी, कबीर, सूर जायसी का साहित्य आज भी यहाँ के जनसामान्य के मन व मस्तिष्क में व्याप्त है। प्रत्येक व्यक्ति इसके प्रति सम्मान का भाव रखता है। हिन्दी साहित्य यहाँ की संस्कृति को समाहित कर समाज को नित नयी प्रेरणा प्रदान करता है। हिन्दी साहित्य के आरम्भ काल से ही यहाँ समाज के प्रति उत्तरदायित्व बोध का भाव किसी न किसी स्वरूप में अवश्य दिखायी देता है। यह उत्तरदायित्व बोध का भाव समाज को संवर्द्धित करने का है जिसे हम आधुनिक भाव बोध भी कह सकते हैं। इसका उद्देश्य समाज में समता एवं स्वतंत्रता एवं व्यक्ति में आत्मसम्मान को जागृत करना है। प्राचीन साहित्य में इसी भावबोध को ढूँढना एवं उसे व्याख्यायित करना ही देशज आधुनिकता है।

आधुनिक विचारकों ने भक्तिकालीन कवियों का महत्व समझा था। अत: इस साहित्य की प्रासंगिकता स्वीकार की जानी चाहिए जो रचनात्मक भी है और जनकल्याणकारी भी। प्राचीन व मध्यकालीन साहित्य के ये सभी तत्व हमें हिन्दी की आधुनिकता पर एक पुनर्विचार के लिए प्रेरित करते हैं।

देशज साहित्य में निहित मानवतावाद एवं संवेदनात्मक मूल्य शाश्वत एवं काल निरपेक्ष है। यह काव्य सार्वभौमिक सार्वकालिक, सार्वदेशिक और चिरन्तन है। यह देशज आधुनिक साहित्य अतीत में जितना सार्थक था, वर्तमान में उतना ही प्रासंगिक है।

इस प्रकार हम देखते हैं कि साहित्य के आरम्भिक युग आदिकाल से ही किसी न किसी रूप में हमें मानवतावादी विचार दिखायी देते हैं। साहित्य में जनमानस की भावनाएँ भी विद्यमान है। आचरण की शुद्धता विचारों की पवित्रता और आडम्बरों का तिरस्कार साहित्य में विद्यमान है। यह साहित्य समाज का दुखान्त से सुखान्त की ओर उन्मुख करता है। आधुनिक युग के भी अनेक महान विचारकों ने भक्तिकालीन कवियों का महत्व समझा था। प्राचीन व मध्यकालीन साहित्य के ये सभी तत्व हमें हिन्दी की आधुनिकता पर एक पुनर्विचार के लिए प्रेरित करते हैं। इस देशज साहित्य में निहित मानवतावाद एवं संवेदनात्मक मूल्य शाश्वत एवं काल निरपेक्ष हैं।

आज का आधुनिक मानव परम्परागत आदर्शवाद की अपेक्षा अपने समसामयिक यथार्थ से जुड़ा हुआ है और गत महायुद्धों के नतीजों ने उसे अस्तित्ववादी दर्शन के बहुत निकट ला खड़ा किया है। यह भी आवश्यक नहीं है कि हर अस्तित्ववादी आधुनिकतावादी हो। अस्तित्ववाद अपने आप में कोई संगत मूल्य-पद्धति नहीं है। यह केवल एक विचार है। आधुनिकता एक मूल्यगत भाव है। यह बहुकालिक प्रत्यय है जिसमें मानवीय गरिमा, मानव स्वतंत्र्य, न्याय, अन्याय के प्रति विद्रोह, कुरीतियों व विसंगतियों का अन्त, व्यक्ति की भावनाओं और प्रक्रियाओं का आदर आदि सम्मिलित है।

देशज आधुनिक साहित्य शोषण के विरुद्ध सामान्य जन के मन मस्तिष्क में आत्मगौरव और आत्मगरिमा को स्थापित करना चाह रहा है। यह अपने सहधर्मी और सहवर्ती मनुष्य की आशा आकांक्षाओं के प्रति जागरूक है। संवेदना साहित्य का मूल अवयव है। इनके अभाव में साहित्य अधूरा माना जाता है। आचार्य शुक्ल के अनुसार यह निश्चित है कि जनता की चित्तवृत्तियों के परिवर्तन के साथ-साथ साहित्य के स्वरूप में भी परिवर्तन होता चला जाता है। समाज के आश्रय से ही साहित्य का क्रमिक विकास भी होता है। संवेदनात्मक मानव मूल्य ही साहित्य की धुरी है। मूल्यों के अन्तर्गत मानव सदैव विरुद्धों के मध्य सामंजस्य ढूंढता है। वह मूल्यों के उपक्रम में

मूल्यहीनता का शिकार हो जाता है। ऐसी स्थितियों में युद्ध संघर्ष, संत्रास, विघटन आदि नवसामन्तवादी शक्तियों का उदय होता है। इन सभी शक्तियों से समाज का विकास अवरूद्ध होता है।

हिन्दी साहित्य के आदिकाल में सिद्ध नाथ व जैन साहित्य में यदा-कदा संवेदना और मानव मूल्य दृष्टिगत होते हैं किन्तु अमीर खुसरो का हिन्दी काव्य संवेदनात्मक मूल्यों से भरा पड़ा है। देशज साहित्य में स्वाधीनता की चेतना का मूल स्वर विद्यमान हैं, आधुनिक साहित्य में जिसका बोध आधुनिकता से होता है। यह स्वचेतना संवेदना एवं मूल्य भारत के प्राचीनतम साहित्य में उपस्थित है। इनकी अभिव्यक्ति देशज भाषाओं में हुई है। इस चेतना को देशज आधुनिकता का नाम देना पूर्णता तर्कसंगत है।

भक्तिकालीन सगुण-निर्गुण दोनों ही कवियों ने जाति, धर्म, देश लिंग काल के विभेद से विरक्त जनकल्याण का जो संदेश दिया है वह केवल भारतीय काव्य में नहीं अपितु विश्व काव्य में अन्यतम है। यह काल किसी जाति, धर्म या क्षेत्र में सीमित नहीं रहा अपितु यह समस्त मानव जाति की जीवनशैली का साहित्य है। यह सामन्ती व्यवस्था के ह्रास और पतन का काल है। सामुदायिक मुस्लिम शासकों द्वारा हिन्दू जनता पर अत्याचार ढाए गये। यही वह समय था जब समाज में कबीर सूर तुलसी जायसी मीराबाई, तुकाराम आदि का प्रादुर्भाव हुआ। इन भक्त कवियों ने अपने काव्य से भारतीय सभ्यता और संस्कृति व मानवमूल्यों की पूर्णत: रक्षा की।

भारतीय जीवनशैली और साहित्य में पग-पग पर कबीर उपस्थित हैं। हम सभी ने बाल्यकाल से ही कबीर को किसी न किसी रूप में अपने समीप पाया है। कबीर ने हमारा संस्कार सामाजिक भेदभाव की समाप्ति कुरीतियों एवं विसंगतियों के अन्त के साथ किया है। कबीर से मिले संस्कारों से हम बहुआयामी बने हैं। हमारे जीवन के प्रति लगाव के कारण कबीर हमें फटकार लगाते है और सामाजिक बुराइयों मिथ्या आचरणों, पाखण्डों, कुरीतियों विसंगतियों पर प्रहार करते हैं। उनके लिए मनुष्य ही सबसे महत्वपूर्ण है। यही कबीर का मानवतावादी दृष्टिकोण है।

कबीर कहते हैं कि जब एक ही ईश्वर ने सभी को बनाया है, तो फिर इतने सारे भेद कैसे? चाहे ब्राह्मण हो या शूद्र सभी एक ही द्वार से निकले हैं फिर कैसी सुचिता? कैसा ऊँच नीच कैसा भेदभाव? कबीर ने जिस शक्ति

से सामाजिक भेदभाव पर प्रहार किया, वह अपने आप में विशिष्ट है। यही कारण है कि सभी सामाजिक आन्दोलनों में कबीर प्रासंगिक पाये जाते हैं। कबीर के देशज साहित्य में वर्तमान के आधुनिक मूल्यों के सभी अवयव विद्यमान हैं। कबीर के देशज आधुनिक साहित्य में समता, स्वतन्त्रता एवं न्यायवादिता जैसे आधुनिक मूल्य पाये जाने के कारण ही हिन्दी के विद्वान एवं आलोचक उनको अपने समय से आगे का सिद्ध करते हैं।

कबीर ने खण्डन मण्डन शैली में जो विचार व्यक्त किये उसके मूल में मानवतावाद ही है, किसी धर्म से द्वेष व वैमनस्य नहीं है। वस्तुतः कबीर मानवप्रेमी और मानवतावादी महापुरुष थे। प्रत्येक नर में नारायण देखने की प्रवृत्ति ही उन्हें साहित्य जगत में विशिष्ट स्थान दिलाती है। समग्र रूप में कबीर वर्तमान में प्रासंगिक होने के साथ आधुनिक भी हैं। कबीर हिन्दी साहित्य में देशज आधुनिकता के अग्रदूत हैं।

वर्तमान आधुनिकता का दृष्टिकोण है कि जो पुराना और परम्परागत है, उस पर प्रश्नचिन्ह लगाना। यहाँ प्रश्न यह खड़ा होता है कि परम्परा को पूर्णत: खारिज किया जा सकता है? जहाँ अतीत की घटनाओं, आदर्शों, विचारों ने समाज को समृद्ध किया है। तथ्यों के साथ भारतीय संस्कृति के सन्दर्भ में आधुनिकता के समक्ष तुलसीदास के साहित्य को रखकर विचार करने पर एक तर्कपूर्ण निष्कर्ष निकाला जा सकता है।

आधुनिकता विशिष्ट मानवीय गुणों से युक्त एक गतिशील अवधारणा है। देश काल परिस्थिति के अनुरूप इसका स्वरूप अलग अलग रूप में देखा जाता हैं। कोई भी देश अथवा समाज दूसरे की नकल कर आधुनिक नहीं हो सकता है। आधुनिकता एक दृष्टिकोण है जिसे अपनी संस्कृति की पृष्ठभूमि में विचारपूर्वक अंगीकृत कर आचरण एवं व्यवहार में उतारना पड़ता है।

कालजयी रचनाकार के दायित्व का निर्वहन करते हुए तुलसी अपने साहित्य की सामाजिक सांस्कृतिक उपयोगिता सिद्ध करने में पूर्णरूपेण सफल है। अपने साहित्य में इन्होंने देशज आधुनिक एवं संवेदनात्मक मानव मूल्यों का मात्र उपदेशात्मक स्वरूप में ही चित्रण नहीं किया है अपितु रामकथा के चरित्रों के माध्यम से मानव धरातल पर व्यवहारिक वर्णन किया है, तुलसी के इन्हीं विचारों का अनुगमन कर मानवतावाद की चरम सीमा को प्राप्त किया जा सकता है।

पथभ्रष्ट एवं दिग्भ्रमित मानव समाज के समग्र विकास और कल्याण की दृष्टि से तुलसी ने रामराज्य रूपी राज्यादर्श प्रस्तुत किया। अन्य राजतन्त्रों से भिन्न तुलसी के रामराज्य ने आगे चलकर महात्मा गाँधी जी को प्रभावित किया जिसके परिणामस्वरूप यही तुलसी के 'रामराज्य' का स्वप्न गाँधी जी देखने लगे। तुलसी का रामराज्य किसी व्यक्ति विशेष का राज्य नहीं है अपितु वह आदर्श मानवतावादी व्यवस्था का राज्य है।

राम उन आदर्शों के प्रतीक है जो तुलसी के राज्यादर्श के लिए साधन स्वरूप हैं। रामराज्य कल्पना का राज्य होते हुए भी लोकसुलभ है और आदर्श होते हुए भी यथार्थ की परिधि में आता है। इस रामराज्य रूपी व्यवस्था में राजा के कर्तव्य अत्यन्त व्यापक हैं। तुलसी का आदर्श लोकवादी चेतना का मूर्तिमान स्वरूप है। राम प्रजा की आलोचना को भी पूर्ण सम्मान देते हैं। यही तुलसी के साहित्य की देशज आधुनिकता है।

कबीर आदि निर्गुण सन्तों की भांति सगुण सन्तों के साहित्य में भी सामन्ती जीवन और सामन्ती विचारधारा के प्रति विरोध की परम्परा स्पष्ट दिखायी देती है। इनके विरोध का स्वरूप उग्र न होकर संयमित है। यहाँ कविता में विशिष्ट चरित्रों के माध्यम से यथार्थबोध संवेदनाबोध, जीवनमूल्यबोध विकसित हुआ है। इस क्रम में सूरदास ने कृष्ण की जिन कथाओं को आधार बनाया है वे संस्कृति काव्य की विशिष्ट परंपरा की द्योतक और समृद्ध लोकजीवन की प्रचलित कथायें हैं। सूर के इन संदर्भों में काव्य परंपरा के नायक श्रीकृष्ण अन्याय व अत्याचार के विरुद्ध संघर्ष कर लोकजीवन की रक्षा करते हुए उसे समृद्धशाली बनाते हैं।

जटिल सामंती समाज व्यवस्था और कुरीतियों एवं विसंगतियों से भरे अन्यायी और अत्याचारी समाज के विरुद्ध संघर्षरत जनता कृष्ण, राम जैसे नायकों का अनुकरण करती है। यही इन कथाओं की लोकप्रियता का कारण है। सूर के साहित्य का प्रेमत्व शास्त्र और लोक दोनों रूढ़ियों से पूर्णतः स्वतन्त्र है। वह विधि निषेध से मुक्त मानवीय चेतना व संवेदना का काव्य है। अतः प्रेम की स्वतन्त्रता के लिए रूढ़िमुक्त समाज आवश्यक है। सूर साहित्य का वृन्दावन प्रसंग प्राचीन समाज की स्मृति तथा भविष्य के सामाजिक जीवन की संभावनाओं की व्याख्या है।

वस्तुतः वर्तमान भारतीय समाज आज भी उन्हीं समस्याओं से ग्रसित है जिससे मुक्ति की आकांक्षा सूर ने अपने साहित्य में की है। सूर अपने विकृत समाज को भोग विलास की संकीर्णता से निकालकर वृन्दावन के उन्मुक्त वातावरण में ले जाते हैं। यहाँ छोटे बड़े व राजा प्रजा का भेद समाप्त हो जाता है। यहाँ हर ओर सामाजिक सांस्कृतिक समता का साम्राज्य व्याप्त है। गोपियों की भावानुभूति इस समता का सर्वोत्कृष्ट उदाहरण है। यहाँ असमानता के विरुद्ध एक विद्रोह है। यहाँ स्त्री पुरुष के मध्य भी असमानता रूपी भेदभाव समाप्त होता है। यह सभी अवयव सूर के देशज भाषी साहित्य की आधुनिकता के प्रतीक है। सूर की कविता लोकशास्त्र के बन्धनों से मुक्त, स्वतंत्र मानवीय चेतना का स्वाभाविक विकास है।

यद्यपि हिन्दी साहित्य के रीतिकालीन साहित्य पर लोकजीवन से कटे होने का आरोप लगता है किन्तु इस तथ्य को भी नकारा नहीं जा सकता है कि इस दौर की रचनाओं में वीर भक्ति के साथ नीति और प्रेम का निरूपण भी लोकजीवन में दिखायी देता है। रीतिकाल के अनेक कवियों ने समाज में प्रचलित अन्धविश्वासों पर व्यंग्य किया है साथ ही बाह्याडम्बरों को व्यर्थ बताया है।

बिहारी, घनान्द, पद्माकर के अतिरिक्त अन्य रीतिकालीन कवियों के साहित्य में नीतिकाव्य, भक्तिकाव्य में आधुनिक मूल्यों के प्रति यत्र-तत्र सजगता दृष्टव्य होती है। वे दरबारी और सामन्ती परिवेश से निकलकर राजा को भी फटकार लगाते हैं। कहीं-कहीं ये दरबारी मानसिकता से बाहर निकलकर अपनी देशज आधुनिकता का प्रदर्शन करते हैं।

आधुनिक गद्य साहित्य में आधुनिकता अथवा नवजागरण का आरम्भ नाटकों से माना जाता है। हिन्दी गद्य के सूत्रधार भारतेन्दु हरिश्चन्द्र ने अपने देशज नाटकों में सामाजिक समस्याओं का चित्रण किया है। भारतेन्दु ने अपने साहित्य के द्वारा जब नवजागरण की नवीन चेतना का सूत्रपात किया तो अपने गौरवपूर्ण इतिहास का संदर्भ प्राप्त कर जयशंकर प्रसाद ने भी साहित्य के माध्यम से सामाजिक जागरण को दिशा प्रदान की। आधुनिक युगीन अधिकांश साहित्यकारों का उद्देश्य शोषणमुक्त समाज के निर्माण के साथ औपनिवेशिक दासता से मुक्ति व समाज को सामाजिक आर्थिक न्याय दिलाना था।

सम्पूर्ण हिन्दी साहित्य मूलतः लोकसाहित्य है जिसका मूल उद्देश्य समाज को एक सही दिशा दिखाना है। यहाँ जो भी प्रतिरोध के स्वर दिखायी देते हैं ये मानवतावादी एवं लोकपक्षधर है। रचना का मूल प्रश्न है कि इस लोकधर्मी साहित्य में जो आधुनिक मूल्य विद्यमान है क्या ये पूर्णतया वैदेशिक है? या उन मूल्यों की जड़े हमारी देशज बोलियों में रचे गये साहित्य में पूर्व से ही विद्यमान है। संवेदना आधुनिक साहित्य का मूल तत्व है जो हमारे साहित्य के आरम्भिक काल से ही यहाँ पायी जाती है। आधुनिक मूल्य आदिकाल से लेकर आधुनिक काल तक रचे गये देशज साहित्य में निश्चय ही पाये जाते हैं। अतः यह आधुनिकता देशज है। निष्कर्ष के रूप में वर्तमान परिस्थितियों में इस बात की आवश्यकता है कि हम आधुनिकता के देशज भारतीय स्वरूप को पुनः खोजें और समसामयिक संदर्भों में उसकी प्रासंगिकता को पुनः सिद्ध करें।

सन्दर्भ ग्रन्थ सूची

1. पुरुषोत्तम अग्रवाल—अकथ कहानी प्रेम की, राजकमल प्रकाशन, नई दिल्ली।
2. रमेश कुन्तल मेघ—तुलसी आधुनिक वातायन से, राधाकृष्ण प्रकाशन, नई दिल्ली।
3. बच्चन सिंह—हिन्दी साहित्य का दूसरा इतिहास, राधाकृष्ण प्रकाशन, नई दिल्ली।
4. आचार्य रामचन्द्र शुक्ल—लोक जागरण और हिन्दी साहित्य, वाणी प्रकाशन, नई दिल्ली।
5. आचार्य हजारीप्रसाद द्विवेदी—हिन्दी साहित्य का उद्भव और विकास, राजकमल प्रकाशन, नई दिल्ली।
6. डॉ. नगेन्द्र—हिन्दी साहित्य का इतिहास, मयूर बुक्स, नई दिल्ली।
7. मैनेजर पांडेय—भक्ति आन्दोलन और सूरदास का काव्य, वाणी प्रकाशन, नई दिल्ली।
8. कुमार सर्वेश—हिन्दी साहित्य का इतिहास, सार्थक प्रकाशन, नई दिल्ली।
9. हजारीप्रसाद द्विवेदी—हिन्दी साहित्य का आदिकाल, वाणी प्रकाशन, नई दिल्ली।
10. हजारीप्रसाद द्विवेदी—नाथ सम्प्रदाय, हिन्दुस्तानी अकादमी, प्रयागराज।
11. डॉ. रामकुमार वर्मा—हिन्दी साहित्य का आलोचनात्मक इतिहास, लोकभारती प्रकाशन, इलाहाबाद।
12. डॉ. परमानन्द पांचाल—अमीर खुसरो का कृतित्व एवं व्यक्तित्व, हिन्दी बुक सेंटर, नई दिल्ली।
13. गोपीचन्द नारंग—अमीर खुसरो का हिन्दवी काव्य, वाणी प्रकाशन, नई दिल्ली।
14. आचार्य हजारीप्रसाद द्विवेदी—भारतीय धर्मसाधना में कबीर का स्थान, राजकमल प्रकाशन, नई दिल्ली।
15. विजयेन्द्र स्नातक—मानवतावादी कबीर, राधाकृष्ण मूल्यांकन माला, नई दिल्ली।
16. बलदेव वंशी—कबीर का सच (सं.) आधार प्रकाशन, पंचकुला।
17. रामदेव शुक्ल—कबीर का सच, सुधा संस्कृति संस्थान, गोरखपुर।
18. मोहन अवस्थी—हिन्दी साहित्य का विवेचनापरक इतिहास, वाणी प्रकाशन, नई दिल्ली।
19. विजयेन्द्र स्नातक—हिन्दी साहित्य का इतिहास, साहित्य अकादमी, नई दिल्ली।
20. हिन्दी साहित्य कोश भाग-1, वाणी प्रकाशन, नई दिल्ली।
21. पारस नाथ तिवारी—कबीर ग्रन्थावली ।
22. डॉ. हजारीप्रसाद द्विवेदी—मध्यकालीन धर्म साधना।

23. पुरुषोत्तम अग्रवाल—कबीर कविताई, वाग्देवी प्रकाशन, बीकानेर।
24. डॉ. रामकुमार वर्मा—कबीर एक अनुशीलन, साहित्य भवन, प्रयागराज।
25. हिन्दी साहित्य का वृहत इतिहास – पंचम भाग, भक्तिकाल—सगुणभक्ति, नागरी प्रचारिणी सभा, वाराणसी।
26. रामविलास शर्मा—परम्परा का मूल्यांकन, राजकमल प्रकाशन, नई दिल्ली।
27. आचार्य रामचन्द्र शुक्ल तुलसीदास, प्रकाशन संस्थान, नई दिल्ली।
28. डॉ. नगेन्द्र—तुलसी सन्दर्भ वाणी प्रकाशन, नई दिल्ली।
29. योगेन्द्र प्रताप सिंह—जन-जन के कवि तुलसीदास, वाणी प्रकाशन, नई दिल्ली।
30. तुलसीदास उ.प्र. हिन्दी संस्थान
31. विश्वनाथ त्रिपाठी—लोकवादी तुलसी।
32. आचार्य रामचन्द्र शुक्ल—हिन्दी साहित्य का इतिहास, लोकभारती प्रकाशन, प्रयागराज।
33. डॉ. माताप्रसाद गुप्त तुलसीदास
34. हनुमान प्रसाद पोद्दार टीका—श्रीरामचरितमानस गीताप्रेस गोरखपुर।
35. योगेन्द्र प्रताप सिंह—श्रीरामचरितमानस, प्रथम सोपान बालकांड।
36. हजारीप्रसाद द्विवेदी—सूरसाहित्य, राजकमल प्रकाशन, नई दिल्ली।
37. रामचन्द्र शुक्ल—सूरदास।
38. हरवंश लाल शर्मा—सूरदास, राधाकृष्ण मूल्यांकन माला ।
39. आचार्य रामचन्द्र शुक्ल—भ्रमरगीत सार, लोकभारती प्रकाशन, प्रयागराज ।
40. पं. नन्ददुलारे वाजपेई महाकवि सूरदास लोकभारती प्रकाशन, प्रयागराज।
41. बच्चन सिंह—बिहारी का नया मूल्यांकन हिन्दी प्रचार संस्थान ।
42. बच्चन सिंह—बिहारी, साहित्य अकादमी, नई दिल्ली।
43. नन्दकिशोर नवल—रीतिकाव्य, राजकमल प्रकाशन, नई दिल्ली।
44. नामवर सिंह—कविता के नए प्रतिमान, राजकमल प्रकाशन, नई दिल्ली।
45. नामवर सिंह—कविता की जमीन और जमीन की कविता, राजकमल प्रकाशन, नई दिल्ली।
46. नन्दकिशोर नवल—तुलसीदास, राजकमल प्रकाशन, नई दिल्ली।
47. रविनन्दन सिंह—(सं.) काव्य संवेदना और हिन्दी कविता, हिन्दुस्तानी एकेडमी, प्रयागराज।
48. रामविलास शर्मा—भारतेन्दु हरिश्चन्द्र और हिन्दी नवजागरण की समस्याएँ राजकमल प्रकाशन, नई दिल्ली।
49. बच्चन सिंह—आधुनिक हिन्दी साहित्य का इतिहास, लोकभारती प्रकाशन, प्रयागराज।
50. विश्वम्भर 'मानव'—कामायनी मूलपाठ एवं टीका, लोकभारती प्रकाशन, प्रयागराज।

आधार ग्रन्थ सूची

1. पुरुषोत्तम अग्रवाल—अकथ कहानी प्रेम की, राजकमल प्रकाशन, नई दिल्ली।
2. रमेश कुन्तल मेघ—तुलसी आधुनिक वातायन से, राधाकृष्ण प्रकाशन, नई दिल्ली।
3. श्यामसुन्दर दास—(सं.) कबीर ग्रन्थावली, लोकभारती प्रकाशन, प्रयागराज ।
4. डॉ. रामकुमार वर्मा—हिन्दी साहित्य का आलोचनात्मक इतिहास, लोकभारती प्रकाशन, प्रयागराज ।
5. डॉ. नगेन्द्र, डॉ. हरदयाल—हिन्दी साहित्य का इतिहास, मयूर बुक्स, नई दिल्ली।
6. डॉ. सुनील बाबूराव कुलकर्णी—(सं.) भारतीय भक्ति साहित्य में अभिव्यक्ति सामाजिक समरसता, लोकभारती प्रकाशन, प्रयागराज ।
7. बच्चन सिंह—हिन्दी साहित्य का दूसरा इतिहास, राधाकृष्ण प्रकाशन, नई दिल्ली।
8. गोस्वामी तुलसीदास कृत—श्रीरामचरितमानस, गीता प्रेस, गोरखपुर।
9. आचार्य रामचन्द्र शुक्ल—हिन्दी साहित्य का इतिहास, लोकभारती प्रकाशन, प्रयागराज।
10. डॉ. रामकुमार—हिन्दी साहित्य की संस्कृति और भारतीय आधुनिकता, राजकमल प्रकाशन, नई दिल्ली।
11. सच्चिदानन्द हीरानन्द वात्स्यायन 'अज्ञेय'—आधुनिकता—संवेदना और सम्प्रेषण, वाणी प्रकाशन, नई दिल्ली।
12. आचार्य रामचन्द्र शुक्ल—लोकजागरण और हिन्दी साहित्य, वाणी प्रकाशन, नई दिल्ली।
13. गोपेश्वर सिंह—भक्ति आन्दोलन और काव्य, वाणी प्रकाशन नई दिल्ली।
14. मैनेजर पाण्डेय—भक्ति आन्दोलन और सूरदास का काव्य, वाणी प्रकाशन, नई दिल्ली।
15. चौथीराम यादव—आधुनिकता का लोकपक्ष और साहित्य, अनामिका पब्लिशर्स एंड डिस्ट्रीब्यूटर्स, नई दिल्ली।
16. जॉन स्ट्रैटन हौली—भक्ति के तीन स्वर मीराँ, सूर, कबीर—अनुवादक अशोक कुमार, राजकमल प्रकाशन, नई दिल्ली।
17. डॉ. हजारीप्रसाद द्विवेदी—नाथ सम्प्रदाय, हिन्दुस्तानी एकेडमी, प्रयागराज।
18. गोपीचंद नारंग—अमीर खुसरो का हिन्दवी काव्य, वाणी प्रकाशन, नई दिल्ली।
19. विजयेन्द्र स्नातक—हिन्दी साहित्य का इतिहास, साहित्य अकादमी, नई दिल्ली।

20. रामस्वरूप चतुर्वेदी—हिन्दी काव्य साहित्य का इतिहास, लोकभारती प्रकाशन, प्रयागराज।
21. रामस्वरूप चतुर्वेदी—प्रसाद निराला अज्ञेय, लोकभारती प्रकाशन, प्रयागराज ।
22. डॉ. रामचन्द्र तिवारी—मध्ययुगीन काव्य साधना, विश्वविद्यालय प्रकाशन, वाराणसी।
23. हजारीप्रसाद द्विवेदी—हिन्दी साहित्य, उद्‌भव और विकास, राजकमल प्रकाशन, नई दिल्ली।
24. हिन्दी आधुनिकता का पुनर्विचार (तीनों खण्ड) सम्पादक—अभय दुबे, वाणी प्रकाशन, नई दिल्ली।
25. हिन्दी साहित्य का वृहत् इतिहास (पंचम भाग) भक्तिकाल (सगुणभक्ति). नागरी प्रचारणी सभा, काशी। रि
26. रमेश कुन्तल मेघ—मिथक से आधुनिकता तक, वाणी प्रकाशन, नई दिल्ली।
27. पुरुषोत्तम अग्रवाल—निज ब्रह्मविचार, राजकमल प्रकाशन, नई दिल्ली।
28. गोस्वामी तुलसीदास—विनय पत्रिका, सम्पादक—योगेन्द्र प्रताप सिंह, लोकभारती प्रकाशन, नई दिल्ली।
29. गोस्वामी तुलसीदास—कवितावली, सं.—योगेन्द्र प्रताप सिंह, लोकभारती प्रकाशन, प्रयागराज।
30. डॉ. नगेन्द्र—रीतिकाव्य की भूमिका, नेशनल पब्लिशिंग हाउस, नई दिल्ली।
31. नन्द किशोर नवल—रीतिकाव्य, राजकमल प्रकाशन, नई दिल्ली।
32. आचार्य हजारीप्रसाद द्विवेदी—हिन्दी साहित्य का आदिकाल, वाणी प्रकाशन नई दिल्ली।
33. मोहन राकेश—साहित्य और संस्कृति, राधाकृष्ण प्रकाशन, नई दिल्ली।
34. पुरुषोत्तम अग्रवाल—विचार का अनन्त, राजकमल प्रकाशन, नई दिल्ली।
35. निर्मला जैन—आधुनिक साहित्य, मूल्य और मूल्यांकन, राजकमल प्रकाशन, नई दिल्ली।

●●●